RELIGIÃO E RELIGIOSIDADE
O RELEGERE E O RELIGARE EM FAMÍLIA

Editora Appris Ltda.
1.ª Edição - Copyright© 2024 dos autores
Direitos de Edição Reservados à Editora Appris Ltda.

Nenhuma parte desta obra poderá ser utilizada indevidamente, sem estar de acordo com a Lei nº 9.610/98. Se incorreções forem encontradas, serão de exclusiva responsabilidade de seus organizadores. Foi realizado o Depósito Legal na Fundação Biblioteca Nacional, de acordo com as Leis nos 10.994, de 14/12/2004, e 12.192, de 14/01/2010.

Catalogação na Fonte
Elaborado por: Josefina A. S. Guedes
Bibliotecária CRB 9/870

R382r 2024	Religião e religiosidade : o relegere e o religare em família / Carla Verônica Albuquerque Almeida, Elaine Pedreira Rabinovich, Diana Léia Alencar da Silva (orgs.). – 1. ed. – Curitiba : Appris, 2024. 325 p. ; 23 cm. – (Ciências sociais).
	Inclui referências. ISBN 978-65-250-5293-9
	1. Religião. 2. Religiosidade. 3. Espiritualidade. 4. Família. I. Almeida, Verônica Albuquerque. II. Rabinovich, Elaine Pedreira. III. Silva, Diana Léia Alencar da. IV. Título. V. Série.
	CDD – 201

Livro de acordo com a normalização técnica da ABNT

Appris
editora

Editora e Livraria Appris Ltda.
Av. Manoel Ribas, 2265 – Mercês
Curitiba/PR – CEP: 80810-002
Tel. (41) 3156 - 4731
www.editoraappris.com.br

Printed in Brazil
Impresso no Brasil

Carla Verônica Albuquerque Almeida
Diana Léia Alencar da Silva
Elaine Pedreira Rabinovich
(org.)

RELIGIÃO E RELIGIOSIDADE
O RELEGERE E O RELIGARE EM FAMÍLIA

FICHA TÉCNICA

EDITORIAL	Augusto Coelho
	Sara C. de Andrade Coelho
COMITÊ EDITORIAL	Marli Caetano
	Andréa Barbosa Gouveia - UFPR
	Edmeire C. Pereira - UFPR
	Iraneide da Silva - UFC
	Jacques de Lima Ferreira - UP
SUPERVISOR DA PRODUÇÃO	Renata Cristina Lopes Miccelli
ASSESSORIA EDITORIAL	Daniela Nazario
REVISÃO	Bruna Fernanda Martins
PRODUÇÃO EDITORIAL	Daniela Nazario
DIAGRAMAÇÃO	Luciano Popadiuk
CAPA	Sheila Alves
ILUSTRAÇÃO CAPA	Núbia Espinheira
REVISÃO DE PROVA	Romão Matheus Neto
	William Rodrigues

COMITÊ CIENTÍFICO DA COLEÇÃO CIÊNCIAS SOCIAIS

DIREÇÃO CIENTÍFICA Fabiano Santos (UERJ-IESP)

CONSULTORES
- Alícia Ferreira Gonçalves (UFPB)
- Artur Perrusi (UFPB)
- Carlos Xavier de Azevedo Netto (UFPB)
- Charles Pessanha (UFRJ)
- Flávio Munhoz Sofiati (UFG)
- Elisandro Pires Frigo (UFPR-Palotina)
- Gabriel Augusto Miranda Setti (UnB)
- Helcimara de Souza Telles (UFMG)
- Iraneide Soares da Silva (UFC-UFPI)
- João Feres Junior (Uerj)
- Jordão Horta Nunes (UFG)
- José Henrique Artigas de Godoy (UFPB)
- Josilene Pinheiro Mariz (UFCG)
- Leticia Andrade (UEMS)
- Luiz Gonzaga Teixeira (USP)
- Marcelo Almeida Peloggio (UFC)
- Maurício Novaes Souza (IF Sudeste-MG)
- Michelle Sato Frigo (UFPR-Palotina)
- Revalino Freitas (UFG)
- Simone Wolff (UEL)

ONDE INTRA E EXTRA SE NECESSITAM

Para que Deus me fale é necessário que eu guarde o mais expressivo silêncio. A atitude externa defluirá de minhas disposições íntimas, de minha adesão à graça de Deus; todavia o recolhimento não pode prescindir dos gestos e modos que o revelam.

Assim o meu silêncio material, a minha boca cerrada e meus olhos indiferentes irão proporcionar-me o enclausuramento da alma, clima ansiado para os meus colóquios com o senhor.

Deus fala no silêncio

(José Newton Alves de Sousa. Sob a Luz do Alto. Crato, CE: Edições Medianeira, 1965)

SUMÁRIO

INTRODUÇÃO 13
Diana Léia Alencar da Silva, Elaine Pedreira Rabinovich & Carla Verônica Albuquerque Almeida

PARTE I
RELIGIÃO, RELIGIOSIDADE E FAMÍLIA:
ENTRELAÇAMENTOS TEÓRICOS 17

1
A VIVÊNCIA RELIGIOSA NA PÓS-MODERNIDADE:
TENSÕES ENTRE FÉ E RAZÃO 19
Giancarlo Petrini

2
A CONSTRUÇÃO HUMANA NO EXERCÍCIO DIVERSO
DAS RELIGIÕES E RELIGIOSIDADES: REFLEXÕES SOBRE
O ENCANTAMENTO AFRO-BRASILEIRO NA VIDA COTIDIANA 33
Marlon Marcos Vieira Passos

3
PRÁTICAS RELIGIOSAS ÀS MARGENS DO PARAGUAÇU:
NOTAS INICIAIS SOBRE CENTROS DE CULTO AFRO-INDÍGENAS
EM IAÇU E MARCIONÍLIO SOUZA 45
Cleidiana Ramos

4
ESPIRITISMO COMO RELIGIÃO, FILOSOFIA E CIÊNCIA:
O QUE REPRESENTA PARA UM "EU"? 65
Selma Reis Magalhães

5
NA VIVÊNCIA RELIGIOSA CATÓLICA,
O ENCONTRO INTER-RELIGIOSO 75
Miguel Mahfoud

PARTE II
RELIGIÃO E RELIGIOSIDADE EM FAMÍLIA: AUTOETNOGRAFIAS POSSÍVEIS

6
REFLEXÕES SOBRE A RELIGIÃO NA MINHA VIDA 93
Elaine Pedreira Rabinovich

7
AS AMBIVALÊNCIAS DO SAGRADO NO "DENTRO" E "FORA" DA RELIGIÃO 99
Diana Léia Alencar da Silva

8
TRAVESSIAS RELIGIOSAS: A ESPIRITUALIDADE EM MIM 105
Carla Verônica Albuquerque Almeida

9
MINHA FORMAÇÃO RELIGIOSA EM FAMÍLIA 115
Ogvalda Devay de Sousa Törres

10
DEUS, IGREJA E FÉ: PONTO FIXO, ANCORADOURO PARA A RESILIÊNCIA EM FAMÍLIA 121
Cinthia Barreto Santos Souza

11
RELIGARE: UMA AUTOETONOGRAFIA DA RELIGIOSIDADE 129
Wanderlene Cardozo Ferreira Reis

12
FAMÍLIA E RELIGIÃO 133
Joana Darc Silva Santos

13
O MAR, AS ONDAS E O CAIS: REFLEXÕES SOBRE ESPIRITUALIDADE E AUTOCONHECIMENTO 135
Maura Espinheira Avena

14
RE-LIGARE 143
Sumaia Midlej Pimentel Sá

15
NÃO RELIGIÃO 147
Rita da Cruz Amorim

16
**RELIGIOSIDADE E ESPIRITUALIDADE DA FAMÍLIA:
ALICERCE PARA MEU CAMINHAR** 151
Aline Mota de Almeida

17
ARQUEOLOGIA DA MINHA FÉ 155
Maria Angélica Vitoriano da Silva

18
**FÉ QUE ATRAVESSA GERAÇÕES A PARTIR DA CONVERSÃO
DE ELVIRA, MINHA TRISAVÓ** 165
Eliana Sales Brito

19
**RELIGIÃO E RELIGIOSIDADE:
EXPERIÊNCIAS COM O SAGRADO** 169
Lorena Márcia Nascimento Cardoso

20
LIGAR/RELIGAR/DESLIGAR O SER ESPIRITUAL EM SI 171
Mariza Carla Monteiro Souza

21
FAMÍLIA E RELIGIOSIDADE POR MIM 177
Elmar Silva de Abreu

22
**RELIGIÃO E RELIGIOSIDADE
NO CURSO DA VIDA E DA EXISTÊNCIA** 181
Teresa Cristina Merhy Leal

PARTE III
ALTARES, NICHOS E ORATÓRIOS:
O AUTO E *O ETHOS* DO SAGRADO

23
A CAPELINHA MINIATURA DE CRISTAL E COSME E DAMIÃO:
UM ALTAR BEM CATÓLICO E REGIONAL NUMA CASA JUDAICA... 189
Elaine Pedreira Rabinovich

24
OH DEUS SALVE O ORATÓRIO 193
Ana Cecília S. Bastos

25
O NICHO 201
Cinthia Barreto Santos Souza

26
O ALICERCE DO MEU ALTAR.. 205
Diana Léia Alencar da Silva

27
DO DESLUMBRAMENTO E DO ALUMBRAMENTO 211
Elaine Pedreira Rabinovich

28
ALTAR: MEU, NOSSO OU DELAS? 215
Sumaia Midlej Pimentel Sá

29
NOSSO CANTO, NOSSO ALTAR.. 219
Elmar Silva de Abreu

30
SANTUÁRIO DE OGVALDA... 221
Ogvalda Devay de Sousa Tôrres

31
VIVO EM ALTARES! 223
Aline Mota de Almeida

32
TRÊS ALTARES 227
Rita da Cruz Amorim

33
MEU ORATÓRIO 231
Sinara Dantas Neves

34
**O ALTAR, O QUARTO E O MUNDO
COMO LUGARES DE ENCONTRO** 235
Fernanda Priscila Alves da Silva

35
ORATÓRIO DA MINHA AVÓ 239
Péricles Palmeira

36
**ALTAR/ALTARES, OBJETOS SAGRADOS:
HERDADOS, CONCEBIDOS E RESSIGNIFICADOS** 243
Mariza Carla Monteiro Souza

PARTE IV
TRAVESSIAS DO MÉTODO

37
**ROTAS METODOLÓGICAS: DA AUTOBIOGRAFIA À
AUTOETNOGRAFIA COLABORATIVA** 255
Carla Verônica Albuquerque Almeida, Diana Leia Alencar da Silva, Lorena Márcia Nascimento Souza, Maria Angélica Vitoriano da Silva & Teresa Cristina Merhy Leal

PARTE V
RELIGIÃO, RELIGIOSIDADE E FAMÍLIA: SENTIDOS EMERGENTES EM NÚCLEOS

38
SAGRADO E RITUAIS: SUBJETIVIDADES E TEMPORALIDADES QUE NÃO SE CIRCUNSCREVEM 269
Mariza Carla Monteiro Souza, Diana Léia Alencar da Silva, Elaine Pedreira Rabinovich & Ogvalda Devay de Sousa Tôrres

39
SINCRETISMO RELIGIOSO: UM CAMINHO DE CONEXÃO OU AUTOTRANSCENDÊNCIA? 285
Sinara Dantas Neves, Lorena Márcia Nascimento Souza, Maria Angélica Vitoriano da Silva & Péricles Palmeira

40
INTER-RELIGIOSIDADE: "A RESPOSTA REPOUSA NA CONDIÇÃO HUMANA QUE É FRÁGIL" 291
Elmar Silva de Abreu, Joana D'arc Silva Santos, Maura Espinheira Avena, Rita da Cruz Amorim & Wanderlene Cardoso Ferreira Reis

41
A TRANSMISSÃO DA FÉ: SOBRE SER INICIADA PARA A CRENÇA AO DIVINO 303
Cinthia Barreto Santos Souza, Sumaia Midlej Pimentel Sá, Eliana Sales Brito & Aline Mota de Almeida

42
CONSIDERAÇÕES FINAIS 313
Carla Verônica A. Almeida, Diana Léia Alencar da Silva & Elaine Pedreira Rabinovich

SOBRE OS AUTORES... 317

INTRODUÇÃO

Diana Léia Alencar da Silva
Elaine Pedreira Rabinovich
Carla Verônica Albuquerque Almeida

Nada do que foi será
De novo do jeito que já foi um dia
Tudo passa, tudo sempre passará.
A vida vem em ondas, como um mar
Num indo e vindo infinito.

Tudo o que se vê não é
Igual ao que a gente viu há um segundo
Tudo muda o tempo todo no mundo.

Não adianta fugir
Nem mentir pra si mesmo agora
Há tanta vida lá fora
Aqui dentro, sempre
Como uma onda no mar.
(Lulu Santos, Como uma Onda no mar, 1983)

No caos por vezes imponderável que parece caracterizar a existência humana há uma ordem não misteriosa, possível de ser aprendida por aqueles que não se furtam em desvelar a grandeza simples do seu próprio cotidiano. Em tal contexto, no qual a inquietude parece ser a palavra de ordem, tudo flui e fomenta um constante devir, ora de forma mais lenta, ora de forma mais veloz, assemelhando-se ao movimento indócil das ondas que abraçam e alteram incessantemente as formas desenhadas na areia da praia, como anuncia a epígrafe que abre esta introdução. Não sem razão ousamos afirmar que também em nossas (não) inscrições religiosas e na religiosidade não nos banhamos duas vezes no mesmo rio, porque nem as águas e nem nós permanecemos os mesmos (Heráclito de Éfeso [540-470 a.C.]).

Certo é que mudamos e não apenas na mera aparência, mas no modo de ser, de existir e de coexistir com os outros, no dinamismo da realidade na qual nos inserirmos. O modo como experienciamos a nossa religiosidade, assim como a vivência ou afastamento de uma religião, está entre os elementos que possibilitam tal dinamismo. Esse processo, que não poucas vezes tem por gênese a família, como pode ser percebido nas autoetnografias que compõem este livro, não é linear ou despido de complexidade. Como o fogo que provoca alterações na areia para torná-la vidro, ou na água para transformá-la em vapor, imprime-nos mudanças por vezes profundas, no decorrer de nossa trajetória. Talvez por essa razão falar desse percurso de inscrições, aproximações e distanciamentos não seja simples, como constatamos durante o processo de escrita deste livro.

Fruto de uma pesquisa realizada ao longo de dois anos pelos participantes do grupo de pesquisa Família, Autobiografia e Poética (FABEP), o livro, que nasce das inquietações de uma das participantes fundadoras do grupo, apresenta as experiências compartilhadas pelos integrantes acerca não somente das suas próprias navegações dentro ou fora de uma religião, mas do modo como se aproximou ou distanciou da religiosidade.

É válido registrar que o grupo FABEP tem por rota metodológica a autoetnografia colaborativa à deriva. Tal modo de embarcar, remar e desembarcar nas pesquisas já nos conduziu, como integrantes do grupo, a diferentes experiências de retorno às nossas próprias origens, em percursos nos quais a subjetividade é sempre elemento constituinte e constituidor também de um presente, que parece se relacionar ao futuro delineado por cada um de nós. Tal modo de navegar é alimentado por diferentes contribuições teóricas, de pesquisadores membros ou de fora do grupo. Foi assim também na pesquisa sobre Religião, Religiosidade e Família, conforme é descrito no capítulo deste livro que apresenta a rota de pesquisa. Recebemos, durante o estudo, importantes contribuições teóricas de pesquisadores que generosamente compartilharam os seus estudos sobre Religião e Religiosidade, em rodas de conversa com o nosso grupo.

O livro está organizado em cinco partes. A primeira, intitulada "Religião, Religiosidade e Família: entrelaçamentos teóricos", é composta por cinco capítulos que elucidam o dinamismo, assim como as circunstâncias históricas, sociais e culturais que implicam e são implicadas pela temática. Escritos por pesquisadores que têm a sua trajetória de investigação na academia relacionada à coexistência humana em contextos e instâncias plurais e de acolhimento à diversidade, os capítulos nos provocam a pensar sobre os elos e as conexões entre as religiões, a religiosidade e as famílias, a partir também de uma historicidade mais ampla.

A segunda parte do livro apresenta as memórias que ora emergiram, ou que ora provocaram as narrativas compartilhadas no percurso da investigação. Nomeada "Autoetnografias possíveis", essa parte é composta por textos que registram os nossos processos de inscrição, distanciamentos e aproximações com a religiosidade e a religião, em percursos nos quais a memória de infância e do outrora vivido evidencia pertencimentos, mas também tensões e silenciamentos.

Em "Altares, nichos e oratórios: o auto e o *ethos* do sagrado" é apresentado o resultado de uma rota que emergiu durante a pesquisa: nos descobrimos no percurso como guardiãs e guardiões de nichos, oratórios e altares. São as histórias desses objetos e espaços, considerados por muitos de nós como sagrados, que são aí compartilhados.

Na quarta parte do livro, intitulada "Travessias do método: da autobiografia à autoetnografia colaborativa", é descrita a rota metodológica que possibilitou a navegação da pesquisa.

Na última parte do livro são apresentadas as análises dos textos autoetnográficos, em quatro capítulos, relacionados a diferentes núcleos de significação que emergiram dos escritos. Tais núcleos, que possibilitam acesso à constituição dos sentidos compartilhados, estão relacionados, como evidencia a leitura de cada capítulo, às percepções e às vivências dos autoetnografados no sagrado e em rituais; na intergeracionalidade; no sincretismo e na inter-religiosidade.

Por fim, nas considerações finais, são apresentadas as reflexões possibilitadas pelo percurso da pesquisa. Longe de encerrar as interrogações que fomentaram a trajetória e os resultados da pesquisa com uma conclusão definitiva, essas reflexões sinalizam para a necessidade de continuidade da navegação em águas nas quais a apreensão dos sentidos reclama ir além das aparências e de descrições à distância ao tratarmos, no âmbito da pesquisa, de temáticas como Religião da Religiosidade e das Famílias. É assim na navegação de uma historicidade ainda em construção, na qual também estamos, que deixamos aberto o convite para que outros pesquisadores, já atentos aos sentidos sociais e subjetivos que emanam da relação pessoa-sociedade, por vezes caracterizada por visões dicotômicas e naturalizantes, não somente se debrucem, mas ampliem a temática aqui em estudo. Nesse caminho, talvez enfim compreendamos que a nossa integralidade, na experiência cotidiana da fascinante condição humana, é fruto principalmente de encontros dentro ou fora da religião, da religiosidade e da espiritualidade, únicos para cada subjetividade. Naveguemos e nos permitamos vivê-los em sua plenitude, na liberdade de ser e acreditar, como bem registra o professor José Newton, na epígrafe que abre este livro.

PARTE I

RELIGIÃO, RELIGIOSIDADE E FAMÍLIA: ENTRELAÇAMENTOS TEÓRICOS

1

A VIVÊNCIA RELIGIOSA NA PÓS-MODERNIDADE: TENSÕES ENTRE FÉ E RAZÃO

Giancarlo Petrini

Introdução

A experiência religiosa é o fenômeno mais presente na história e na pré-história de todos os povos, em todas as épocas, em todas as culturas. Por que a religião está presente em todas as culturas e em todos os tempos, ainda que de formas muito diferentes?

Porque o ser humano, inevitavelmente, busca o significado de tudo, da vida e da morte, do amor e do trabalho etc. (MAHFOUD, 2020). "O fator religioso representa a natureza do nosso eu enquanto se exprime em certas perguntas: 'Qual o significado da existência?' Por que existem a dor e a morte? Por que, no fundo, vale a pena viver?" (GIUSSANI, 2009, p. 73).

Nos últimos séculos, tornou-se dominante uma cultura que descartou essas questões às quais a filosofia se dedicou durante milênios, desde as origens na antiga Grécia, considerando-as sem utilidade e motivo de distração das questões consideradas mais relevantes, como veremos adiante.

Dostoiévski (2018, p. 10), em *Os Demônios*, afirma: "[...] um homem culto, um europeu dos nossos dias, pode acreditar, crer de verdade, na divindade do Filho de Deus, Jesus Cristo?". Procuramos, neste artigo, desdobar as problemáticas supra delineadas, em busca de um conhecimento mais adequado.

Existem tensões entre pessoas e grupos que valorizam a religiosidade e outros que a rejeitam. Não se trata da oposição entre perspectivas existenciais que valorizam o uso da razão *versus* irracionalismos, mas de opções livres assumidas a partir das mais diversas motivações. É interessante, a esse respeito, a conhecida afirmação de Einstein (2011) de que o mistério é a fonte da verdadeira arte e da verdadeira ciência, a mais bela coisa que se pode vivenciar.

Religião e revelação

Se entendermos "religião" como o que motiva, mobiliza e dá significado à vida, então, quando uma pessoa identifica algo pelo qual vale a pena viver (mover-se, sacrificar-se), essa pessoa tem uma religião. Sua divindade é aquele "Algo" do qual espera que sua aventura humana valha a pena (poder, dinheiro, fama, drogas, comida, bebida, sexo...).

É ininterrupta a tentativa de imaginar e definir o nexo que existe entre o momento vivido, passageiro e efêmero e o seu sentido último e eterno. Qual é o significado do momento contingente em relação ao todo (MAHFOUD, 2020)? A religião, com efeito, é a tentativa de construção teórica (doutrina), ética (moral) e estética (ritual) do modo com o qual o ser humano imagina a relação com o seu destino. A soma dos modos de pensar, de agir e de ritualizar é a religião. A religião nasce como a criação de uma ponte entre o ser humano e o próprio destino.

Entre o polo do efêmero e o polo do destino último, acende-se a centelha da religiosidade. Victor Hugo no poema "Le Pont" (1911, p. 337) visualiza a ponte feita de centenas e milhares de arcadas entre a margem humana e a estrela distante (o destino).

Apenas uma palavra e uma imagem para esclarecer a diferença entre "religiões", compreendidas como fruto da criatividade humana e a **revelação**, segundo a tradição judaico-cristã e, mais especificamente, o cristianismo.

Modernidade e religião

Thomas S. Eliot (1981, p. 187-189) no VII de seus "Coros de A Rocha" evoca poeticamente a história religiosa da humanidade: "Ermo e vazio. Ermo e vazio. / E havia trevas sobre a face do abismo". Ermo, vazio, trevas coincidem com a ausência de significado. Será o ser humano a povoar o ermo e o vazio. Nele, a natureza parte para a aventura da busca do significado. Eliot continua:

> Mas, parece que algo aconteceu que antes/ jamais acontecera, embora não saibamos com certeza quando, ou por que ou como, ou onde. [...]

> Os homens não renunciaram a Deus por outros deuses, / dizem eles, mas por deus nenhum; / e isto jamais acontecera antes, que os homens renegassem tanto os deuses quanto a sua adoração, professando antes de tudo a Razão, e depois o Dinheiro, o Poder e o que chamamos Vida, ou Raça, ou Dialética (ELIOT, 1981, p. 187-189).

Resultado disso, segundo o poeta Eliot (1981, p. 189), é uma volta ao passado: "Ermo e vazio. Ermo e vazio. E trevas sobre a face do abismo. Foi a Igreja que abandonou a humanidade ou foi por ela abandonada?"

Um percurso antropológico: a busca do significado

Em Giacomo Leopardi (1996, p. 254), "Canto noturno de um Pastor Errante da Ásia", lemos:

> *Ao te ver / muda assim sobre campos que, desertos, / lá na distância com o céu confinam; / ou então viajar / comigo e meu rebanho tão de perto; / e quando olho a amplidão, de estrelas cheia, / Penso e digo comigo: / por que tantas candeias? / Por que estes ares infinitos, este / infinito profundo, sereno, esta / imensa solidão? / E eu, que sou eu?*

O poema de Alfonso di Nola (MURARO, 2001, p. 147) serve também como exemplificação, podendo, no entanto, ser encontrada uma infinidade de expressões poéticas ou filosóficas que documentam essa aspiração infinita à satisfação, à realização.

> *O pássaro: / Não sei o que sinto, / Mas Sinto Que a terra me foge, / Ou que fujo da terra, / Que a terra é azul,/Mas prefiro o azul do céu. / Não sei o que sinto... / Mas sinto que preciso subir, / Que preciso voar, que preciso do espaço infinito. / O que sinto são as asas que pedem mais azul, / são as asas que pedem mais espaço, / São as asas que pedem mais estrelas. Não sei o que sinto... / Mas sinto que a terra não basta, / Não basta para mim, / Pássaro do caminho.*

Eugenio Montale (*in*: GIUSSANI, 2008, p. 90, tradução nossa) escreveu *L'Ágave sullo scoglio*, em: *Ossi di Seppia*:

> *Sob o intenso azul do céu / um ou outro pássaro voa /*
> *Nunca se detém, porque todas as imagens levam escrito:*
> *Mais além!*

O mito de Ícaro nos revela a exigência da liberdade como motor da inteligência. Inaugura-se a categoria as "possibilidades". Desse modo, na cultura grega, o drama humano não tem solução. Só os Heróis, filhos de alguma divindade, conseguem quebrar as correntes do fado, diferentemente da cultura romana e judaico-cristã, em que a vida tem objetivos grandes que movem as pessoas e a história.

Já em Vitrúvius de Leonardo (1490) a partir do desenho do arquiteto romano Marcus Vitruvius Pollio, 1.ºSéc. A. C., que deixou dez volumes "De Architectura", representa a imagem de uma perfeição geométrica da condição humana que não corresponde à realidade e não se alcança multiplicando esforços. Igualmente, no Icaro de Matisse temos a imagem de uma humanidade limitada, incompleta, deformada: não tem asas, mas flutua no meio das estrelas. A força que lhe permite ir além dos próprios limites é o coração, os desejos e as decisões para transcender... Espera algo que tem a ver com as estrelas, que me conecta com as estrelas, nos move nesse horizonte infinito.

A Busca e a Inquietação movem a razão

Agostino (354-430) escreveu:*"Fecisti nos ad Te, Domine, et inquietum est cor nostrum usque requiescat in Te"* ("Fizestes-nos para Ti, Senhor, e o nosso coração está inquieto enquanto não descansa em Ti", tradução nossa). Diante da inquietação, dois instrumentos são decisivos para alcançar algum conhecimento: uma postura realista e um bom uso da razão.

Giussani dedica o primeiro capítulo do Senso Religioso ao realismo. Com essa palavra, ele se refere à "urgência de não privilegiar um esquema que tenhamos já em mente, em detrimento de uma observação global, apaixonada e insistente do fato, do acontecimento real" (GIUSSANI, 2009, p. 20).

O segundo capítulo do mesmo livro é intitulado "razoabilidade" e é dedicado ao uso adequado da razão, que ele entende como "a capacidade de dar-se conta do real segundo a totalidade de seus fatores" (GIUSSANI, 2009, p. 32). Nessa breve definição, a palavra mais importante é "totalidade" dos fatores. A razão é percebida como um foco de luz que ilumina toda a realidade (e não como medida de todas as coisas).

Experiência elementar

Uma postura realista permite à pessoa reconhecer como seu "coração", isto é, como centro do dinamismo humano que a caracteriza, um conjunto de exigências e de evidências elementares, originárias, que podem ser facilmente reconhecidas nas expressões culturais de todos os povos, de todas as épocas históricas, como insaciável busca de um bem que responda aos desejos mais profundos do coração.

A categoria de experiência elementar foi elaborada por Giussani e retomada por Mahfoud (2022), que a aplicou ao estudo da psicologia. Vale a pena apresentar neste momento a experiência elementar nas palavras de seu autor, Luigi Giussani (2009, p. 24-25):

> Trata-se de um conjunto de exigências e evidências com as quais o homem é lançado no confronto com tudo o que existe. [...] São como uma centelha que põe em ação o motor humano; antes delas não ocorre nenhum movimento, nenhuma dinâmica humana. Qualquer afirmação de uma pessoa, desde a mais banal e quotidiana até a mais ponderada e plena de consequências, só pode ser feita tendo por base esse núcleo de evidências e exigências originais.

A experiência elementar emerge na consciência da pessoa como desejo de encontrar respostas adequadas àquelas exigências: desejo de felicidade, de justiça, de liberdade, de amar e ser amado, de realização pessoal etc. A filosofia antiga e a literatura universal constituem a mais ampla documentação desse conjunto de exigências aqui denominadas de "experiência elementar", como o movente de toda ação humana. Desde Homero e os clássicos da tragédia grega até autores contemporâneos, podem ser encontradas descrições dessa experiência elementar presentes em todas as culturas e em todas as épocas históricas.

Em cada pessoa encontrada, em cada circunstância enfrentada, procura-se alguma correspondência com essa experiência elementar, alguma capacidade de responder ao próprio desejo, à própria inquietação que busca respostas hoje mais plenas das que foram encontradas ontem. Nesse sentido, a experiência elementar caracteriza-se por uma irresistível inquietação que se move em busca de respostas cada vez mais satisfatórias, porque o desejo humano tende ao infinito, considerando, portanto, sempre provisória e apenas momentaneamente adequada a resposta encontrada.

Exigências X Necessidades

A sociedade moderna e contemporânea não é capaz de oferecer caminhos para responder às exigências originárias. No dia a dia, todos nós estamos treinados para lidar com as necessidades (de moradia, de saúde, de educação, de trabalho, entre outras). O mercado e/ou a administração pública oferecem respostas a essas necessidades. As exigências, no entanto, despertam desejos de bens que não estão disponíveis no mercado, nem podem ser oferecidos pelo poder público. Por causa disso, prevalece a tendência a ignorá-las, como se fossem fantasias sem fundamento (PETRINI, 2022).

As necessidades humanas básicas são facilmente identificáveis. Elas podem ser quantificadas e é possível produzir, vender ou comprar algo que responda a elas. Mas os desejos, por sua natureza, tendem ao infinito e não podem ser saciados por nenhuma mercadoria. "O mercado, organizado para dar resposta às necessidades humanas, encontra-se impotente diante do desejo, por isso, tende a censurá-lo" (PETRINI, 2003, p. 38). Pode-se responder à necessidade de moradia. Mas não se sabe como responder ao desejo de que a habitação seja também um lar. Podem ser organizadas festas para facilitar a resposta às necessidades sexuais das pessoas, mas nada se pode oferecer para responder ao desejo de amar e de ser amado, que cada pessoa traz dentro de si. A razão humana, entendida como capacidade de dar-se conta da realidade segundo a totalidade de seus fatores, pode enfrentar essas questões, mesmo que elas não sejam manuseáveis como as necessidades básicas. A indústria cultural dos nossos tempos parece ter optado por descartar as perguntas provocadas pela experiência elementar.

Processo de redução da razão e cultura da banalidade

O grande filósofo e pedagogo americano John Dewey (1930, p. 529) verbalizou a renúncia a buscar os significados da realidade, quando afirmou, numa obra dos anos 30 do século passado: "abandonar a busca da realidade, do valor absoluto e imutável pode parecer um sacrifício, mas esta renúncia é condição para empenhar-se em uma vocação mais vital", a saber, empenhar-se na solução de problemas práticos e técnicos e na procura de valores compartilhados por todos.

Já Max Weber, em um texto intitulado "A ciência como vocação", tinha dito que as descobertas da moderna medicina podem prolongar de maneira significativa a vida de um paciente, mas o médico não tem competência para dizer-lhe por que vale a pena viver (WEBER, 1974).

O horizonte do conhecimento identifica-se, em boa medida, com o horizonte do mercado: o que vale a pena conhecer é o que está ao alcance da razão-que-calcula, é o que pode ser analisado e avaliado em sua utilidade. Cria-se uma situação pela qual "nada mais parece transcender uma lógica de mercado que tende a tornar os valores mais altos radicalmente imanentes a seu próprio funcionamento" (FERRY, 2008, p. 27). Dessa maneira, retira-se da história a esperança de um princípio superior à vontade do mais forte que seja capaz de ordenar a convivência social segundo critérios de verdade e de justiça.

O abandono do interesse pelo significado da existência conduziu, inevitavelmente, a uma visão banal da realidade, a um processo de banalização que reduz o significado de todas as coisas: da vida e da morte, da paternidade e da maternidade, da amizade e do bem comum, da intimidade e do trabalho. A cultura de massa oferece quotidianamente produtos cuja marca é a superficialidade, juntamente a certa retórica da vulgaridade. Essa postura não somente promove o crescimento da cultura da banalidade (PETRINI, 2005), mas também, na esteira de Hannah Arendt, abre as portas à expansão da violência (ARENDT, 1999) e empobrece o uso da razão (HORKHEIMER, 1976). Interessante a afirmação de H. Arendt (2003, p. 26):

> O aspecto provavelmente mais surpreendente e desconcertante da fuga da realidade [...] é o hábito de tratar os fatos como se fossem meras opiniões [...]. Todos os fatos podem ser mudados e todas as mentiras tornadas verdadeiras.

É necessário restituir à razão humana toda a sua extensão e capacidade de dirigir seu foco a todos os aspectos da realidade, nada descartando do que é humano, segundo o famoso verso de Terenzio: *"Homo sum: humani nihil a me alienum puto"*, no século II a.C., pois a realidade é mais ampla e tem maior profundidade do que o método científico muitas vezes entende.

A Razão Instrumental

A Escola de Frankfurt elaborou a crítica mais consistente à razão de matriz iluminista, afirmando que "Na era industrial, a razão tornou-se um instrumento, algo inteiramente aproveitado no processo social. Seu valor operacional, seu papel no domínio dos homens e da natureza tornou-se o único critério para avaliá-la" (HORKHEIMER, 1976, p. 27-32).

> É como se o próprio pensamento se tivesse reduzido ao nível do processo industrial, submetido a um programa estrito, em suma se tivesse tornado uma parte e uma parcela da produção. [...] O significado é suplantado pela função ou efeito no mundo das coisas e eventos. [...] A verdade e as ideias foram radicalmente funcionalizadas. A afirmação de que a justiça e a liberdade são em si mesmas melhores do que a injustiça e

> a opressão é, cientificamente inverificável e inútil. Começa a soar como se fosse sem sentido, do mesmo modo que o seria a afirmação de que o vermelho é mais belo que o azul, ou de que o ovo é melhor do que o leite. Quanto mais emasculado se torna o conceito de razão, mais facilmente se presta à manipulação ideológica e à propagação das mais clamorosas mentiras (HORKEIMER, 1976, p. 27-32).

A mistura de saber e poder provoca um desinteresse pela verdade e, consequentemente, um distanciamento cada vez maior entre conhecimento e mundo da vida.

A ciência moderna declara não ter competência ou interesse em responder a perguntas relevantes para a concreta existência das pessoas. Max Weber no escrito "A ciência como vocação", citando Tolstoi, afirma: "A ciência não tem sentido porque não responde à nossa pergunta, a única pergunta importante para nós: o que devemos fazer e como devemos viver?". E acrescenta: "É inegável que a ciência não dá tal resposta" (WEBER, 1974, p. 169-170). Em seguida, ele afirma que quem quiser vencer o desconforto de viver sem respostas às perguntas do porquê e do significado de todas as coisas deve fazer o "sacrifício intelectual", renunciando a usar a razão para poder ter acesso a um profeta ou a um salvador (p. 183).

A esse respeito, é interessante a posição de Wittgenstein (2005, p. 52) no Tractatus, quando afirma: "Sentimos que, mesmo que todas as questões científicas *possíveis* tenham obtido resposta, nossos problemas de vida não terão sido sequer tocados. É certo que não restará, nesse caso, mais nenhuma questão; e a resposta é precisamente essa".

Uma racionalidade que decretou a sua própria redução não é mais capaz de conhecer a realidade em seus fatores constitutivos, porque escolheu arbitrariamente quais fatores focalizar e quais abandonar ao limbo da insignificância, torna-se incapaz de orientar a conduta dos homens a fim de construir uma convivência social justa, digna e satisfatória. A redução da razão da qual estamos falando não somente cria problemas ao conhecimento e à convivência social, mas o próprio ser humano é reduzido.

Percursos de redução do cristianismo

O cristianismo sofreu também reduções e deformações pela dificuldade de interagir positivamente com a razão positivista. Deixou de ser a documentação de uma Presença que ilumina a existência e foi reduzida a princípio teórico, para sustentar construções filosóficas (por exemplo, em Kant – *A religião nos limites da pura razão*). No horizonte da racionalidade Iluminista não cabe um Deus que se revela, e menos ainda um Deus que se encarna. Ele era reconhecido como o arquiteto do universo, distante das vicissitudes humanas.

Em seguida, a religião foi reduzida à moral e Jesus foi compreendido como um grande mestre de moral.

Por efeito dos conflitos da religião com o racionalismo iluminista e positivista, muitos optaram por reduzir a fé a fideísmo (deixemos o mundo e sua racionalidade e reafirmemos a fé como sentimentos e emoções). Outros, preocupados com a marginalização da e no mundo em rápido desenvolvimento, decidiram assimilar interpretações filosóficas de sucesso e reduziram a Igreja a cortesã das ideologias dominantes, perdendo a possibilidade de oferecer sua contribuição específica ao contexto cultural.

A Fé necessita da Razão, a Razão necessita da Fé

A fé só pode ser formulada por meio do instrumento da razão para responder à mais profunda exigência humana de conhecer a realidade. "*A Fé e a Razão constituem como que as duas asas pelas quais o espírito humano se eleva para a contemplação da verdade,*" afirma o Papa João Paulo II, na Encíclica *Fides et Ratio* (Fé e Razão).

Quando as primeiras gerações de cristãos atravessaram as fronteiras de Israel e entraram no mundo influenciado pela cultura grega, os evangelizadores não procuraram dialogar com as religiões pagãs e com os mitos que na Grécia e em Roma criaram divindades. Eles abriram diálogo com os filósofos pagãos, acolhendo deles o rigor no uso da razão e as perguntas existenciais para as quais Jesus Cristo era apresentado como resposta. Era habitual para os Padres da Igreja encontrar passagens de grandes filósofos e considerá-las como "*semina Verbi*", como semente do Verbo, pela razoabilidade aberta ao mistério infinito, como, por exemplo, a passagem de Platão (2000, p. 69) no Fédon:

> Porque, nestas coisas, de duas uma: ou se chega a conhecer como estão; ou, se não se consegue, aplica-se ao melhor e mais seguro dentre os argumentos humanos e, com ele como sobre um barco, tenta-se a travessia do oceano. A menos que não se possa, com a maior comodidade e menor perigo, fazer a passagem com algum meio de transporte mais sólido, isto é, com a ajuda da palavra revelada de um deus.

Caminhos novos para a Fé e a Razão

É de fundamental importância compreender como fé e razão se conectam e entrelaçam e participam, em conjunto, para oferecer respostas à inquietação humana que não desiste de indagar a respeito de tudo aquilo que é relevante para viver com significado e beleza, para construir o bem, a verdade, para compreender como um homem, uma mulher, podem levantar voo superando as limitações que parecem intransponíveis.

O aporte da religião cristã, durante séculos, foi decisivo para alimentar um empenho positivo de reconstrução, superando a decadência moral e intelectual do império romano e para alimentar a esperança de crescimento em direção a uma maior humanização, criando condições de convivência entre os povos europeus e os nômades invasores que eram chamados de bárbaros.

Afirma Fides et Ratio:

> *A convicção fundamental desta 'filosofia' presente na Bíblia é que a vida humana e o mundo têm um sentido e caminham para a sua plenitude, que se verifica em Jesus Cristo. O mistério da encarnação permanecerá sempre o centro de referência para compreender o enigma da existência humana, do mundo criado e mesmo de Deus* (FR 80).

Um primeiro passo nesse caminho é levar a sério a inquietação que cada homem e cada mulher experimentam e que alimenta a busca do significado de todas as coisas, não se conformando com as respostas pré-confeccionadas. Com efeito, todos nós, pelo simples e grandioso fato de sermos seres humanos, temos em comum a inquietação, a busca, a exigência de usar a razão para compreender a realidade na totalidade de seus fatores. Compartilhamos a exigência de abraçar cada circunstância como fator essencial para o pleno desenvolvimento da própria humanidade, como parte da tarefa que nos cabe neste mundo. Somente uma razão que usa as suas capacidades sem restrições poderá vencer a era do vazio, como foi descrito por Lipovetsky (1989), poderá reverter o processo de banalização da cultura, superar a onda do niilismo, restituindo a cada pessoa a possibilidade de responder mais plenamente às suas exigências originárias e oferecer à sociedade uma qualidade superior de convivência na paz e na solidariedade.

Alargar o uso da Razão

A cultura dominante acreditou que fosse possível construir a justiça e a paz ou, no horizonte da Revolução Francesa, a liberdade, a igualdade e a fraternidade, pondo de lado o problema do significado e da verdade. Mas, abandonada a busca pelo significado, o poder e o interesse passaram a administrar um mundo feito de banalidades, no qual prosperou a violência, em que o ser humano parecia "supérfluo", na linguagem de Hannah Arendt (1989; 1999).

Esperava-se que a razão científica pudesse responder à necessidade de redenção e de salvação. Na realidade, o ser humano não tem somente necessidades que o mercado pode satisfazer. Seu coração busca irresistivelmente um bem infinito, para além dos bens que o poder e o mercado podem oferecer. A recusa a pensar o fundamento da realidade, a debruçar-se sobre o significado de todas as coisas para além de sua utilidade, empobrece a experiência humana e a capacidade de conviver e dialogar com todos, tendo a possibilidade de considerar todos os fatores da realidade, sem censuras, sem restrições originadas em preconceitos.

Do ponto de vista da fé, houve, a partir do Concílio Vaticano II, um caminho menos dependente do contexto cultural. O cristianismo voltou a ser percebido como um acontecimento na história, que torna presente o Senhor ressuscitado pela realidade da Igreja.

Isso se torna particularmente visível no magistério dos últimos Papas e em algumas realidades eclesiais que testemunham a beleza da vida fraterna e a descoberta de significados que dão conta até mesmo dos dramas que são enfrentados no quotidiano, proporcionando uma experiência de bem e de paz alimentada pelo encontro com Cristo e pelo reconhecimento de sua Presença.

É necessário restituir à razão humana toda a sua extensão e capacidade de dirigir seu foco a todos os aspectos da realidade, nada descartando do que é humano, segundo o famoso verso de Terenzi, no século II a.C.: *"Homo sum: humani nihil a me alienum puto"* – *"Sou homem, nada do que é humano me é estranho"* (tradução nossa). O verso é pronunciado pela personagem Cremete, pois a realidade é mais ampla e tem maior profundidade do que o método científico muitas vezes entende.

Além disso, uma razão aberta ao transcendente será capaz de realizar um verdadeiro diálogo entre as culturas e, particularmente, com as grandes religiões do mundo, diálogo atualmente inviável e, no entanto, urgente pela intensidade do intercâmbio que os povos vivem.

Alargar o uso da razão significa, então, levar a sério toda a extensão da experiência humana, surpreender todos os aspectos da realidade, percorrer todo o itinerário que nos conduz da circunstância concreta ao reconhecimento do fundamento, do significado total, no fundo, do Mistério presente.

Referências

ARENDT, Hannah. **Origens do Totalitarismo**. São Paulo: Companhia das Letras, 1989.

ARENDT, Hannah. **Eichmenn em Jerusalém**: um relato sobre a banalidade do mal. São Paulo: Companhia das Letras, 1999.

ARENDT, Hannah. **Archivio 2, 1950-1954**. Milano: Feltrinelli, 2003.

DEWEY, John. **The quest for certainty**. London: George Allen; Unwin, 1930.

DOSTOIÉVSKI, Fiódor. **Os demônios**. 6. ed. Tradução de Paulo Bezerra. São Paulo: Editora 34, 2018. (Coleção Leste).

ELLIOT, Thomas S. **Poesia**. Rio de Janeiro: Nova Fronteira, 1981. p. 187-189.

EINSTEIN, Albert. **Como vejo o mundo**. Rio de Janeiro: Nova Fronteira, 2011

FERRY, Luc. **Famílias, amo vocês**. Política e vida privada na era da globalização. Rio de Janeiro: Objetiva, 2008.

GIUSSANI, Luigi. **Le mie letture**. 8. ed. Milano: BUR, 2008.

GIUSSANI, Luigi. **O Senso Religioso**. Brasília: Editora Universa, 2009.

HORKHEIMER Max. **Eclipse da Razão**.Rio de Janeiro: Labor, 1976.

HORKHEIMER, Max; ADORNO, Theodor W. **Dialettica dell'Illuminismo**. Torino: Einaudi, 1976.

HUGO, Victor. Le Pont. **Les Contemplations**. Ouvres Complètes. Lausanne: Editions Rencontre, 1911.

LEOPARDI, Giacomo. **Poesia e Prosa**. Rio de Janeiro: Editora Nova Aguilar, 1996. p. 254.

LIPOVETSKY, Gilles: **A era do vazio**: ensaio sobre o individualismo contemporâneo. Lisboa: Ed. Relógio D´Água, 1989.

MAHFOUD, Miguel. Senso Religioso: Horizonte totalizante para a Psicologia. *In:* BELLO, A. et al. **Fenomenologia e Experiência Religiosa**. Curitiba: Juruá, 2020. p. 53-62.

MAHFOUD, Miguel. **Experiência elementar em psicologia**. Aprendendo a reconhecer. 2. ed. Brasília; Belo Horizonte: Artesã, 2022.

MONTALE, Eugenio. **Ossi di seppia**. Milano: Mondadori, 2003.

MURARO, Rose Marie. **As mais belas orações de todos os tempos**. São Paulo: Pensamento, 2001.

PETRINI, Giancarlo. Necessidades movem o mercado, exigências originais movem a pessoa e a história. *In:* MAHFOUD, Miguel. **Experiência elementar em psicologia**. Aprendendo a reconhecer. 2. ed. Brasília; Belo Horizonte: Artesã, 2022. p. 17-30.

PETRINI, Giancarlo. Apresentação: Necessidades movem o mercado, exigências originais movem a pessoa e a história. *In:* MAHFOUD, Miguel. **Experiência elementar em psicologia**. Aprendendo a reconhecer. 2. ed. Brasília; Belo Horizonte: Artesã, 2022. p. 17-30.

PETRINI, João Carlos. Mudanças sociais e mudanças familiares. *In:* PETRINI, João Carlos; CAVALCANTI, Vanessa R. Simon. **Família, Sociedade, Subjetividade**. Petrópolis: Vozes, 2005. p. 28-53.

PETRINI, João Carlos. **Pós-modernidade e família**. Bauru: Edusc, 2003. p. 38.

PLATÃO. Fédon. **Introdução**. Tradução do grego e notas de Maria Teresa Schiappa de Azevedo. Brasília: Ed. Universidade de Brasília, 2000. p. 69. (LXXXV, c-d).

TERENZIO.Publio Terenzio Afro, II século a.C. **Heautontimoúmenos**, v. 77.

WEBER, Max. **Ensaios de Sociologia**. Rio de Janeiro: Zahar Ed., 1974.

WITTGENSTEIN, Ludwig. **Tractatus Logico-Philosophicus**. 3. ed. Tradução de Luiz Henrique Lopes dos Santos. São Paulo: Edusp, 2001.

2

A CONSTRUÇÃO HUMANA NO EXERCÍCIO DIVERSO DAS RELIGIÕES E RELIGIOSIDADES: REFLEXÕES SOBRE O ENCANTAMENTO AFRO-BRASILEIRO NA VIDA COTIDIANA

Marlon Marcos Vieira Passos

E se eu fosse eu daria tudo que é meu,
e confiaria o futuro ao futuro.
(Clarice Lispector, Se eu fosse eu, 1999)

Introdução

São muitos os caminhos humanos em busca de epifanias espirituais, imanências e transcendências que deixem a humanidade em contato com o divino atemporal, com o etéreo e, no mais profundo, com o mistério que nos convida à constante caminhada no exercício de nossas vidas, muitas delas banhadas pela experiência da fé. A antropologia, como uma ciência das humanidades, sempre se debruçou sobre o que se convencionou, no Ocidente, a chamar de religião, entendida aqui como um aparato de complexas ligações ou religações do humano com o mistério, chamado na maioria das vezes de seres espirituais ou divinos, dando sentido a muitas vidas antes perdidas frente ao enigma da morte.

Quando se trata da temática religião, várias questões de ordem histórica, filosófica e socioantropológica são levantadas. No cenário acadêmico, ainda persiste uma ideia evolucionista que enxerga a religião como uma experiência humana que se desenvolveu a partir da evolução da magia, sendo esta considerada como uma etapa mais atrasada no desenvolvimento cultural dos seres humanos em relação ao que compreendemos como sobrenatural. Nesse horizonte explicativo, a religião seria uma instituição mais elaborada que a magia, apresentando aspectos mais complexos e normativos e, dentro da própria religião, haveria ordens evolucionárias e classificatórias, em que as religiões chamadas de animistas, primitivas e politeístas seriam menos complexas e menos profundas que as monoteístas (RODRIGUES, 2014). Essas últimas são fundamentais para o alicerce espiritual dos povos indo-europeus, que legaram ao mundo, numa perspectiva colonial, a estruturação de expressões de fé baseadas no que conhecemos como cristianismo. Mais complexa e "evoluída" nesse diagrama apresentado pela antropologia em finais dos séculos XIX e durante décadas do século XX, estaria a ciência como ainda percebemos hoje.

O tema religião suscita os debates mais controversos, a partir da sistematização ocidental do que conhecemos como ciência, as descobertas do Renascimento, as intervenções analíticas de Isaac Newton e o pensamento de René Descartes, entre outros que questionaram o mundo feudal fincado nas explicações exclusivistas do teocentrismo, disseram que as melhores explicações sobre os humanos e o mundo, as mais verdadeiras, só poderiam ser dadas por esse "ente" chamado ciência. A máxima cartesiana do "Penso, logo existo" fundou uma Academia científica erguida em princípios racionalistas, que viam a religião com desconfiança e aniquilavam a magia como fruto do primitivismo e da ignorância dos seres humanos.

O Ocidente se fortaleceu ideologicamente perante o mundo, a partir do século XIX, apregoando suas conquistas bélicas e suas descobertas científicas, impondo suas percepções acerca da vida e da morte baseadas numa lógica racional que despertou a todos e a todas para a era do cientificismo: só a ciência, com seus experimentos e postulados, podia tudo frente à fragilidade humana. As religiões respeitadas seriam, tão somente, as que lograram "civilidade" e empossaram alguns grupos humanos no topo da pirâmide cultural: as cristãs, fortalecidas e espraiadas pelas expansões colonizadoras europeias, perfiladoras do mundo moderno, e responsáveis pela manutenção de sistemas sociais perversos como a escravidão indígena e negra e a própria colonização dizimadora de indígenas e africanos.

Segundo Max Weber (2006), o racionalismo foi responsável pelo desencantamento do mundo, ocasionando o fortalecimento da ciência cartesiana que ultra valorizava a razão e o pensamento como formas fundamentais e exclusivas para a construção e propagação do conhecimento. O cientificismo europeu, do século XIX, irrompeu uma espécie de secundarização da religião, intensificando experiências nacionais baseadas no secularismo, em que a religião não mais ocuparia a centralidade social vista em tempos anteriores. Os principais estados nacionais europeus, como

França e Inglaterra, separaram bem o que seriam as perspectivas religiosas das perspectivas políticas e econômicas, não havendo uma imposição estatal que obrigasse o cidadão a ter uma fé religiosa de qualquer natureza.

Para sentirmos melhor a definição ocidental de religião, Paul Erickson e Liam Murphy (2015, p. 92) conceituam: "Sistema integrado de significados e práticas que procura conectar a humanidade a uma ordem divina ou metafísica", ambos inspirados em uma elaboração conceitual feita pelo sociólogo Max Weber. Há, na sociologia weberiana, uma valorização das instituições religiosas como instrumentos evolucionários que implicam em mudanças coletivas ao levar os atores sociais a atuarem na sociedade em busca de solução para os problemas das mais diversas ordens.Essa "agência criativa"[1] dos indivíduos é modulada por uma ética religiosa que estimula esses indivíduos à prosperidade e à melhoria de seus problemas mais gritantes. Daí, a ética religiosa imprime transformações sociais à vida cotidiana das sociedades.

Para Émile Durkheim (1989) a religião não seria um apêndice social criado pela sociedade, estaria na própria gênese do ser social expresso no que ele entendia como sociedade – um ser coletivo estruturante – frente aos indivíduos. A vida social em toda sua estrutura funciona, segundo Durkheim, de modo similar aos órgãos do corpo humano, cada qual desempenhando uma função. Havendo saúde entre as partes do corpo, o organismo estaria em harmonia em sua totalidade. A vida social é compreendida dessa maneira, e as partes do organismo social, chamadas de instituições, devem estabelecer relações harmoniosas entre si cumprindo sua função social. O pensamento durkheimiano defendeu a religião como algo intransponível na sociedade, avaliando que a vida social se configura como práticas rituais que consolidam as instituições, tal qual as práticas religiosas. Portanto, há na sociologia de Émile Durkheim um interesse cultural pela vida religiosa das sociedades. Não é um interesse que se baseia na ratificação de crenças e nem de fé, mas no que produzem as existências religiosas em termos coletivos, implicando na vida social dos indivíduos e promovendo, segundo esse autor, experiências sociais mais harmoniosas.

Outros autores trataram com menos interesse as questões sociais geradas pela vida religiosa das sociedades, entre eles Karl Marx e Sigmund Freud. Karl Marx (1975; 2006), em algumas de suas assertivas acerca de religião, ao longo dos seus estudos, atestou-a como uma construção do *homo faber* (homem trabalhador) que, assim como o humano em sua carência existencial, aprendeu

---
[1] A capacidade que o indivíduo tem de atuar subjetivamente na ordem social, ou seja, cada indivíduo é dotado de agência e pode interferir sobre os comandos impostos pelos sistemas sociais chamados de sociedade.

a produzir materiais para satisfazê-la e gerar sua sobrevivência. A religião e a crença em um ser metafísico foram por ele (humano) também inventadas para aliviar o sentimento de impotência e fragilidade perante a vida e o medo da morte. Nessa assertiva Marx entendia a religião como alienação, ou seja, algo que apartava o humano dele, mesmo numa perspectiva de ilusão. Outro sentido trazido por Karl Marx sobre a religião foi a noção de religião como ideologia. Esse conceito marxiano compreende a ideologia como instrumentos de escamoteamento da realidade, usados pelas classes dominantes para esconder os elementos de exploração empreendidos pelo capitalismo para a manutenção da ordem burguesa. Assim, a religião seria utilizada como uma forma de dominação dos detentores do capital sobre aqueles que detinham tão somente a sua força de trabalho.

Outro importante pensador europeu que desenvolveu alguns estudos sobre religião foi o médico, psicólogo e psicanalista Sigmund Freud (2017; 2019). Sem mergulhar na questão religiosa com o mesmo afinco de pensadores como Émile Durkheim e Max Weber, Freud viu na religião traços neuróticos da humanidade, e ao escrever "O futuro de uma ilusão", lançado em 1927, compôs uma espécie de antropologia da religião, analisando os impactos psíquicos na vida humana gerados pelas questões religiosas, buscando identificar na religião uma ilusão humana erguida frente ao sentimento de perda ou assassinato do grande Outro, do pai ancestral. A eficácia da religião estaria aí na manutenção de sentimentos ilusórios, aplacando desejos mais profundos dos humanos e não revelados por eles. Assim como Karl Marx, Sigmund Freud tratou, com argumentos psicanalíticos, a religião como ilusão, mesmo a reconhecendo como instrumento de desenvolvimento intelectual da humanidade e superação do sentimento de desamparo.

Elaborar reflexões sobre religião é, por vezes, recair em um vasto campo florido, mas espinhoso. Permite-nos indagar e formular questões acerca da existência de seres espirituais ou sobrenaturais, a eficácia social das crenças e, mais detidamente, analisar os pressupostos religiosos que interferem continuamente nas sociedades, até mesmo naquelas menos religiosas, localizadas na expressão "laicas".

O sentido deste artigo se localiza em tratar a religião como uma questão histórica e socioantropológica de grande importância para a vida comunitária dos sujeitos independentemente de crença ou não. O conceito de religião erguido pelos europeus que atravessou séculos não cabe em muitas sociedades fora do chamado "território" ocidental. A ideia de religião, por exemplo, não pode identificar práticas espirituais de muitas comunidades africanas e asiáticas, haja vista que muitos elementos religiosos praticados entre eles estão dentro de um sistema existencial coletivo maior que podemos chamar como modos de vida (NASCIMENTO, 2016) e não como religiões. Os aspectos preambulares desta introdução, trazendo alguns autores clássicos que discorreram sobre a temática religião, servem-nos para demonstrar um pouco da complexidade do tema e que ela implica em diversas abordagens e das mais discrepantes entre si.

No âmago das impressões que trago aqui estão as chamadas religiões afro-indígenas no Brasil, percorrendo trajetórias elucidativas que tratam da força civilizatória dessas experiências religiosas marcadas por culturas de várias procedências africanas e por vários grupos indígenas pertencentes, historicamente, ao território brasileiro. Ao sentir essas questões, e as trato como sentimento na perspectiva de Audre Lorde (2019), busco analisar as especificidades religiosas que no Brasil deram origem ao candomblé e a outras religiosidades de matrizes africanas e afro-indígenas, apossando-me da filosofia da ancestralidade (OLIVEIRA, 2012) movida, salvaguardada, irradiada pelos terreiros afro-brasileiros, ocupando vários espaços da vida social brasileira, indo das tarefas educativas mais simples até as mais complexas epistemologias erguidas pela Academia científica em nosso país.

Há uma necessidade histórica em tratar as religiões afro-indígenas no Brasil numa perspectiva decolonial, ou seja, fora de muitas conceituações e de muitos olhares acadêmicos eurocentrados e diminuidores da força criativa e religiosa dessas instituições nascidas no seio do povo. Sentir o candomblé, por exemplo, em sua expressão cotidiana, é pensar e viver experiências expansivas, fornecedoras de novas possibilidades científicas, novas epistemologias, novas literaturas, novas possibilidades artísticas que, no fundo, nunca foram novas, sempre estiveram pululando entre os membros das mais diversas comunidades que perfilam toda a herança cultural negro-indígena e que nos dão o sentido social mais genuíno quando precisamos reconhecer os traços mais marcantes da nossa brasilidade.

Este artigo busca compreender os impactos culturais e socioexistenciais que as religiões e religiosidades afro-indígenas causaram e ainda causam nas humanidades brasileiras. Ao trazer Max Weber e referendar a sua assertiva sobre o racionalismo e o desencantamento do mundo, sabemos que as religiões mais racionalizadas, como o catolicismo e o protestantismo, contribuíram, em adaptação, para o mundo mergulhado numa lógica de mercado e em harmonia com as regras sociais sustentadas pelo capitalismo. Ao racionalizar a fé cristã em termos de práticas coloniais, criando abismos burocráticos que normatizam a salvação das almas, as religiões (ou religiosidades em modos de vida) de origens africanas e indígenas nos ofereceram e oferecem outros modelos, outras formas de aprendizagens, fora do esquema racional, o que nos permite compreender que a experiência religiosa afro-indígena brasileira se baseia numa cosmo percepção de mundo fincada no encantamento.

Entre as civilizações do barro e do tambor: a força da fé negro-indígena no Brasil

Uma das formas mais usuais de se criticar as comunidades indígenas e africanas no Ocidente é atestar que a sua musicalidade é barulhenta, pouco complexa, dissonante e inferior perante a música de câmara produzida pelos europeus. O tambor é percussivamente inferior ao violino, ao piano, ao violoncelo. O tambor esgarça a audição e impede o silêncio. Todas essas afirmações para além de preconceituosas são racistas. A base da grande música produzida hoje no mundo é de matriz africana e advém das complexas sonoridades trazidas à nossa audição pelos tambores. Os tambores são criadores de civilizações. Os tambores são os atabaques, a orquestra sagrada do povo de santo nos terreiros brasileiros. A base sonora de uma espiritualização que produz transe, possessão e, se assim o faz, no transe e na possessão, além de produzir um tipo de silêncio, produz mistério.

Junto aos tambores, nas experiências comunitárias negro-indígenas brasileiras, existe o barro, que construía templos sagrados e benditas moradias para o povo sem esteio material neste país. O barro que faz quartinha, prato, caneca, moringa, jarros, talhas, potes. O barro da casa de taipa, o mesmo no barracão (espaço sagrado dedicado às festas públicas nos terreiros afro-brasileiros). A humanidade vista no barro por meio das narrativas míticas dedicadas a imaginar a origem humana na terra. O barro como sina acolhedora dos corpos cansados da lida e que retornam a ele após a morte. O barro é outra civilização afro-indígena brasileira, produziu e produz muitos sentidos que vão da arte à louvação de inquices, voduns, orixás, caboclos, encantados que povoam a fé do povo brasileiro e alimentam o nosso espírito criativo, burilam nossa alma, desenham nossa humanidade em espiral diversidade, encruzilhadas de sentidos, tornando-nos de modo complexo brasileiros.

Escrever sobre religiões afro-indígenas é produzir imagens que tragam sonorizações. Recitar cânticos de dentro do terreiro: "Abre-te, campo formoso/Abre-te, campo formoso/ Cheio de tanta alegria/Oh, cheio de tanta alegria" (MARCOS, 2022, p.43); recitar de fora: "Depois de exterminada a última nação indígena e o espírito dos pássaros das fontes de água límpida/ Mais avançada que a mais avançada das mais avançadas das tecnologias/ Virá" (VELOSO, 1977). Ambas as récitas estão pousadas nos elementos míticos e espirituais que comungam duas religiosidades, a africana e a indígena, formadoras maiores da nossa ancestralidade. A primeira é uma salva de caboclo aos pés dos atabaques no terreiro, a outra é um cântico louvação à presença indígena entre nós, feita pelo enorme poeta Caetano Veloso. Fazê-las aqui significa pôr os pés no barro, acento maior da nossa cultura, ouvir os batuques do tambor, esculpir rimas em cânticos, dançar o samba do caboclo e, assim, traduzir a natureza da maioria da população brasileira em seu cotidiano de luta, superação, resistência, festa e fé.

Viver as civilizações do barro e do tambor é pertencer (LISPECTOR, 2019) às raízes mais profundas das culturas que marcam a nossa história. Perfazer o caminho da memória nos lembrando da velha e negra curandeira da rua. Lembrar-se do chá curando a enxaqueca ou a ressaca. Banhar-se nas ervas cheirosas purificando o corpo e a alma. Acender vela no tempo ao Tempo Zará. Cantarolar cantigas de rodas que nos lembram os encantados que não cessam nesta história. Dançar miudinho os toques mais sagrados. Beber água da moringa. Encher de água a quartinha de barro branco simbolizando o nosso mutuê (cabeça) no peji (altar). As marcas de tradições barrentas e barulhentas no cotidiano brasileiro nos levaram a reinventar o carnaval. Carnaval que é profano, mas à maneira africana. Essa dicotomia entre sagrado e profano serve mais como teoria na cabeça de Émile Durkheim. Na cabeça brasileira, feita em fundamentos negro-indígenas, arte e festa servem também para louvar, rezar, estar na divindade que cultuamos.

Que humano é esse que se desenha aqui? Não é o mesmo apregoado pelos conceitos universalizantes impostos pelos estudos ocidentais vistos, territorialmente, naquilo que Boaventura Souza Santos chamou de Norte global. É o humano que pensa afro, como ensina Muniz Sodré:

> E o que aqui apresentamos é a perspectiva de um modo afro de pensar tipificado no sistema nagô, que é de fato uma forma intensiva de existência (forma em que a passagem do biológico ao simbólico ou ao "espiritual" é quantitativamente significativa), com processos filosóficos próprios. "Afro" não

> designa certamente nenhuma fronteira geográfica e sim a especificidade de processos que assinalam tanto diferenças para com os modos europeus quanto possíveis analogias. (SODRÉ, 2017, p. 16).

O humano que trago aqui está em sintonia com sua trajetória afro-brasileira e, no âmbito das possibilidades simétricas, em diálogo com as tradições culturais e acadêmicas que formulam e conceituam experiências religiosas vividas em outros territórios para além do brasileiro. É o humano das oralituras – literatura escrita com a voz do griot, da mãe de santo na camarinha, das brincadeiras do bumba-meu-boi. O fazer religioso do povo de santo postula modos de vida, cosmopercepções redimensionando o mundo (OYĚWÙMÍ, 2021), narrando filosofias que transmitem Axé e Ancestralidade.

Candomblés e cotidiano encantado no Brasil: uma poética em contínua construção

A noção de encantamento veiculada em minhas reflexões repousa na noção de ancestralidade afro-indígena sustentada pelas vivências estabelecidas nos terreiros que pesquisei ao longo da minha vida acadêmica, ou os que visitei esporadicamente como um adepto prestigiando as casas e, principalmente, as vivências que tive e tenho, de modo contínuo, no terreiro em que exerço a minha principal função na vida como um religioso nascido e criado no candomblé. O (re)encantamento do mundo aqui postulado se coaduna com as assertivas de Eduardo Oliveira, que define:

> O encantamento não é um estado emocional, de natureza artística que nos arrebata os sentidos e nos impõe sua maravilha. Não é da ordem do sublime, à qual não podemos resistir, muito menos da ordem religiosa, à qual devemos obedecer. O encantamento é uma experiência de ancestralidade que nos mobiliza para a conquista, manutenção e ampliação da liberdade de todos e de cada um. Assim, é uma ética. Uma atitude que faz sentido se confrontada com o legado dos antepassados. Confrontamento que faz sentido se atualizado na contemporaneidade. Estamos para além do conceito de tradição e longe do conceito de folclore. A ancestralidade é uma forma cultural em si mesma ética porque o contorno de seu desenho é uma circularidade que não admite o excluído (OLIVEIRA, p. 2012, p.43).

Ao afirmar que o desenho da circularidade não admite o excluído, o autor sentencia que a circularidade do tempo ancestral africano não admite a exclusão. Portanto, o cotidiano dos terreiros e de outros espaços fincados em tradições africanas é atravessado por experiências de inclusão e baseia-se em ancestralidade, encantamento e circularidade, fundamentais para o exercício do modo de vida nos terreiros que açambarca as dimensões religiosas que envolvem essas vivências.

Estar na roda da vida é estar no mundo da vida no tempo presente. A roda do xirê, a roda de capoeira, a roda de samba, a roda dos mestres, a roda da contação de histórias, a roda de conversa. O círculo representa melhor a ideia de tempo que ao invés de linear é espiral. Essas cosmopercepções afro-indígenas são ritualizadas nos terreiros quando as narrativas míticas que falam sobre o tempo ancestral são presentificadas por esses rituais que se repetem ao longo dos anos em comunidade, mas nunca são iguais.

Não há mistério e nem segredos sobre a força da roda como expressão de união coletiva: a roda horizontaliza as relações e as convivências. Do ponto de vista conceitual africano, a roda pode ser mais bem sentida a partir da filosofia UBUNTU que diz: minha humanidade só é com os outros e assim nos tornamos um. Quando sinto a roda do xirê (festa e dança para os orixás) cantando e dançando os tempos imemoriais da ancestralidade, percebo a presentificação do passado e nessa ação há a força do agora. Com isso vou a Clarice Lispector: "Não sacrifique o dia de hoje pelo de amanhã. Se você se sente infeliz agora, tome alguma providência agora, pois só na sequência dos agoras é que você existe" (LISPECTOR, 1999, p. 160).

O emblema da roda é vital para exprimir a relação entre ancestralidade, encantamento e circularidade no universo religioso do povo de santo. Martinho da Vila, voz negra ancestral, canta assim: "Na rodilha embaixo da talha/ E em cima do torso da negra/ Que ainda rebola/ Nas curvas da vida da velha/ Que ainda consola/ A criança que chora/ A roda é pra rodar na gira/ Da vida que roda/ Olha a roda, olha a roda" (VILA, 1985). Esses versos exprimem a força das tecnologias dos terreiros ocupando o centro da Música Popular Brasileira, e invadem o cotidiano de um país, onde grande parte continua a rejeitar negros e indígenas exercendo diuturnamente o racismo. A canção Roda *Ciranda* opera dois princípios fundamentais da ancestralidade afro-indígena: a roda (vida) e a ancianidade (a velha que acha força para consolar a criança) numa relação contínua e imprescindível para a manutenção da gira, que além de ser a festa nos terreiros, também traz o sentido de movimento da vida que imprescinde da roda.

Nesse contexto ancestral afro-indígena presente em nossas artes, culinárias, festas, religiosidades, epistemologias, sentimentos, é necessário expressar a humanidade que se constrói a partir das interferências culturais desses povos ainda tão massacrados, explorados e desgastados socialmente. O presente artigo formula algumas questões funcionando mais como pergunta do que como resposta, buscando fomentar o debate sobre temas existenciais brasileiros, políticos, culturais, advindos da religião como tema antropológico mais que necessário para se compreender as culturas negras e indígenas como elementos primordiais para definir essa rica abstração sociocultural chamada Brasil.

Considerações finais

Permito-me a um dizer de Clarice Lispector:

> Cada ser humano recebe a anunciação: e, grávido de alma, leva a mão à garganta em susto e angústia.
>
> Como se houvesse para cada um, em algum momento da vida, a anunciação de que há uma missão a cumprir.
>
> A missão não é leve: cada homem é responsável pelo mundo inteiro.
>
> (LISPECTOR, 1999, p. 158).

Conhecer é uma das tarefas mais deslumbrantes e hercúleas da saga humana. Nós morremos aprendendo entre perguntas e respostas. A religião, sentida por mim, é uma grande pergunta travestida em uma eficiente resposta. A religião nos ajuda a entender que é necessário existir o insondável e, além disso, as de matrizes africanas nos ajudam a perceber o valor que o tempo presente tem, pois, de fato, ele é o único que há. O agora. Busquei aqui demonstrar alguns sentidos das experiências espirituais afro-indígenas (mais detidamente) sem tocar na importância da religiosidade católica que, em associação às citadas anteriormente, interferiu na construção de religiões como a minha, o candomblé.

É importante ressaltar que, quando nos referirmos ao candomblé, saibamos que além de uma religião afro-brasileira, é um modo de vida ancestral afro-indígena. Que a noção de religião vista em Émile Durkheim, Max Weber, Karl Marx, Sigmund Freud, muitas vezes não dá conta das experiências de muitas sociedades fora do eixo ocidental. Portanto, muito do vivido como experiência espiritual entre os negros africanos, por exemplo, não pode ser chamado de religião.

Existe no candomblé, em minha leitura antropológica, uma dimensão de religião, mas que não se esgota aí, e essa experiência social é mais aprofundada a partir disso que chamei aqui, à luz de Eduardo Oliveira (2012), de filosofia da ancestralidade.

Iniciei esta sessão com um "sentimento" de Clarice Lispector evocando a vida como missão. A missão que nos é dada de cuidarmos do eu e dos outros. Cuidarmos do mundo. Esse sentimento em Clarice de cuidar do mundo ressoa na filosofia Ubuntu – eu sou com os outros –, e se alinha ao sentido das vivências cotidianas no terreiro, que é louvar à ancestralidade e cuidar da comunidade como um único ser. Ou seja, a humanidade forjada no barro da vida nos terreiros esculpe vidas individuais destinadas ao coletivo; nasce dessas experiências o humano-comunidade, que deve se sentir na anunciação desenhada por Clarice Lispector: esse humano tem um compromisso de cuidar do mundo e, assim, cumprir a missão que o mistério lhe incumbiu.

REFERÊNCIAS

DURKHEIM, Émile. **As formas elementares da vida religiosa**: o sistema totêmico na Austrália. São Paulo: Paulinas, 1989.

ERICKSON, Paul A.; MURPHY, Liam D. **História da teoria antropológica**, 2015.

FREUD, Sigmund. **O mal-estar da cultura**. Porto Alegre: L&PM Pocket, 2017.

FREUD, Sigmund. **O futuro de uma ilusão**. Porto Alegre: L&PM Pocket, 2019.

LIMA, Vivaldo da Costa. **A Família de Santo nos candomblés jejes-nagô na Bahia**: um estudo de relações intragrupais. 2. ed. Salvador: Corrupio, 2003.

LIMA, Fábio. **Diáspora e ancestralidade**. Salvador: Kawo-Kabiyesile, 2015.

LISPECTOR, Clarice. **A descoberta do mundo**. Rio de Janeiro: Rocco, 1999.

LORDE, Audre. **Irmã outsider**: ensaios e conferências. Belo Horizonte: Autêntica, 2019.

MARCOS, Marlon. **Entre o jocoso e o sagrado**: cânticos, sotaques e ensinamentos de caboclo em candomblés de Salvador. Salvador: KAWO-KABIYESILE, 2022.

MARX, Karl; ENGELS, Friedrich. **A Ideologia Alemã**: Feuerbach, a oposição entre as concepções materialistas e idealistas. São Paulo: Martin Claret, 2006.

MARX, Karl; ENGELS, Friedrich. Crítica da Filosofia do Direito de Hegel.*In:* MARX, Karl; ENGELS, Friedrich. **Sobre a Religião**. Lisboa: Edições 70, 1975.

NASCIMENTO, Wanderson Flor. Sobre os candomblés como modo de vida: Imagens filosóficas entre Áfricas e Brasis. **Ensaios Filosóficos**, v. XIII, ago. 2016.

OLIVEIRA, Eduardo David de. Filosofia da ancestralidade como filosofia africana: Educação e cultura afro-brasileira. **Revista Sul-Americana de Filosofia e Educação**, n. 18, p. 28-47, maio/out. 2012.

OYĚWÙMÍ, Oyèrónkẹ. **A invenção das mulheres**. Rio de Janeiro: Bazar do tempo, 2021.

PASSOS, Marlon Marcos Vieira Passos. **Iyá Zulmira de Zumbá:** uma trajetória entre nações de candomblé, 2016. Tese (Doutorado em Antropologia) – Faculdade de Filosofia e Ciências Humanas, Universidade Federal da Bahia, Salvador, 2016.

RODA CIRANDA. Intérprete: Martinho da Vila. Compositor: Martinho da Vila. **Criações e Recriações**. Rio de Janeiro: RCA Discos, 1985.

RODRIGUES, Nina. **O animismo fetichista dos negros baianos**. Salvador: P55 Edições, 2014.

SODRÉ, Muniz. **Pensar nagô**. Petrópolis: Vozes, 2017.

VELOSO, Caetano. Um índio. Compositor: Caetano Veloso. **Bicho** (Long Play). Rio de Janeiro: Gravadora Polygram, 1977.

WEBER, Max. **A ética protestante e o espírito do capitalismo**. São Paulo: Martin Claret, 2006.

3

PRÁTICAS RELIGIOSAS ÀS MARGENS DO PARAGUAÇU: NOTAS INICIAIS SOBRE CENTROS DE CULTO AFRO-INDÍGENAS EM IAÇU E MARCIONÍLIO SOUZA

Cleidiana Ramos

Este texto tem dados iniciais sobre comunidades de base religiosa afro-indígenas, sediadas nos municípios de Iaçu e Marcionílio Souza, que compõem o território de identidade denominado Piemonte do Paraguaçu[1]. Não há um termo uniforme para classificar as práticas dos centros de culto tanto no discurso das lideranças desses espaços como das pessoas que utilizam seus serviços, especialmente em casos que demandam cura para problemas de saúde. Para uma melhor apresentação do contexto vou utilizar o termo afro-indígena ou afro-brasileiro em relação a essas práticas por considerar que, além de elementos das culturas de civilizações africanas com presença na região, há forte conexão com elementos da herança indígena, especialmente

---

[1] O parâmetro denominado "Territórios de Identidades" foi adotado pelo governo do Estado da Bahia com o objetivo de aglutinar regiões com afinidades socioeconômico e ambiental para identificar potencialidades e vulnerabilidades. Os territórios de identidade passaram a compor o planejamento do Estado por meio da Lei n.º 10.705, de 14 de novembro de 2007, que, inicialmente, estabeleceu 26 regiões. Em 2015, houve um ajuste com a Lei n.º 13.468, e mais uma região foi integrada à categoria elevando o total para 27. O território de identidade Piemonte do Paraguaçu é formado por 12 municípios, dentre os quais Iaçu e Marcionílio Souza. Eles estão muito próximos do Território de Identidade da Chapada Diamantina, pois durante muito tempo e, ainda hoje, para o senso comum, são reconhecidos como parte dela.

por ser uma região em que eles estão ainda fortemente presentes, sobretudo nos nomes dos municípios e na alimentação cotidiana[2].

No campo dos estudos sobre as religiões afro-brasileiras no interior da Bahia, algumas práticas desafiam as nossas referências etnográficas e metodológicas clássicas. Como cresci em Iaçu, à medida que fui me deparando com a pesquisa relacionada às religiões e às religiosidades, tanto para o mestrado como para o doutorado, fui identificando e comparando alguns elementos com os que tinha de reminiscências da minha infância. Lembro, por exemplo, que ao receber um convite para um caruru[3], minha mãe ou vizinhas perguntavam se esse era "de samba". Com o tempo passei a entender que o complemento "de samba" era para os casos em que haveria a presença de "encantados"[4] na festa. Não participei ainda de um evento desse tipo, mas a partir dos relatos que ouvi na minha infância e adolescência, feitos por quem participava desses eventos, entendo que no caruru de samba chegam caboclos e entidades que podem ser relacionadas aos erês, que ocupam categorias importantes

---

[2] Iaçu em uma tradução livre da palavra tupi significa "água grande". Embora tenha o nome herdado de um proprietário de terra local, Marcionílio Souza é ainda conhecido como Tamburi, nome em tupi para uma árvore. Nessa região há ainda Itaberaba, Iramaia, dentre outros municípios que mantiveram sua denominação em língua de povos indígenas. A alimentação cotidiana é formada por alto consumo de tubérculos como a mandioca, que permite a fabricação de farinha para o consumo diário, mas também a massa para o preparo de beiju, bolos, dentre outros produtos. Há também o consumo constante de grãos como o andu e de pratos à base de milho, como o cuscuz. O milho e a mandioca, com seus derivados, são alimentos com herança indígena no preparo dos pratos e forma de extração dos produtos. De acordo com Maria Hilda Paraíso, professora da Universidade Federal da Bahia e uma das maiores especialistas em povos indígenas que ocuparam e ocupam o território baiano, o grupo que ocupava essa região e ao longo do trajeto do Rio Paraguaçu era chamado Je, de base tupi. Esses grupos foram trucidados nas guerras de expansão do território baiano pelos chamados sertões, que se tornaram intensas no início do século XVIII. Ao longo deste texto voltaremos a esse assunto. Essa informação da professora Maria Hilda me foi dada em uma entrevista para uma reportagem sobre os indígenas da região do Paraguaçu com parte dela publicada no especial Água Grande, suplemento do jornal A Tarde veiculado em 05/06/2004.

[3] Caruru é uma expressão de sentido polissêmico. É um prato preparado à base de quiabo, mas também a festa em que é servido, geralmente, como devoção aos santos Cosme e Damião associados, ou separados no discurso aos Ibejis, como são chamados os orixás-meninos, gêmeos e filhos dos orixás Oyá e Xangô. Caruru também designa o banquete completo servido nesse rito com outros alimentos complementares como arroz, vatapá, galinha de xinxim, inhame, ovo, farofa de dendê, feijão fradinho, feijão preto, acarajé, abará, banana frita, batata doce, milho branco, rapadura, com variações para mais ou menos alimentos. Em Salvador é comum o prato de caruru com todos esses produtos. Já nas localidades em que estão sediadas as comunidades de referência deste artigo é mais comum a versão com apenas quatro alimentos: caruru, vatapá, galinha de ensopado e arroz. Na capital baiana o caruru geralmente é feito com quiabo, cebola e camarão seco. Já em Iaçu e região tanto ele quanto o vatapá recebem o incremento de uma mistura preparada com amendoim, camarão seco, castanha e farinha de mandioca. No passado usava-se o pilão de madeira para fazer essa mistura. Na região do Piemonte do Paraguaçu há também uma variação do caruru feita com a folha de bredo que, por isso, é também chamada de "caruru". Ela serve para complementar o número de quiabos ou substituí-lo.

[4] As referências de quem participava desses eventos era a de que alguém recebeu um Sultão das Matas, um Boiadeiro, "ficou com olhos vermelhos e começou a pisar em brasas" ou ainda que "tinha um Cosminho", ou seja, não se usa um termo geral como "recebeu um Caboclo", mas ora o nome desses e ora a referência a "Cosminho", que é um equivalente a erês, entidades que se comportam como crianças.

no candomblé e na umbanda para sacralização da infância[5]. Estes últimos se comportam com modos infantis, como passar o dedo em uma cuia com mel e levá-lo à boca enquanto corre, ri ou faz troça com os convidados[6].

O samba é o ritmo que embala esses ritos após a reza da ladainha de São Cosme e São Damião. É feito no interior em uma modalidade com cadência diferente do samba de roda da capital e mais próximo da chula. A viola é um instrumento importante nessa modalidade. Nos carurus dos quais já participei, após a ladainha e o rito de alimentar os sete meninos, serve-se a comida aos demais convidados. Em alguns tem até samba, mas não ocorre a chegada de encantados. O caruru de samba tem resistido, sobretudo, nas áreas rurais do interior baiano.

Foi a partir das lembranças sobre diferenças nos modelos de caruru que comecei a ter interesse em observar melhor essas práticas na minha região de origem. O que mais me inquietava era não encontrar uma similitude importante com as categorias clássicas, mesmo quando havia essa referência de informantes. Encontrei mais tranquilidade em uma conversa com a ialorixá e doutora em antropologia, senhora R. R.[7]. Pesquisadora sobre as religiões afro-brasileiras, ela mora no Rio de Janeiro, mas tem familiares em Mairi, município baiano que integra o Território de Identidade da Bacia do Jaguaripe. R. R. me disse que não há motivos para preocupações nesse sentido porque realmente há variações que não têm um nome específico. Essas questões aguçaram ainda mais o meu interesse quando, em 2018, ao elaborar um projeto de pesquisa sobre festas no município de Conceição do Coité, situado no Território de Identidade do Sisal, distante geogra-

---

[5] Um estudo importante sobre os erês em contraponto aos Ibejis foi realizado por Ordep Serra e resultou em sua dissertação intitulada *Na Trilha das Crianças: Os Erês num Terreiro Angola*, defendida em 1979 na Universidade de Brasília (UnB). Outro estudo importante sobre o culto à infância nas religiões africanas e afro-brasileiras está em *Cosme e Damião, o culto aos santos gêmeos no Brasil e na África*, de Vivaldo da Costa Lima, publicado pela Editora Corrupio.

[6] Esse relato me foi feito por minha mãe, A. C. R., conhecida em Iaçu como dona Nazinha, de um caruru de samba que ela participou na década de 1970, quando estava grávida de mim. O caruru aconteceu na casa de Maria Curandeira, uma senhora que tinha uma forte devoção a São Roque a ponto de ter doado o terreno onde hoje tem uma capela para esse santo no bairro do Monte, em Iaçu. Dona Maria Curandeira era muito amiga dos meus pais e em visitas que eu fazia a ela quando criança fazia questão que eu a chamasse de vó. Ela andava sempre de branco, usava bata e se sentava em uma cadeira de vime. Era, portanto, uma liderança religiosa, pelo que compreendo agora.

[7] Atualmente, R. R. é bolsista de pós-doutorado Nota 10 da Faperj. É vencedora do Prêmio Lélia Gonzalez, categoria "Melhor Tese", na 32ª Reunião Brasileira de Antropologia (2020). Pesquisadora do Núcleo Fluminense de Estudos e Pesquisas (Nufep) e do Instituto de Estudos Comparados em Administração Institucional de Conflitos (INCT/Neac), é doutora e mestra em Antropologia pelo Programa de Pós-Graduação em Antropologia da Universidade Federal Fluminense (PPGA/UFF), atuando nas linhas de pesquisa "Antropologia e Política" e "Sistemas Jurídicos, Segurança Pública e Conflitos Sociais".

ficamente do Piemonte do Paraguaçu, identifiquei em relatos dos meus alunos as características do caruru de samba[8]. É um forte indício de como o modelo de expansão do território baiano estabeleceu práticas culturais que se conectam e se aproximam no modelo mesmo em territórios tão distantes e com atividades econômicas diferentes[9]. Em dezembro de 2021[10] finalmente tive a oportunidade de avançar na pesquisa sobre as manifestações afro-indígenas da minha região.

Retribuição pela cura

As informações iniciais sobre essas práticas religiosas presentes neste artigo têm como base entrevistas feitas com o senhor J. S., 91 anos, liderança do Centro Preto Velho, situado na localidade conhecida como Duas Irmãs, no trecho da rodovia BA-046 que liga Iaçu a Itaberaba; senhor M. N. A. Q. 74 anos, líder do Centro Sultão das Matas, sediado na Avenida Pacífico Teixeira Ramos, em Iaçu; e a senhora E. B. O., 68 anos, líder do Centro Oxalá, localizado em Marcionílio Souza.

Seo[11] Zé Curador, como é mais conhecido, identifica-se como um praticante de umbanda. Sua condição de líder religioso já se aproxima dos

---

[8] Como professora visitante no Campus XIV da Universidade do Estado da Bahia (UNEB) desenvolvo o projeto de pesquisa intitulado *Inventário de festas populares em Conceição do Coité – Visibilidades e Invisibilidades de manifestações festivas*. As restrições devido à pandemia de coronavírus atrapalharam a inserção no campo, mas ele será retomado em setembro deste ano, exatamente quando começa o calendário dos carurus. Esse projeto de pesquisa inspirou a criação, em 2019, do Grupo de Pesquisa em Festa, Memória e Tecnologias da Comunicação (Femtec) que coordeno e tem como integrantes outras duas docentes e estudantes da graduação em Rádio e TV, curso ao qual estou vinculada. Conceição do Coité está distante de Iaçu, do ponto de vista geográfico, e integra o Território de identidade do Sisal.

[9] Em Iaçu a atividade econômica é baseada na produção de cerâmica, especialmente blocos para construção. Conceição do Coité é referência no beneficiamento do sisal e em Marcionílio Souza destaca-se a pecuária para corte e leite. Mas, em todos os três municípios, há forte herança de ocupação e tensões por conta da disputa pela terra. Por isso há comunidades que podem ser caracterizadas como tradicionais, mas agora, aos poucos, estão deixando a denominação genérica de "posseiros" para se reconhecerem principalmente como remanescentes de quilombos. Há nessas três regiões, sobretudo em sua zona rural, forte tradição de agricultura familiar e de ofícios ligados à pecuária, como o de vaqueiro, que é reconhecido com patrimônio baiano pelo Ipac.

[10] Fui contratada para fazer uma pesquisa sobre alguns temas, inclusive religiosidade, na região do Piemonte do Paraguaçu por conta da proximidade com Lençóis para o projeto de uma série que será veiculada na plataforma de streaming HBO Max. A série, provisoriamente, é intitulada como *Torto Arado*, pois é baseada no romance homônimo de Itamar Vieira Júnior. O objetivo da pesquisa, realizada de dezembro de 2021 a fevereiro do ano de 2023, foi conseguir informações para o trabalho da sala de roteiro do projeto. Para mais informações sobre a produção conferir este link: https://www.uol.com.br/splash/colunas/fefito/2022/04/25/sucesso-literario-torto-arado-vai-virar-serie-da-hbo-max.htm. Consulta feita em 12/7/2022.

[11] Na região do Piemonte do Paraguaçu é muito comum referir-se às pessoas mais velhas como Seo Fulano. É uma abreviação do tratamento "Senhor". Essa forma também é escrita como "Seu". As duas estão corretas, mas eu prefiro a forma "Seo" para diferenciar da construção que é idêntica ao pronome possessivo "seu".

70 anos e começou após a superação de uma doença que não foi de fácil identificação. Ele buscou atendimento médico em Ruy Barbosa, Salvador e Cachoeira. Sua principal queixa era cansaço e a sensação de que o coração não tinha forças para pulsar.

O curador foi quem fez o alerta. Ou ele começava a "trabalhar", ou seja, tornar-se também um especialista religioso ou não ia encontrar a cura. Depois de muita relutância, Seo Zé aceitou o que considera o seu destino. Foi um processo difícil, mas o mistério estava atuando quando na oportunidade em que decidiu abrir a casa para os serviços espirituais percebeu que tinha um número mágico no orçamento que foi apresentado para adquirir o imóvel e a sua reforma, pois era exatamente o valor que tinha economizado. O local funcionava como venda, na parte da frente, e, no interior da casa, Seo Zé atendia os clientes que precisavam de tratamento espiritual.

Mas até chegar a essa condição, após ter conseguido a cura, Seo Zé conta que necessitou passar por 12 ritos do que chama de "trabalhos". No seu caso não houve iniciação como acontece no candomblé, com a epilação e recolhimento em ambiente especial chamado de runcó ou camarinha, mas nesse processo, com a intermediação do curador, ele foi sendo preparado para sua missão.

Seo Zé utiliza como oráculo o jogo de búzios. Oxum, a orixá das águas doces, é a dona principal da sua cabeça, mas ele também incorpora Oxóssi, o caçador e protetor das matas, Boiadeiro, Cosme e Damião e Obaluaiê. *"Oxum vem quando eu preciso chorar, mas não é de tristeza não. É porque é preciso chorar como também sorrir. Cosminho vem para a alegria e todo mundo tem que ter ele. E Obaluaiê vem para curar",* explica.

No Centro Preto Velho Seo Zé faz um presente[12] para Oxum, o caruru para São Cosme e São Damião e a sessão para Boiadeiro. Não há uma estrutura hierárquica com funções específicas como acontece nos terreiros de candomblé de Salvador. Quando há as sessões, por exemplo, os tocadores, como são chamados os responsáveis por tocar os tambores para a sessão, são contratados para esse fim.

Tanto mulheres como homens que auxiliam nas sessões do Centro Preto Velho são chamados de ogãs, outra diferença em relação ao candomblé, em que esse posto é exclusivo para o gênero masculino. No jarê acontece

---

[12] O presente é uma oferenda tanto a Oxum como a Iemanjá. Protegidos por invólucros como flores, colocadas em uma cesta chamada de balaio, ou em uma escultura como acontece na Festa de Iemanjá, organizada pela Colônia de Pesca Z-1, situada no bairro do Rio Vermelho, seguem os elementos de preceito ou fundamento que são informações protegidas pelo segredo. Por esse motivo, o preparo do presente é ação para especialistas religiosos.

o mesmo¹³. Seo Zé realiza ritos para auxiliar aqueles que considera filhos e o chamam de pai e paizinho. Segundo ele são pessoas que vêm de outros estados brasileiros e até de outros países, como a França, mas o pertencimento não é tão rígido como no candomblé, por exemplo.

No Centro Preto Velho há três espaços bem-marcados: a capela, o salão para as celebrações, além da sua residência. Para Seo Zé esses espaços necessitam de separação para não ocorrer mistura de energias.

As sessões, de acordo com ele, começam com uma roda, seguida por uma oração e em seguida abre-se o espaço para que as entidades se manifestem. Nesse salão há uma diversidade iconográfica: esculturas como as do Caboclo Boiadeiro e de São Cosme com cerca de 1,50 m de altura. Elas estão entronadas em um recuo do salão com a parte superior em arco à direita de quem chega. No altar principal ficam imagens em tamanho menor de santos católicos, como Santa Bárbara e São Jorge, um quadro com a representação de São Lázaro e de Oxum, mas na versão sereia e com cabelos louros. Há também imagens menores de Pretos Velhos.

Líder do Centro Sultão das Matas, dona M. N. A. Q. é mais conhecida em Iaçu como Ninha de Ratinho. Esta última denominação era o apelido dado a seu marido. Mãe N., assim como Seo Zé, não reivindica uma denominação específica para a prática religiosa que adotou e tem uma nítida compreensão dos modelos: *"Tem coisa aqui que demanda que eu faça na linha do candomblé, outra na da umbanda e outra de centro de mesa branca. Eu não faço jarê. Sei o que é, mas aqui não tem. São outras linhas"*, diz.

Mãe N., como também é chamada, teve na juventude uma grave doença. A procura por cura a levou até São Paulo. Nada resolveu. Ela então recorreu aos serviços de um curador. Essa é a expressão mais corrente para as lideranças religiosas na região. O correspondente feminino é curandeira.

No ambiente religioso onde foi socorrida, embora não dê muitos detalhes sobre a localização, mas apenas que foi em Iaçu, ela teve a primeira experiência com transe, ou seja, "bolou", uma expressão que também é usada no candomblé para indicar que o corpo inteiro foi tomado pela divindade.

---

¹³ O jarê é uma modalidade específica de culto da Chapada Diamantina, sobretudo nos municípios de Lençóis, Andaraí e Itaetê. Muitas das situações referidas são equiparadas ao jarê, mas os entrevistados são muito precisos em não reivindicarem filiação a essa categoria, inclusive com conhecimento de causa sobre ela para defender sua autonomia. Sobre o jarê as referências são os trabalhos de Ronaldo Senna e Itamar Aguiar (1980) e Gabriel Banaggia (2015).

Nanã[14] foi reconhecida como a força que tomou a cabeça de Mãe N.. Ela passou por um rito iniciático e chegou a usar kelê[15]. Mas seu cabelo não foi raspado, embora ela tenha sido recolhida em uma camarinha. A justificativa segundo ela é por sua condição de abiku[16]. Ela conta que, no dia da "queda", ou retirada do kelê, foi que a Pomba Gira que a acompanha até hoje e rege os trabalhos no centro que lidera se apresentou. Nanã, segundo Mãe N., a toma em transe de forma muito rara: *"Quando ela vem eu fico preocupada. Significa que é algo muito difícil ou muito grave que está para acontecer"*, diz.

Ela também recebe Ogum e Iansã e os caboclos Jussara e Sultão das Matas. Mãe N. considera que há diferenças entre Padilhas e a Pomba Gira[17]. Inclusive, no seu centro, elas não ficam no mesmo espaço. A Pomba Gira que a toma, descrita por Mãe N. como muito elegante e afeita a gostos sofisticados, é a encantada que preside a maior parte dos ritos que realiza, especialmente os de purificação e cura.

O Centro do Caboclo Sultão das Matas fica em um espaço anexo à casa onde Mãe N. mora. Na sala principal, onde acontecem as sessões, há uma mesa de madeira em que todos se sentam para o início dos trabalhos. A decoração é simples: fotografias de encantados e de Mãe N. emolduradas.

Há um quarto reservado para as pessoas que precisam passar por algum rito iniciático. Ao longo de um corredor e à esquerda do salão principal

---

[14] Nanã Buruku é uma das divindades consideradas primevas. Ela domina os mistérios da vida e da morte e transita por duas grandes tradições do candomblé: a jeje e a ketu. Ela governa as águas escuras, como as das lagoas e dos mangues. É uma divindade senhorial, com autoridade, a quem se dirige com muito cuidado. É considerada a mãe de Omolu, o dono dos mistérios sobre a cura para doenças, especialmente as de pele e as infecciosas. No candomblé de tradição angola ela é equiparada ao inquice zumba. Para as informações sobre Nanã no candomblé jeje-nagô conferir Verger (2002, p. 236-241).

[15] Kelê é o termo utilizado para uma espécie de colar que é usado, na tradição de candomblé ketu, pelo recém-iniciado, o iaô. O período de uso desse acessório é acompanhado de algumas interdições. É considerado algo muito forte e sagrado que não pode ser tocado. Se a tradição seguida pela casa for a do iaô deixar o espaço sagrado ainda com o kelê ele é, geralmente, enrolado em um pano branco para que não fique à mostra no ambiente fora do terreiro.

[16] Essa expressão é utilizada em alguns candomblés, mas o uso maior é naqueles de nação jeje, que têm tradições de povos vindos da região do atual Benim. Os abikus, conforme me explicou um sacerdote dessa tradição já há algum tempo, são entidades infantis que não devem viver no mundo físico, mas às vezes por um acidente eles acabam nascendo. Crianças que são identificadas nesse sentido, mesmo quando já adultas, necessitam passar por ritos específicos, pois seu retorno ao mundo espiritual sempre é cobrado pelos outros. Por isso os ritos para abikus necessitam ser feitos de forma bastante específica.

[17] Pomba Gira é frequentemente associada a uma versão feminina de Exu, especialmente na umbanda. Exu nessa tradição religiosa tem diferenças em relação ao status que possui no candomblé, pois nessa ele é um orixá, assim como os outros. Nessas práticas religiosas do Piemonte do Paraguaçu se utiliza, assim como na umbanda, a palavra "escravo" para se referir a ele, no sentido de utilizá-lo para cumprir algumas tarefas em espaços mais complexos como os cemitérios. Mas, embora Mãe N. não tenha explicado as diferenças entre Padilha e Pomba Gira, de forma que não me senti à vontade para insistir nesse ponto, me chamou muito a atenção essa diferenciação entre as duas categorias que, no senso comum e em alguns discursos, são dadas como equivalentes.

fica o espaço onde ela atende os clientes para os jogos de cartas e búzios que utiliza como oráculos. Além do jogo de búzios, no altar entronado no quarto tem algumas imagens de santos católicos: Santo Antônio, São Lourenço, Sant'Ana, que é associada com Nanã no encontro entre candomblé e umbanda, Santa Bárbara, dentre outros.

À direita do corredor há outra sala onde tem uma bancada com imagens de São Jorge e São Lázaro, além de caboclos. Nessa mesma sala, à esquerda, há um altar com a imagem da Pomba Gira. Em outro cômodo mais à frente do corredor ficam as roupas reservadas para os encantados durante os ritos no centro.

No Centro Sultão das Matas acontecem, anualmente, cinco festas: a Festa de Iansã, em 4 de dezembro, dia de Santa Bárbara, no calendário católico; a Feijoada de Ogum, em 13 de junho, dia de Santo Antônio na liturgia católica; a Festa de Sultão das Matas, em 2 de Julho, Dia da Independência da Bahia, que tem o Caboclo como representação cívica; a Festa de Nanã, em 26 de julho, dia de Sant'Ana, a quem ela é associada; e o Caruru de Cosme e Damião, em setembro, sem data fixa.

O Centro Oxalá, liderado por Mãe E. B. O., fica em Marcionílio Souza, município localizado a 52 quilômetros de Iaçu. Assim como Mãe N. e Seo Zé, Mãe E. tornou-se uma líder religiosa após ter ficado doente. Ela se autodefine como uma mãe de santo e de candomblé, mas que segue outras linhas. Também não considera que a sua casa religiosa está vinculada a uma nação específica–angola, ketu ou jeje–porque afirma ter consciência que há elementos de todas. A escolha por uma determinada linha segue, de acordo com ela, o critério da necessidade e do problema.

Até saber de sua missão como líder espiritual foi a sete casas de curandeiros da região, mas não vinham os resultados. Finalmente, em sonho, um encantado lhe indicou um homem que era chamado de Pai Vaizinho. Ela apenas indicou o prenome desse especialista religioso informando que hoje ele mora em Mucugê, mas na época residia em Iaçu. Mãe E., passou pelo recolhimento e iniciação com epilação. Soube aos 25 anos que teria que "abrir casa", ou seja, assumir a cura espiritual de outras pessoas.

Seus guias espirituais principais são Nanã, Boiadeiro, Sultão das Matas e Padilhas, mas recebe outros encantados como o Caboclo Gentil.

O centro é anexo à sua casa, mas há o quarto reservado para o altar com as imagens e as roupas dos encantados, como o chapéu de couro e jaleco de Boiadeiro. No altar estão imagens de santos como Senhor do

Bonfim, Santo Antônio, quadros de Santa Luzia e Santa Bárbara, Santa Rita, Preto Velho, dentre outros.

As indicações dos três entrevistados como a busca por saúde no centro da revelação da sua espiritualidade é algo muito presente no jarê. Há também uma espécie de troca entre a cura recebida e o compromisso de levar outros a encontrarem esse consolo, aproximando-se da organização denominada calundu que foi um "modelo anterior ao candomblé com elementos baseados em práticas religiosas da África Central. A adivinhação e a cura tinham centralidade nesses cultos" (SILVEIRA, 2006, p. 238).

O calundu parece próximo ao que se apresenta nessas práticas religiosas observadas em Iaçu e Marcionílio Souza. A rede de relações com quem necessita de uma resposta mais imediata estabelece vínculos, mas não necessariamente definitivos como em um terreiro de candomblé. O pertencimento é mais fluido, como observei em alguns contatos com pessoas que conhecem determinados líderes religiosos, frequentam suas festas e até buscam seus serviços regularmente, mas não se consideram membros daquela comunidade específica.

Melodias da diversidade

Outro interesse que me foi despertado nesse primeiro contato com esse campo foram as cantigas religiosas. Como a língua utilizada para os ritos–se africana, no caso do candomblé, ou português, quando se trata da umbanda–são, em relação ao primeiro principalmente, um marcador de pertencimento a uma determinada tradição ou nação[18] saber o que tinha nas letras poderia ser, a meu ver, um caminho para a identificação de algumas respostas ou novas questões.

Dos três entrevistados, Mãe N. foi a que apresentou um repertório amplo de cantigas. Isso porque ela pontuou que cantar é uma das suas paixões na prática religiosa. Além disso, ela tem uma voz potente. Mãe N. cantou uma média de três cantigas para as seguintes divindades e encantados: Exus,

---

[18] Em um texto já considerado referência, Vivaldo da Costa Lima explicou como um termo aparentemente de ordem política, "nação", tornou-se um marcador de origem étnica para a tradição seguida por um determinado terreiro. Nessa linha de categorização a língua é uma referência importante: o iorubá, dentre outros elementos, define a nação ketu, herança de povos vindos principalmente do território da atual Nigéria; o conjunto de línguas banto, com destaque para kikongo e kimbundu indica pertencimento aos ritos herdados do território da atual Angola e parte do Congo; e o fon é a base linguística dos cultos vindos do Benim, território do antigo Reino do Daomé. Embora, algumas lideranças religiosas e pesquisadores do passado apontassem "pureza" a quem estava mais ou menos imune às interferências de outros grupos, essas classificações não são totalmente rígidas. Há muito de contribuição jeje no candomblé ketu e vice-versa, como já dá indicações esse texto de Costa Lima.

Ogum, Nanã, Iansã, Obaluaiê, Oxum, Iemanjá, Cosme e Damião, Caboclos e Pomba Gira. Seo Zé cantou para Oxum, Santa Bárbara, Boiadeiro e São Cosme. Já Mãe E. cantou para o Caboclo Gentil.

A língua das cantigas é o português, mas em algumas situações aparecem expressões próximas das línguas africanas, como o ioruba, ou que se referem a passagens de itans[19] de orixás: "*Ogum cadê tuas contas/Ê, Deus dá/As conta caiu no mar/Ê, Deus dá/Ogum cadê tuas conta?Aê, Deus dá/As conta caiu no mar/Aê, Deus dá/Mas Ogum poline mariwó/Lajá é mariwó/Lajá é mariwô/ Ogum poline mariwô/Ajá é mariwò/Lajá ê mariwô*".

Não tenho fluência em iorubá na fala ou na escrita, mas reconheci na cantiga de Mãe N. a referência a mariwó, um acessório feito de folhas de dendezeiro desfiadas em franjas. Elas tanto representam Ogum (VERGER, 2006, p.87) como também são colocadas nas partes superiores de portas e janelas dos cômodos de um terreiro. Esse uso é para a proteção do ambiente religioso. Já ouvi uma versão de um conhecido itan de Ogum em que o mariwó o fez recuperar a razão, acalmando-o, após a ter perdido devido a um episódio de violência extrema que protagonizou. Ao retomar de uma longa viagem não foi reconhecido em um dos seus domínios. Como estavam todos em silêncio devido a uma obrigação, Ogum não conseguia receber respostas e, irritado, começou a atacar a todos com sua espada, inclusive degolando alguns. Cansado, Ogum ficou horrorizado com o que havia feito e fugiu para a floresta. Foi trazido de volta por meio de um encantamento de Oxum e após ter sido enrolado em um mariwó[20].

Não encontrei no *Dicionário Yourubá-Português* de José Beniste um termo equivalente ou próximo de "poline", o que pode também ser um efeito da minha falta de compreensão da palavra. Mas encontrei para Lajá, grafado pelo autor com Làjà. Beniste aponta a palavra como verbo com o sentido de reconciliar, pacificar (p. 492). Associada a mariwó na cantiga entoada por Mãe N., no trecho *Lajá ê mariwô* faz sentido quando associado ao itan, ou seja, o mariwó atuando como pacificador do orixá que é o ferreiro e fabricante tanto dos utensílios agrícolas como da espada que leva à guerra[21].

---

[19] Itan é uma forma narrativa para apresentar informações sobre o orixá, especialmente sua personalidade. É equivalente ao termo oriki, usado mais frequentemente por alguns autores, como Pierre Verger.
[20] Ouvi essa versão de uma antiga sacerdotisa de candomblé durante uma conversa. Como não me lembro dos detalhes do dia e ocasião preferi deixar o seu nome em *off* para o caso de ter confundido ou esquecido algum detalhe.
[21] Ogum também é considerado patrono da agricultura e da tecnologia.

Na cantiga para Iansã, também entoada por Mãe N., apareceram algumas outras expressões africanas. A mais importante nessa cantiga é Oyá, o nome da orixá, pois Iansã é um dos seus títulos:

> *Oyá, Oyá, ela é dona do mundo*
> *Oyá, Oyá, Iansã venceu guerra*
> *Oyá, Oyá, Iansã venceu guerra*
> *Oyá africana/Oyá modelo*
> *Na minha aldeia só fala é nagô*
> *Na minha aldeia só se fala nagô*
> *Vinha de costas passei em Mapê*
> *Olha a africana seo Xangô me chamou/Olha a africana*
> *Oyá modelô/Na minha aldeia só fala nagô*
> *Vinha de costa passei em Mapé*
> *Oyá kekerekê, minha mãe Oyá*
> *Oyá Kekerê, eu sou filha de Oyá*
> *Kekerê, minha Mãe Oyá/Eu sou filha de Oyá.*

Nessa cantiga chamou a minha atenção a frase "na minha aldeia só se fala nagô". Esse termo é utilizado como referência para os grupos que utilizam o iorubá como língua e que são equivalentes em Salvador aos que deram origem aos candomblés de nação ketu, que são os que receberam maior atenção dos autores das etnografias clássicas nas primeiras décadas do século XX, como Roger Bastide, Ruth Landes, Pierre Verger, dentre outros.

José Beniste traduz Kekerè como "pequeno". Nos candomblés soteropolitanos Kekeré é o complemento do segundo posto mais importante de um terreiro de nação ketu: Iá Kekerê ou Babá Kekerê é, em tradução livre para o português, respectivamente, Mãe Pequena e Pai Pequeno, ou seja, o que cuida das questões mais litúrgicas e é o braço direito da liderança da casa, a Ialorixá, no caso de uma mulher, ou Babalorixá, se for homem. É, geralmente, quem, na ausência da Ialorixá ou Babalorixá responde pelas questões de governo ou litúrgicas da Casa.Na cantiga, me parece, é invocada a condição de estar sob os cuidados de Oyá.

Uma das cantigas entoadas por Seo Zé faz referência a Oxum. Ele explica que são versos bem curtos, uma marca da sua Casa, e totalmente em português sem a presença de palavras em línguas africanas. Vale destacar que Seo Zé disse que identificava o seu centro como de umbanda, embora isso não fosse um limitador de práticas filiadas a outras tradições das quais ele demonstra conhecimento. *"Mamãe Oxum vem na cabeceira d'água/Mamãe Oxum vem na cabeceira d'água/Ela vem ver/Ela vem ver/Qual filho dela vem lhe obedecer".*

Ocorreram nas cantigas também referências a pontos geográficos importantes da região:

> *Minha morada é na Serra do Ouro*
> *Meu pai me chama nesse Canzuá/Ogum de Lei*
> *Ogum de Lá*
> *Eu vim aqui foi passear*
> *minha morada é na Serra do Ouro*
> *Meu pai me chama nesse Canzuá.*

Nessa letra da cantiga entoada por Mãe N., no repertório para Ogum, há duas palavras com função de localização. Canzuá é uma expressão de origem banto, grupo linguístico dos povos que vieram da região da atual Angola, principalmente. A palavra é utilizada como o local de referência para as cerimônias especialmente em tradições de origem angola. Também há a forma "ganzuá".

Já a Serra do Ouro pode ser uma aproximação com o Morro do Ouro, que fica na Serra do Cocal em Barra da Estiva, e é onde nasce o Paraguaçu e outros rios da região. Maior manancial do estado, ele é considerado o rio da integração baiana, pois liga três ecossistemas–Cerrado, Caatinga e Mata Atlântica–nascendo na Chapada Diamantina, em Barra da Estiva, atravessando uma faixa considerável de semiárido na região do Piemonte do Paraguaçu; do Recôncavo, incluindo Cachoeira, até chegar à sua foz em Barra do Paraguaçu, no município de Salinas das Margaridas, na região da Baía de Todos-os-Santos.

Uma das cantigas de Mãe E. foi para o Caboclo Gentil. A informação sobre ele na região do Piemonte do Paraguaçu é associada aos Caboclos de Penas, ou seja, indígenas. Já em 2011, em Manaus, em conversa com sacerdotisas e sacerdotes de candomblé ouvi que lá e no Maranhão, Gentil é um caboclo da Aldeia de Dom Sebastião, ou seja, um fidalgo da corte do rei português que desapareceu em batalha e virou uma espécie de messias em Portugal.

No Brasil, especialmente no catolicismo popular, virou um encantado[22]. Gentil, segundo Mãe E., é um Caboclo que se ocupa de tarefas difíceis:

> *Ô Gentil que tanto que te chamo*
> *que demora é essa?*
> *Já vou mamãe, tava no mato jogando flecha*
> *Ô Gentil, tanto que te chamo/que demora é essa?*
> *tava no mato jogando flecha*
> *Sou Gentil das Matas eia*
> *Sou das matas medonhas, eia*
> *Eu sou Gentil que eu vim nessa aldeia.*

É uma letra diferente das demais por começar com o apelo e até uma repreensão leve à sua demora em apresentar-se. A explicação dada pelo Caboclo é interessante, pois eles são conhecidos como donos de uma certa rebeldia a ponto de responder que não têm "nem pai e nem mãe". Há até o uso de resposta do termo "mamãe" atribuída a Gentil, uma expressão carinhosa.

Encontros étnicos

Considero para essa abordagem, que reitero ser ainda muito incipiente, uma reflexão sobre as questões de formação cultural da região do Piemonte do Paraguaçu, um prolongamento da Chapada Diamantina. A língua e a proeminência de um determinado grupo cultural são marcadores da tradição à qual uma casa está vinculada, como apontou Vivaldo da Costa Lima em texto já referido neste artigo.

Escolhi para me referir a essas práticas os termos religiões afro-brasileiras e afro-indígenas porque há presença sedimentada e com protagonismo do culto aos Caboclos, manifestação fortemente marcada pelas reminiscências de elementos ligados aos povos indígenas, inclusive na denominação desses encantados e seu título de "dono da terra". À medida que há um afastamento geográfico da capital da Bahia, Salvador, e de cidades do recôncavo proeminentes como Cachoeira e Santo Amaro, as categorias mais clássicas como angola, ketu e jeje para caracterizar esses ritos não dão conta de determinadas configurações como a que vem sendo apresentadas neste texto.

---

[22] Dom Sebastião ascendeu ao trono aos três anos, mas governou sob regência. Na juventude, imbuído de fervor militar, decidiu comandar as tropas de Portugal na região dos Marrocos. Morreu na batalha de Alcácer-Quibir. Como seu corpo desapareceu tornou-se, na devoção popular, sobretudo, uma espécie de messias que iria retirar Portugal do ostracismo e da crise que se seguiu na dinastia que integrava ao seu desaparecimento. Em regiões do Nordeste do Brasil, esse mito reapareceu até sobre o termo "sebastianismo" como equivalente a uma espécie de utopia.

O interior da Bahia tem sido um campo desafiador para a pesquisa sobre religiões afro-brasileiras. Recentemente, por exemplo, ganhou projeção o jarê, um culto específico da região da Chapada Diamantina, sobretudo em Lençóis e Andaraí, em conteúdos das redes sociais e da indústria cultural. Essa projeção tem relação direta com a publicação do romance *Torto Arado*, de Itamar Vieira Júnior, em que o jarê tem uma importância central no enredo.

No jarê há uma estrutura hierárquica mais fluida do que no candomblé e um calendário mais disperso dos ritos. Também é bastante comum a relação com o tratamento para doenças, sobretudo os de base psíquico-emocionais. O jarê tem uma influência direta com o garimpo ter se tornado a principal atividade de Lençóis, no final do século XIX, atraindo pessoas das mais diferentes áreas em busca do sonho de fazer fortuna a partir da busca por diamantes.

> O jarê, defende Senna, deve ter surgido da sobreposição de elementos nagô a um substrato religioso de fundamento banto, no século XIX, conforme indicam determinados componentes linguísticos e relatos dos mais antigos habitantes da região, tendo ocorrido na Chapada Diamantina um processo muito similar ao que gerou os candomblés no restante do país. A grande variabilidade das expressões religiosas da região não impede que sejam referidas pelo mesmo nome, já que o jarê é "um rótulo sob o qual se abriga uma quantidade indefinida, porque desdobrável, de crenças, cultos e rituais que se expandem e se retraem ao sabor das necessidades e conveniências" (BANAGGIA, 2015, p. 18).

Nicolau Parés, em *A formação do candomblé*, aponta para a importância dos resultados de uma combinação de valores e códigos a partir de similaridades entre grupos culturais.

> [...] Os sistemas sociais multiétnicos comportam, portanto, uma relativa simbiose cultural, um consenso de base a partir do qual se articula a diferença. Como veremos, o Candomblé é um claro exemplo dessa dinâmica de progressiva homogeneização institucional, acompanhada de uma dinâmica paralela de diferenciação "étnica" estabelecida a partir de uma série discreta de elementos rituais (PARÉS, 2018, p. 15).

Esses contatos culturais em Iaçu são bastante antigos. Um dos distritos do município, João Amaro, surgiu no contexto das chamadas Guerras dos

Sertões, no final do século XVII. A carta de donatária real concedendo a fazenda para criar gado, de vasto território, a João Amaro Maciel Parente, um sertanista, é de 1696. Tive o primeiro contato com essa história em 1998 quando preparava o meu trabalho de final de curso em comunicação social que se transformou, posteriormente, em um livro reportagem intitulado *Os caminhos da Água Grande*. Essa carta, assim como a propriedade das terras que formaram o território do município de Iaçu e parte da região próxima a Marcionílio Souza onde está o centro liderado por Mãe E., fez parte de um levantamento sobre a trajetória das terras até meados de 1840 realizado pelo senhor V. F., já falecido. Ele era um autodidata em direito, sobretudo agrário, e auxiliava pessoas em questões sobre posses de terra, pois o município foi palco de um intenso conflito entre posseiros e representantes da família Medrado nas décadas de 1970 e 1980.

João Amaro Maciel Parente era um sertanista de contrato, ou seja, combatia montando regimentos por conta própria para em seguida receber o pagamento em terras. Segundo essa documentação que pertence ao acervo da família de Seo Valdemar Ferraro, em 1707 ele vendeu as terras e se retirou para Minas Gerais. No texto do documento que enviou para pedir a concessão real, João Amaro dá detalhes das suas andanças pelos chamados "sertões" e da dedicação a guerrear com os povos indígenas, inclusive matando muitos e incendiando aldeias inteiras (RAMOS, 1998, p. 16-17).

Domínios como esses de João Amaro Maciel Parente, que teve o título de capitão mor do Posto de Conquista dos Bárbaros do Recôncavo da Bahia, sediado em Jaguaripe, tornaram-se centrais para garantir o abastecimento de carne e couro para Salvador. Eram as sedes das chamadas "fazendas de criar gado", já que em Iaçu e outros trechos do Paraguaçu não foi encontrado ouro. Esse sistema de abastecimento promoveu trechos de ligação, sobretudo com cidades do Recôncavo, como Cachoeira, e não diretamente com Salvador. Esse caminho era percorrido seguindo os caminhos do Paraguaçu, combinado aos trechos percorridos com as tropas de burros, que depois se transformou em referência para o trajeto ferroviário. Iaçu, por exemplo, surgiu no final do século XIX como resultado de uma melhor localização que possuía em relação a João Amaro para a ligação com Itaberaba e outras localidades até Minas Gerais via as serras da Chapada Diamantina.

Essas referências são para dar a indicação de que essa região onde estão esses três centros de prática afro-religiosa em modelo que desafia as configurações clássicas e não relacionados diretamente ao jarê, inclusive no discurso das próprias lideranças, tem uma antiga experiência de contato multiétnico. Dos toponímicos dos municípios às referências alimentares e a outras práticas culturais fica evidente essa característica que, inclusive, aparece em um documento do acervo de Valdemar Ferraro.

Trata-se de uma partilha de bens entre o casal Francisco José Simplício e Anna Jozefa do Espírito Santo. Os bens envolvem as fazendas Sítio Novo[23] e Monte Alto e suas benfeitorias, além de escravos. Na descrição desses há referências à procedência étnica, com o uso de termos como cabra, nagô, angola e jeje. Esse documento é de 1831 e os valores relacionados aos escravos, inclusive as crianças, têm média de 500 mil réis.

Cabra foi um termo utilizado para os mestiços, ou seja, os crioulos, que eram os filhos de africanos já nascidos no Brasil, geralmente os de pele mais clara ou mulatos; nagô é um termo genérico para grupos de língua iorubá vindos sobretudo da região da atual Nigéria; angola é uma referência para os povos que faziam uso das chamadas línguas banto e que eram procedentes dos territórios angolano e congolês atuais; o termo jeje é aplicado a grupos culturais procedentes da área do atual Benim. Além disso, dada a atividade de comércio de carne e outros alimentos por meio das tropas de burros combinadas à navegação em trechos de comunicação entre os rios Jaguaripe e Paraguaçu o diálogo com o recôncavo, especialmente Cachoeira, era intenso. Em outra direção, o caminho das tropas apontava para a região sudoeste da Bahia, onde está Vitória da Conquista, e outros estados como Minas Gerais. Iaçu está, por exemplo, a mais ou menos duas horas de viagem de Lençóis, onde no século XIX houve a corrida de diamantes, ou seja, mais interação com pessoas vindas de diferentes locais.

Em 1831, data do documento de partilha dos escravos, os candomblés em Salvador e no recôncavo estavam migrando sua rede de relações do modelo doméstico para o extra doméstico, conforme Parés:

> [...] Só quando essas congregações, em número suficiente, começaram a estabelecer entre si interações de cooperações, complementaridade e conflito, poderíamos falar de uma comunidade religiosa afro-brasileira e do surgimento do candomblé (PARÉS, 2006, p. 119).

Os ofícios dos homens e mulheres mencionados no documento de partilha eram, sobretudo, de alta especialização rural: vaqueiros e agricultores. Chama a atenção, portanto, o protagonismo da invocação a Caboclos,

---

[23] Sítio Novo foi a denominação para Iaçu até a sua emancipação em 1958.

que tem toda a sua cosmogonia ligada a esse ambiente. Por esse motivo é interessante olhar para essas práticas sob outras perspectivas, como o princípio da transnacionalidade, enfatizada pelo antropólogo Marlon Marcos em seu estudo sobre o Terreiro Tumbenci, tema de sua tese de doutorado (PASSOS, 2016, p. 45).

Esse aspecto, ocorrido em uma casa de candomblé, é inserido no contexto clássico das religiões afro-brasileiras, ou seja, o território Salvador-Cachoeira, apresenta similitudes com o que tenho percebido nesses espaços do Piemonte do Paraguaçu.

> O sentido da *transnação* repousa e se movimenta na ideia do trânsito de crenças, rituais, objetos de culto, ultrapassando fronteiras entre as mais diversas nações, resultando em novas formas litúrgicas que compõem uma unidade em cada uma das casas. As chamadas casas tradicionais (o eixo celeste) reagem a mudanças mais ostensivas, mas não estão imunes às mudanças históricas e aos diálogos constantes entre as nações. (PASSOS, 2016, p. 45).

Pausa para articular novos movimentos

Apresentei neste texto notas iniciais sobre o que recolhi em relação a práticas religiosas de base afro-indígenas em três espaços da região do Piemonte do Paraguaçu: os centros Preto Velho e Sultão das Matas, localizados em Iaçu, e Oxalá, situado em Marcionílio Souza.

Em entrevistas com Seo Zé, Mãe N. e Mãe E., que são conhecidos como curador e curandeiras, identifiquei uma prática religiosa sem uma organização hierárquica rígida e continuada; ritos mais ou menos fixos, mas em ocasiões muito específicas: para o Caboclo, patrono da casa e para os guias das lideranças religiosas. Todas as casas, entretanto, fazem o caruru no mês de setembro e mantém o culto aos caboclos com protagonismo.

Embora demonstrem o conhecimento sobre as características mais clássicas de classificação das religiões afro-brasileiras, como candomblé e umbanda, dessas três lideranças religiosas, Mãe E. se auto identifica como de candomblé, Seo Zé de umbanda e Mãe N. não tem uma específica. Mas todos os três afirmam que há casos em que necessitam adotar uma outra linha dessas práticas religiosas. Todos os três conhecem a prática do jarê, que acontece em uma área próxima, nos municípios de Lençóis, Andaraí e Itaetê, a pouco mais de 200 quilômetros da localização dos seus centros, mas se consideram atuantes em outros ritos que não o dessa religião.

Creio, portanto, que esse é mais um passo no campo da ampla diversidade que caracteriza as religiões, religiosidades e devoções de base afro--indígena na Bahia. Essa pluralidade de elementos, inclusive sem junção a uma categoria específica para defini-las, resulta da formação cultural de um vasto território que se caracteriza, no caso do Piemonte do Paraguaçu, pelo diálogo com outros estados como Minas Gerais, e cidades do Recôncavo, especialmente Cachoeira, mas como se contornasse Salvador, a capital baiana, sem ligações muito estreitas. São relações da história de anexação desses territórios centradas especialmente no comércio de carne e couro, mas também com proximidade à época de extração de diamantes em regiões próximas.

Vale ressaltar que nessa região houve ocupação africana com grupos procedentes das três grandes áreas culturais que constituem, sobretudo, as classificações de nação do candomblé–angola, jeje e nagô. Essas conexões aparecem em reminiscências como nas letras das cantigas em português apresentadas, sobretudo, por Mãe N..

Reitero, portanto, que essa é uma abordagem inicial passível, de equívocos e de informações ainda superficiais. Mas o objetivo deste texto é, sobretudo, dar visibilidade ao quanto ainda é complexo o estudo das práticas religiosas afro-brasileiras, com nuances e diferenciações que merecem sair da invisibilidade.

REFERÊNCIAS

BANAGGIA, Gabriel. **As forças do jarê**: religião de matriz africana da Chapada Diamantina. Rio de Janeiro: Garamond, 2015.

BENISTE. **Dicionário Yorubá-Português**. Rio de Janeiro: Bertand Brasil, 2011.

LIMA, Vivaldo da Costa. O conceito de nações no candomblés da Bahia. **Revista Afro-Ásia**, n.12, 1976. Disponível em: https://periodicos.ufba.br/index.php/afroasia/article/view/20774. Acesso em: 14 jul. 2022.

PARÉS, Nicolau. **A formação do candomblé**: História e ritual da nação jeje na Bahia, 3. ed. Campinas: Editora da Unicamp, 2018.

PASSOS, Marlon Marcos Vieira. **Iyá Zulmira de Zumbá**: uma trajetória entre nações de candomblé. Tese (Doutorado em Antropologia) – Programa de Pós-Graduação em Antropologia da Universidade Federal da Bahia (PPGA-Ufba), Salvador, 2016. Disponível em:https://repositorio.ufba.br/handle/ri/23894. Acesso em: 14 jul. 2022.

RAMOS, Cleidiana. **Os Caminhos da Água Grande.** Salvador: Egba, 1998.

SILVEIRA, Renato da. **O Candomblé da Barroquinha**: Processo de constituição do primeiro terreiro baiano de keto. 2. ed. Salvador: Edições Maianga, 2006.

VERGER, Pierre Fatumbi. **Orixás**: deuses iorubás na África e no Novo Mundo. 6. ed. Salvador: Corrupio, 2022.

4

ESPIRITISMO COMO RELIGIÃO, FILOSOFIA E CIÊNCIA: O QUE REPRESENTA PARA UM "EU"?

Selma Reis Magalhães

O artigo propõe uma discussão sobre a minha inserção no espiritismo a partir das leituras referentes às três primeiras obras da Codificação Espírita, por Allan Kardec[1]: *O Livro dos Espíritos*, *O Livro dos Médiuns* e *O Evangelho Segundo o Espiritismo*, momentos em que se estabelecem conflitos internos sobre a crença na existência de um princípio inteligente fora da matéria. Levo em consideração, nesse percurso, que ao ser criada sob os dogmas da doutrina Católica, cujo sentido, por grande percurso existencial, revelou-se *"como placas que indicam o caminho de nossa fé"* (CNBB. *Com Maria, Rumo ao Novo Milênio*, p. 81) (BISINOTO, 2005), a Doutrina rompeu com algumas verdades reveladas: "Jesus subiu em corpo e alma aos céus" (Lucas, 24:50-51) ou "levou-os fora, até Betânia; e, levantando as mãos, os abençoou. E aconteceu que, abençoando-os ele, se apartou deles e foi elevado ao céu" (Lucas, 24:50-51). Tais constatações trazidas pelo evangelista Lucas representam, para mim, um novo caminho para compreender o sentido da espiritualidade por meio de uma crença ou fé raciocinada.

Por ser um trabalho científico, que requer informações bem estruturadas e deve expressar de forma articulada e organizada o pensamento do pesquisador, optei na escrita do artigo por tomar a posição da primeira pessoa do singular. De acordo com Laville e Dionne (1999), é usual em pesquisas utilizar o pronome pessoal "nós" em lugar do "eu". O "nós" possui a função simbólica de lembrar que o pesquisador não está sozinho, participa com ele uma vasta comunidade científica, em que a sua pesquisa é mais uma contribuição ao saber comum. Todavia, ouso assumir o "eu" pela sensibilidade do objeto de pesquisa ter partido das minhas experiências vividas no campo da espiritualidade e religiosidade.

---

[1] Allan Kardec (1804-1869) foi um importante propagador (codificador) da doutrina espírita. Foi educador, escritor e tradutor francês.

Toda a trajetória de análise aqui pontuada representa apenas uma pequena parte da minha verdade revelada. Parto de um ponto específico que foi selecionar trechos dos evangelistas nas leituras da Sagrada Escritura da Bíblia Cristã. Fragmentos das aparições, comunicações e ascensão de Jesus que me levaram, desde pequena, a questionamentos incessantes e buscas de respostas precisas para os testemunhos presentes nas narrativas que não cabiam em mim por meio da fé pela fé. Cito como referência do processo, despertar os testemunhos de Jesus da pluralidade da vida, quando caminha com os apóstolos antes e pós-crucificação.

Um dos meus questionamentos paira sobre: se Jesus foi crucificado, como qualquer ser humano quando condenado à morte, como a matéria morta, após determinadas horas, entrou em decomposição e conseguiu ressurgir, para ser visível aos discípulos durante sua permanência na terra nesse período e subir aos céus com o corpo composto por diferentes sistemas, logo, tão denso? Outros questionamentos fundamentam-se em: como Jesus consegue conversar com Elias e Moisés, se esses não fazem mais parte do mundo dos vivos? Toda demanda estaria imersa na materialidade do ser, ou existem outros mecanismos implícitos nesses fenômenos?

Buscando respostas sobre as pequenas trajetórias de Jesus durante a sua passagem reencarnatória sobre o planeta terra, não cabia mais a catequização no meu consciente espiritual:

> Jesus chamou a Pedro, Tiago e João, irmão de Tiago, e os levou em privado para um alto monte. Ali, Jesus mudou a sua aparência diante deles: o seu rosto brilhava como o sol e as suas roupas se tornaram brancas como a luz. De repente, Moisés e Elias também apareceram diante deles e ambos começaram a conversar com Jesus. (MATEUS, 17:1-3).

Tal passagem levou-me a buscar na filosofia da Grécia Antiga, compreender o sentido da alma. Em algumas leituras sobre Espiritismo pude perceber que Sócrates e Platão eram considerados os precursores da doutrina, por defenderem nas suas reflexões sobre a essência da vida, os diferentes graus de desmaterialização da alma. Para Platão, discípulo de Sócrates, a morte se definia em todos os momentos da existência humana, seja acordada ou mesmo nas horas de sono.

Para a filosofia platônica todos os seres humanos encarnados estariam sempre em contato com duas realidades: uma inteligível e outra sensível. A primeira universal, nunca se modifica, aquela que chamamos "o mundo das ideias". A outra, o mundo que percebemos por meio dos sentidos, mutável e contingente, aquela que pode ser denominada "o mundo sensível". Assim, Platão concebe o homem como corpo e alma. Enquanto o corpo modifica-se e envelhece, a alma é imutável, eterna e divina. A alma inteligente presa ao corpo que um dia foi livre e contemplou o mundo das ideias.

Sócrates procurava provar que a alma não se dissipa com a morte do corpo físico ao explicar a totalidade da existência mediante o processo cíclico entre o nascer e o morrer. Ele defendia que a noção nascer e morrer está implícita de forma geracional em todos os seres, indistintamente, e uma retroalimenta a outra permanentemente. Portanto, a alma após a morte não se dissipa, caso contrário não geraria a vida. O processo cíclico entre o nascer e o morrer compreende a existência de uma essência inteligente que é chamada de alma, compreendida entre a dinâmica do morrer e reviver.

Para os filósofos gregos,

> O homem é uma alma encarnada. Antes da sua encarnação, ela existia unida aos tipos primordiais, às ideias do verdadeiro, do bem e do belo; deles se separa em se encarnando e, recordando se passado, está mais ou menos atormentada pelo desejo de a eles retornar (KARDEC, 1989, p. 25).

Tanto em Sócrates como em Platão é possível perceber que a alma participa da natureza divina, e a vida não depende do corpo, depende da alma em que reside a natureza das ideias. Nos postulados de Kardec, precisamente na introdução do livro *O Evangelho Segundo o Espiritismo*, os dois filósofos são citados como precursores da doutrina espírita por defenderem os princípios fundamentais do espiritismo.

Kardec, no sentido de utilizar as bases da ciência e explicar alguns termos constantes nas Sagradas Escrituras do mundo cristão, utilizou a filosofia socrática e platônica para explicar os princípios das faculdades da alma obscurecidas por intermédio dos órgãos corporais. Para Kardec, "a preocupação constante do filósofo (tal como compreendem Sócrates e Platão) é tomar o maior cuidado com a alma. [...] Se a alma é imortal, não é mais sábio viver com vistas à eternidade?" (KARDEC, 1989, p. 27).

Diante das evidências que começam a se desenhar sobre a pluralidade das existências entre corpo e alma, foi preciso para mim, leiga na fé raciocinada, buscar ancorar em outro porto fora das leis católicas, mas que trouxesse respostas as minhas inquietações diante as leis universais do Criador (Deus) e suas realidades distintas, por meio de uns prodígios de Jesus. Seria compreender o meu "eu" na concepção da carne e o meu "eu" pós-morte. Talvez esse seria o caminho a percorrer diante de tantas indagações, da minha essência divina.

A doutrina espírita surgiu nesse ínterim, para mim, como a própria negação dos valores existentes nas relações entre a vida corpórea, o mundo espiritual e os fenômenos entre elas estabelecidos. Seus postulados trouxeram a princípio, um grande conflito interior, haja vista, nas minhas aprendizagens escolares, a ciência física determinava que dois corpos não podem ocupar o mesmo lugar no espaço. Segundo a terceira Lei de Newton, "a toda ação há sempre uma reação oposta e de igual intensidade: as ações mútuas de dois corpos um sobre o outro são sempre iguais e dirigidas em sentidos opostos" (DIAS, 2022). A lei permite-nos entender que, para que surja uma força, é necessário que dois corpos interajam, produzindo forças de ação e reação. Além disso, é impossível que um par de ação e reação se forme no mesmo corpo.

O segundo momento, extremamente conflituoso e confuso para mim, foi entender nas próprias manifestações de Jesus, o teor das comunicações. Observa-se que Elias e João Batista já haviam desencarnado, mas orientavam Jesus na presença de seus discípulos. Tais efeitos são para a doutrina espírita um trânsito normal entre espíritos encarnados e desencarnados, mas que só podem ser processados por intermédio de pessoas sensitivas, segundo o Espiritismo, consideradas médiuns (intermediárias). Para mim, tais atributos não existiam, até então, no meu "eu" católico. Começar a compreender e aceitar, tornou-se um grande desafio que só poderia ser respondido por meio da observação e pesquisa – o que me levou a frequentar um Centro Espírita.

Nas Casas Espíritas, passei a ouvir as pessoas se autodeclararem médiuns ou afirmarem que "eu" era médium. Naquele momento, início de contato com a doutrina e alimentando as minhas convicções da doutrina católica, tais afirmações eram inconcebíveis. Como um espírito, que não o meu, podia entrar no meu corpo? Ainda que o questionamento causasse incredulidade, é fato que a situação despertava em mim uma boa dose de curiosidade. Foi a princípio o que aconteceu comigo. Naquele momento, a revelação era uma condição inconcebível.

Passei a estudar a doutrina a partir do livro *O que é Espiritismo*, uma obra de Allan Kardec (2013), considerado o codificador da Doutrina Espírita, por ter suas pesquisas sobre a vida após a morte o cunho científico, com respostas às observações mais comumente feitas por aqueles que desconhecem ou desconheciam, como eu, os princípios fundamentais da doutrina. Durante a leitura foi possível entender que para o Espiritismo inicialmente não existiam dogmas[2]. O mundo dos espíritos existe em virtude das leis naturais e defende a influência do mundo universal.

Em seguida, comecei a ler *O Livro dos Espíritos*, a primeira obra codificada por Kardec, com sua filosofia espiritualista e as controvérsias sobre a acepção da alma, como princípio da vida material orgânica, ou princípio da inteligência, ou finalmente um ser moral, distinto independente da matéria e que conserva a individualidade após a morte. A leitura me proporcionou um retorno aos fenômenos de Jesus e sua força moral ante os efeitos produzidos de alguém que repousa naturalmente sobre a existência; um ser independente da matéria, que sobrevive ao corpo. A partir desse ponto de vista, as observações passaram a ficar mais leves, quando a moralidade passou a significar poder. Jesus, como espírito superior, não se preocupava com a forma das comunicações. Ele utilizava o fundo do pensamento, que poderemos aqui chamar de o "princípio da vida" ou a "centelha anímica[3]".

O terceiro passo foi ir ao encontro do *Livro dos Médiuns* e procurar compreender a existência da alma pós-vida física e as ações dos espíritos sobre a matéria, das quais Jesus tanto se apropriava. Nas leituras foi possível perceber três elementos indispensáveis na configuração do "ser", ou seja, a alma como princípio inteligente em que reside o senso moral, o perispírito como um envoltório fluídico, semimaterial que abriga a alma e serve de conector entre o corpo e a alma, e o corpo, envoltório material e temporário. A morte desagrega o terceiro elemento, enquanto o segundo forma o fluido etéreo mais vaporoso, invisível aos olhos humanos, embora não deixe de ser matéria. Segundo as pesquisas de Kardec, os espíritos por intermédio dos médiuns[4] evidenciam que:

> [...] o espírito tem, pois, necessidade de matéria. Tem por instrumento direto seu perispírito, como o homem tem seu corpo; ora, seu perispírito é material, como acabamos

---

[2] Dogma é um termo de origem grega que significa literalmente "o que se pensa é verdade". Na antiguidade, o termo estava ligado ao que parecia ser uma crença ou convicção, um pensamento firme ou doutrina.

[3] Uns chamam alma ao princípio da vida, e nessa acepção é exato dizer, figuradamente, que a alma é uma centelha anímica emanada do Grande Todo. Essas últimas palavras se referem à fonte universal do princípio vital, em que cada ser absorve uma porção, que devolve ao todo após a morte. Disponível em: https://www.centroespirita.com.br/literatura/olivrodosespiritos/pagina008_02.asp. Acesso: 22 jun.2022.

[4] Médium é todo aquele que serve de intermediário entre o mundo espiritual e o corpóreo. Jesus Cristo, o modelo de perfeição para os homens, é o médium por excelência entre nós e Deus. Disponível em: https://www.uemmg.org.br/cofemg/area-de-infancia-e-juventude/conteudo-programatico/livro/5-o-espiritismo/520-o-medium. Acesso em: 22 jun. 2022.

> de ver. Tem em seguida, por agente intermediário, o fluído universal, espécie de veículo sobre a qual age, como nós agimos sobre o ar para produzir certos efeitos com a ajuda da dilatação, da compressão, da propulsão das vibrações (KARDEC, 1995, p.66).

As leis da física voltam a se fazer presentes nas minhas pesquisas. As muralhas do estranho ou da simplificação das passagens de Jesus, trazidas por meio dos dogmas religiosos católicos, os quais aprendi desde pequena e foram ensinados pela família Igreja, mudam agora o rumo das minhas crenças. A ciência se fez presente. As manifestações físicas têm dentro de um raciocínio lógico a possibilidade de agirem sobre a matéria. Tratava agora de conhecer como se operam essas ações. Com um novo olhar nas reuniões nos Centros Espíritas, alguns fenômenos começaram a se desenvolver no meu entorno e em mim. Posso citar o processo de desdobramento espiritual[5]– a princípio foi assustador para mim, por gerar situações de conflitos e contradições a minha própria essência divina.

Adentrando na natureza das comunicações, pude perceber que existem vários graus de mediunidade entre os frequentadores e palestrantes nos Centros Espíritas, também presentes n'*O Livro dos Médiuns*, entre eles estão os médiuns de efeitos físicos e de cura – aqueles que produzem fenômenos materiais, podendo ser espontâneos, isto é, que independem da vontade de quem quer que seja, ou podem ser provocados, quando há intencionalidade na ação. De uma ou outra forma, para que o fenômeno se produza, é necessária a intervenção de uma ou mais pessoas dotadas de especial aptidão denominadas médiuns de efeitos físicos.

Lembrei-me de uma das passagens bíblicas, quando Jesus, após a sua morte, apareceu aos discípulos e mediante a incredulidade de Tomé, um dos 12, chamado Dídimo, utilizou o ectoplasma (SOUZA, 2018) de um dos discípulos, ou mesmo de Tomé, para que ele acreditasse nos seus ensinamentos, da vida pós-morte.

> Vimos o Senhor. Mas ele disse-lhes: Se eu não vir o sinal dos cravos em suas mãos, e não puser o meu dedo no lugar dos cravos, e não puser a minha mão no seu lado, de maneira nenhuma o crerei (João, 20:24-25).

---

[5] O desdobramento espiritual, também conhecido como projeção astral, é uma faculdade anímica, isto é, uma manifestação produzida pelo próprio encarnado, utilizando apenas as suas habilidades psíquicas. Nesse fenômeno o Espírito se desliga parcialmente do corpo físico, como se estivesse fazendo uma viagem temporária ao mundo espiritual. Disponível em: https://conteudoespirita.com/desdobramento-espiritual/. Acesso em: 22 jun. 2022.

> Após oito dias, os discípulos estavam reunidos ali outra vez, e Tomé estava com eles. As portas estavam trancadas; quando Jesus apareceu, pôs-se no meio deles e disse: "A paz seja convosco!" Então dirigiu-se a Tomé, dizendo: "Coloca o teu dedo aqui; vê as minhas mãos. Estende tua mão e coloca-a no meu lado. Agora não sejas um incrédulo, mas crente (João, 20:24-27).

É possível perceber a autoridade de Jesus perante a sua faculdade de produzir os fenômenos materiais. É imprescindível ressaltar na ordem da evolução, que os Espíritos Superiores, como Jesus, exercem ações diretas sobre o perispirito dos encarnados. De uma forma sutil e habituados aos trabalhos inteligentes, produzem os efeitos delicados, cuja natureza é mais etérea. Entre os discípulos, provavelmente Tomé exerca a função de médium natural ou involuntário, pois não tinha consciência do seu poder, mas Jesus possui essa consciência e faz tal faculdade prender-se a sua ordem moral e sob o efeito da atração, produzir tais intervenções, ou seja, mais uma vez percebi a causa puramente física do magnetismo humano.

Tal aspecto é relevante para desencadear todo o processo de entendimento sobre o Espiritismo, como o olhar mais atento para o papel dos médiuns durante todo o procedimento dos fenômenos, haja vista que Jesus se apropria das pessoas, além dos próprios discípulos durante toda a sua trajetória na terra e combina o fluído universal e o fluído animalizado desses como instrumento para os efeitos doutrinários de renovação espiritual. Se para os diversos segmentos cristãos os "milagres" de Jesus são considerados prodígios, para o Espiritismo seriam a força de espírito superior que sabia perfeitamente utilizar o magnetismo humano no cumprimento da sua missão.

> O magnetismo, [...] constitui, muitas vezes, poderoso meio de ação, porque restitui ao corpo o fluido vital que lhe falta para manter o funcionamento dos órgãos (KARDEC, 2013 p. 224).
>
> O magnetismo é uma das maiores provas do poder da fé que ele cura e produz esses fenômenos estranhos que, outrora, eram qualificados de milagres (KARDEC,1989, p.250).

Outro elemento que passei a levar em consideração no cenário sobre a consciência imersa dos atos de Jesus foi a fé. Cada ato seu tinha uma propriedade transcendental do acreditar no Pai. Seu magnetismo e fé lhe fizeram ver que a vontade ativa estava presente nele, ou seja, a certeza dessa vontade e o seu cumprimento. O que difere da fé humana que na maioria das vezes persegue somente, as suas necessidades imediatas e deposita nos desejos terrenos a busca incessante pelos milagres.

Segundo um Espírito Protetor:

> [...] se todos os encarnados estivessem bem persuadidos da força que têm em si, se quisessem colocar sua vontade a serviço dessa força, seriam capazes de realizar o que, até o presente, chamou-se de prodígios, e eu não é senão um desenvolvimento das faculdades humanas (KARDEC, 1989, p. 250).

Os Espíritos Superiores deixam claro, por meio das pesquisas de Kardec, que os fenômenos produzidos por Jesus decorriam da sua natureza divina; portanto, compreender os sentidos das suas manifestações e como Ele as conduzia significa ir em busca das leis naturais da ação e reação que têm a mesma intensidade e atuam na mesma direção.

Assim, tanto nas pesquisas de Kardec como nas minhas observações durante as reuniões doutrinárias e mediúnicas, Jesus sabia perfeitamente combinar a parte fluídica universal com a faculdade involuntária dos médiuns à sua volta, sem fugir das leis naturais. Espíritos na hierarquia de Jesus não se ocupam de coisas que estão abaixo deles, as utilizam em benefício das necessidades daqueles menos evoluídos, cujo fluído vital ainda está animalizado.

Para concluir, volto a pluralidade da existência de outras vidas após a morte, que Jesus tanto afirmava em suas pregações para contemplar o Espiritismo como religião, filosofia e ciência, nessa trajetória de pesquisa, agora fazendo parte do meu "eu", da minha individualidade. Cada momento de ida e vinda aos Centros Espíritas, participando de estudos, pesquisas, seminários, encontros nas federações e ouvindo testemunhos sobre os fenômenos espíritas, principalmente entre as pessoas mais leigas ou incrédulas, adotei o Espiritismo como caminho para o meu crescimento espiritual, por se tratar agora para mim de uma doutrina, que não foge das leis que regem o cosmo, para tudo tem uma explicação lógica; os fenômenos ratificam a evolução da alma em cada encarnação, e esta não se dissipa pós-morte do corpo físico.

Isso não quer dizer que outras religiões, segmentos cristãos ou teólogos não permitam tais esclarecimentos tão precisos sobre os ensinamentos do Cristo, como o Espiritismo, mas encontrei nesse último as raízes da ciência física na esfera divina, a minha filosofia de vida na essência da vida e religação com o meu "eu maior", individual, indivisível, que denomino de mundo espiritual. Hoje eu acredito que "há muitas moradas na casa de meu Pai" (João, 14:1), ou seja, a fé passou a significar para mim autoconhecimento e sabedoria. Nesse sentido, posso afirmar em todos os testemunhos dados por meio dos evangelistas que Jesus, como Espírito Superior, pode manipular todos os fenômenos, considerados por nós, seres encarnados, como verdadeiros efeitos mediúnicos, em que suas ações e reações foram produzidas mediante autoridade espiritual, cuja missão era conscientizar a humanidade dos efeitos morais em relação à vida pós-desencarnação.

Referências

BÍBLIA. **Sagrada Bíblia Católica**: Antigo e Novo Testamentos. Tradução de José Simão. São Paulo: Sociedade Bíblica de Aparecida, 2008.

BISINOTO, Pe. Eugênio. **Para conhecer e amar Nossa Senhora**. 4.ed. Aparecida: Santuário Editora, 2005. Disponível em: http://www.caritatis.com.br/caritatis/2010/12/02/o-dogma-da-imaculada-conceicao/. Acesso em: 22 jun. 2022.

DIAS, Fabiana. **Terceira Lei de Newton:** princípio da Ação e Reação. Princípio que relaciona as forças de interação entre os corpos. Disponível em: https://www.educamaisbrasil.com.br/enem/fisica/terceira-lei-de-newton-principio-da-acao-e-reacao. Acesso em:22 jun. 2022.

KARDEC, Allan. **O que é o Espiritismo.** Tradução da Redação de Reformador em 1884. 56. ed. 1. imp. Brasília: FEB, 2013.

KARDEC, Allan. **O Livro dos Espíritos**: filosofia espiritualista. Tradução de Guillon Ribeiro. 93. ed. 1. imp. Brasília: FEB, 2013.(Edição Histórica).

KARDEC, Allan. **O Livro dos Médiuns**. Tradução de Salvador Gentile.37. ed. Araras, SP: IDE, 1995.

KARDEC, Allan. **O Evangelho Segundo o Espiritismo**. Tradução de Salvador Gentile. 105. ed. Araras, SP: IDE, 1989.

LAVILLE, C.; DIONNE, J. **A construção do saber**: manual de metodologia da pesquisa em ciências humanas. Porto Alegre: ArtMed, 1999.

5

NA VIVÊNCIA RELIGIOSA CATÓLICA, O ENCONTRO INTER-RELIGIOSO

Miguel Mahfoud

O presente texto é um relato de meu percurso de vida pessoal que busca pontuar alguns momentos-chave em que, na religiosidade católica, a diversidade religiosa e a relação inter-religiosa paulatinamente se tornam uma questão a ser compreendida, problematizada e enfrentada, inclusive profissionalmente.

A lembrança de um acontecimento discreto e marcante me acompanha desde criança: eu estava, com colegas da escola pública com administração católica, participando da missa de nossa formatura do então chamado Curso Primário (4.º ano). Naqueles meados da década de 1960, minha cidade natal, São Bernardo do Campo (SP), era pequena e sociedade quase obviamente católica. Sabíamos da existência de protestantes na cidade, conhecíamos a localização do templo, em bairro próximo, da única igreja Metodista, e "até" conhecíamos um garoto protestante na escola – apontado sempre muito discretamente. Organizados por um cerimonial, o garoto protestante e eu sentamos lado a lado durante aquela missa de formatura: no momento solene da consagração, todos se ajoelhando, notei o retraimento dele, que se mantinha sentado e lentamente curvava-se, encolhendo-se, peito junto às pernas, não podendo figurar como diverso. Permaneceu para mim a figura emblemática do constrangimento de ter identidade religiosa diversa da enorme maioria. Aquele que considerávamos estranho e distante naquele momento estava próximo e quase precisando se esconder.

Ainda em minha infância, outra diversidade religiosa foi vivenciada: indo ao litoral com minha família, eu via grupos de Candomblé e Umbanda em celebração na praia e vivenciava um misto de estranhamento e interesse: curioso, eu me achegava sozinho ou acompanhado por meu pai. A orientação que vinha dele era a de não nos envolvermos com aqueles fenômenos por não sabermos como lidar bem com eles. Não havia entre nós aquela mentalidade bastante comum, na época, de buscar "demonizar" aquelas experiências religiosas, como acontecia também quanto ao Espiritismo. Intrigava-me o fato de que ali eu encontrasse muitos e grandes grupos de Candomblé e Umbanda oriundos da Grande São Paulo – com impressionante quantidade de ônibus e congestionamento nas estradas em certas datas festivas –, mas na vida da cidade era como se eles não existissem.

Anos mais tarde, tive uma vivência de diversidade religiosa em sentido contrário, ou seja, de surpreender-me pela sintonia e proximidade com alguém que eu tendia a ver como diverso e distante: na minha turma de amigos muito próximos no colégio estadual, todos eram empenhados nas atividades de grupo de jovens nas paróquias e movimentos juvenis eclesiais. Quase todos eram católicos, mas uma garota era protestante da denominação Episcopal. Com ela a experiência foi realmente de inesperada proximidade, a ponto de nos tornarmos namorados por algum tempo. Como católico, eu tinha concepções bastante definidas e estabelecidas quanto aos protestantes, mas não faziam nenhum sentido na relação com aquela garota: eram colocadas em xeque pela experiência religiosa dela: os protestantes não aceitariam a devoção a Nossa Senhora, mas a amiga tinha grande admiração por ela; eles seriam intransigentes e apartados, congregados principalmente entre si, mas ela ia conosco ao grupo de jovens da paróquia católica e à missa. Aquelas expectativas prévias – minha e de muitos de minha geração – não cabiam naquela experiência religiosa significativa, cheia de afeição, livre e ao mesmo tempo clara em termos de identidade de adolescentes comprometidos e empenhados.

Pode-se tomar esses momentos como casos típicos do processo de uma criança se tornando adolescente e jovem, descobrindo o mundo, formando sua identidade pela adesão a grupos afetivamente significativos, em certa medida, em contraste com a cultura estabelecida em que se formara até então (ERIKSON, 2004); ou processo de passagem da socialização primária à secundária, com a característica descoberta da complexidade do mundo-da-vida (BERGER; LUCKMANN, 2014), e não deixa de ser verdade. Mas destaco também o contexto social e suas significativas mudanças: São Bernardo do Campo era, na época, ainda pequena, minha casa ficava em região bem central da cidade (ao lado da igreja matriz), porém o quintal se ligava diretamente a uma chácara, de modo que eu vivia ao mesmo tempo no âmbito rural e no urbano. Mas naqueles anos, a cidade vivia profunda mudança de urbanização e industrialização crescente, gerando uma nova multiplicidade e complexidade. Não se trata apenas de meu desenvolvimento como indivíduo com a correspondente descoberta da complexidade do mundo-da-vida, mas também de vivência pessoal de um processo de grande transformação social. Com a instalação de várias e grandes montadoras de automóveis na cidade, num certo sentido, elas levaram o mundo para lá e nos colocaram na complexidade da contemporaneidade também. Não à toa, São Bernardo do Campo se tornava o berço de grandes movimentos sindicais que dariam novos rumos à vida política nacional.

Assim, eu presenciava a mudança do mundo social e, enquanto eu mesmo mudava, descobria o mundo em transformação. Particularmente significativo minha entrada na faculdade em meados da década de 1970: na Universidade de São Paulo eu tomava consciência de todo o fervilhante processo sócio-político em curso, tantas vezes abafados sob a narrativa do "milagre econômico", que estaria em curso no país; ali também encontrei uma diversidade de perspectivas que eu nem podia imaginar até então, inclusive quanto à questão religiosa. Na época, religiosidade era tida como um tabu no âmbito cultural universitário – muito mais fortemente do que, em geral, hoje em dia o é. Fazia-se questão de que religiosidade não fizesse parte das leituras de mundo, mas, ao mesmo tempo, o fenômeno estava evidentemente presente. Tanto é que foi justamente na Universidade que eu recuperei a experiência religiosa como significativa em termos pessoais e socioculturais. A partir de então, ao pensar mundo, cultura, pessoa e experiência religiosa não havia cisão: apreendendo na cultura as interrogações que se referem ao senso religioso constitutivo da experiência humana (GIUSSANI, 2017), apreendia, também na cultura brasileira, o cuidado com a vida, a espera de algo significativo na sociedade e para as pessoas.

Esse horizonte aberto pela chave de leitura do senso religioso me favoreceu experiências muito fortes. O primeiro trabalho acadêmico em que decidi assumir clara e publicamente aquela posição pela qual eu estava surpreso e maravilhado foi um trabalho da disciplina "Psicologia das Relações Humanas", ainda no terceiro ano da faculdade de psicologia: líamos e discutíamos o livro clássico de Erving Goffman (1974) intitulado *Manicômios, prisões e conventos* justamente no período em que eu estava conhecendo mosteiros beneditinos. Eu estava impressionado com a recente descoberta pessoal de que eles estão presentes no mundo contemporâneo (inimaginável, até então, para mim; como se fossem algo da distante Idade Média). Ao ler uma descrição tão distante daquilo que eu havia conhecido por experiência direta, assumi, junto a um colega de classe, o desafio de afirmar que minha experiência me autorizava a fazer uma crítica àquela obra clássica de psicossociologia. Chega a ser engraçado estar no terceiro ano do curso de graduação e querer fazer uma crítica a Erving Goffman, mas de algum modo isso evidencia o tipo de impulso pessoal e cultural que a experiência religiosa me favoreceu naquele momento: entrar com a própria experiência para refletir (e não meramente para defender uma perspectiva católica), pois ela tem algo a dizer sobre a vida humana, sobre o modo de conceber a vida em sociedade e suas instituições, sobre o lugar da religiosidade na elaboração pessoal e coletiva de sentidos. Dessa experiência de debates em aula e trabalhos escritos para aquela disciplina surgiu minha primeira publicação acadêmica (COELHO; MAHFOUD, 1980). Aquela atitude de contraponto afirmando a possibilidade de um trabalho cultural baseado na experiência e no senso religioso vivenciado e reconhecido acabou por marcar bastante meu percurso desde então. Colocar a experiência religiosa como dimensão da vida humana foi um grande desafio que acabou por abrir a perspectiva de pensar a religiosidade com clareza da delimitação católica, mas sem assumir a posição de defesa de uma posição específica; pelo contrário, trata-se de interesse pelo que é fundamento constitutivo da experiência humana. A vivência desse desafio e o vislumbre dessa possibilidade permaneceram comigo ao longo de meu curso de graduação, assim como do mestrado (MAHFOUD, 1990) e doutorado (MAHFOUD, 2003). Inclusive, até hoje, muito do que faço profissionalmente tem a ver com o caminho aberto ali.

Mesmo durante a graduação, tínhamos na faculdade alguns relacionamentos em que o caráter inter-religioso se evidenciava com clareza. Por exemplo, eu tinha amizade com judeus, e particularmente um deles ficava muito curioso, e me fazia muitas perguntas sobre a experiência religiosa católica; e eu perguntava a ele sobre a religiosidade judaica. Ele ficava intrigado com o fato de o Cristianismo valorizar a história, delimitar e até inaugurar uma concepção nova de temporalidade histórica. Certa vez, ele me confrontou: "Mas como assim? Como é que pode? Se você diz que o evento de Jesus marca a história inteira, incluindo passado e futuro, como essa pode ser uma concepção propriamente histórica? É anti-histórica! Como compreender isso?". Parece-me um exemplo interessante por evidenciar um relacionamento cheio de curiosidade pelo diverso. De fato, ele me fazia umas questões bem interessantes e tínhamos gosto de tentar explicar para o outro, um certo tipo de mentalidade.

Algo também desse tipo eu tive, mesmo durante a graduação, também com alguns membros de um grupo anarquista: com esses tínhamos possibilidade de diálogo, o que era inexistente com outros grupos de militância política. Era mais difícil dialogar com alguns membros de movimentos estudantis ou mesmo de alguns grupos religiosos (fundamentalistas, por exemplo, por serem mais fechados): certos temas estavam simplesmente bloqueados. No debate pró ou contra a liberalização do aborto conseguíamos ter um bom nível de conversa real com anarquistas, enquanto não era possível com outros. Parecia-me bem interessante, por serem explicitamente ateus e nós claramente católicos.

Esse é um exemplo que pode ajudar a vislumbrar tensões e possibilidades daquele momento sociocultural: batalhas políticas acirradas, experiência religiosa vista com grande preconceito, admitida apenas no caso de serem espaço para lutas políticas. Quando Dom Paulo Evaristo Arns, o arcebispo metropolitano de São Paulo na época, chamava a cidade inteira na Praça da Sé para realizar um protesto – ainda que na ocasião da celebração de *Corpus Christi*, por exemplo – era muito bem visto; mas a experiência religiosa não. Era um período histórico tenso e bem contraditório. Algo dessa tensão permanece: marcou nossa sociedade e o campo político com aquela ambiguidade que – como sociedade – ainda não conseguimos digerir bem. Há certa tolerância quanto à religiosidade enquanto útil para certas batalhas políticas, mas pouca valorização da experiência religiosa como constitutiva da sociedade e da pessoa: drama que ainda temos de enfrentar, para percorrer um caminho mais complexo e mais rico.

Começando a vida profissional, uma experiência que me marcou – muito profundamente – foi a de uma amizade que floresceu num congresso com uma psicóloga idosa, que trabalhava nos pioneiros projetos sociais e clínicos de atenção à terceira idade. Num certo momento, durante o congresso, ela me procura e me diz: "Você reza, não é verdade?". Eu respondi que sim. E ela me surpreendeu: "Posso rezar com você?". Eu achei muito estranho: Ela, judia! (Ainda que, casada com um católico, já não praticasse o Judaísmo). Eu respondi que achava ótimo. Sendo o congresso longo, ao final de várias tardes, num local onde era possível admirar o pôr do sol, com meu livro de oração, rezávamos juntos os salmos. Para ela, era algo familiar, por ser judia. Foi uma linda experiência, de grande sintonia: líamos juntos – como oração mesmo, não apenas como poemas – e o mesmo gesto fazia todo sentido de oração tanto para mim quanto para ela. Não é que fazíamos uma média para evitar incômodo a alguém. Foi um marco na minha trajetória e na dela também: eu podia estar inteiramente na minha perspectiva e ela inteiramente na perspectiva dela e estávamos perfeitamente juntos rezando. No último dia do congresso, ela me disse: "Muitas vezes desejei rezar de joelhos e nunca consegui, nunca tive coragem. Acho que se você estiver comigo, eu conseguirei". Surpreendentemente, me pedia ajuda para viver a experiência religiosa dela. Rezamos juntos, ambos ajoelhados. E aquele foi um momento de intensidade e beleza indescritíveis...

A experiência daqueles dias fez com que nos tornássemos amigos de uma maneira muito especial. Às vezes ela me telefonava para comunicar uma descoberta pessoal de caráter espiritual ou mesmo algum acontecimento significativo. De vez em quando eu a convidava para jantar em minha casa, ou para irmos juntos à missa de alguma celebração especial como a Páscoa, por exemplo – e ela participava comigo. Outras vezes, em ocasiões de algumas festas hebraicas, participávamos juntos na sinagoga. Ela assumiu o caminho da religiosidade judaica, reelaborando toda sua história pessoal (como judia alemã, tendo migrado para os Estados Unidos fugindo da perseguição nazista e depois para o Brasil junto do marido).

Anos depois, mudei de cidade e comecei a trabalhar em Belo Horizonte. A primeira pessoa que pensei em convidar para palestrar na faculdade onde eu começava a trabalhar foi aquela amiga. Ela logo respondeu que aceitava o convite, mas precisaria adiar um pouco a data: "Quero viver a celebração judaica do Yom Kippur muito pra valer, este ano. Quero me concentrar nisso agora e depois irei". Ela viajou aos Estados Unidos para celebrar aqueles dias com o filho e veio a falecer na noite do Yom Kippur, o dia do perdão.

Mesmo depois de muitos anos, emociono-me toda vez que me lembro dela e de sua experiência profunda, de dedicação intensa na vida, de grande liberdade. E também ao considerar nossa experiência juntos: pudemos conviver de modo plenamente livres, um ajudando ao outro no sentido que o caminho de um é provocação para o outro; uma amizade que por si mesma evidencia o Mistério presente. Para mim, ela permanece companhia amiga, solicitante, provocadora, como se não tivesse falecido, como se tivesse na sala ao lado.

Essa experiência me marcou muito intensamente: a evidência de que é possível, efetivamente, que – em um congresso e na formação universitária onde tendencialmente a experiência religiosa não caberia – se abra caminho para a religiosidade fortemente integrada à experiência humana.

Mais adiante, outro passo meu na perspectiva inter-religiosa foi começar a trabalhar na Psicologia com o conceito de experiência elementar de Luigi Giussani a partir de seu livro *O senso religioso* (GIUSSANI, 2017; MAHFOUD, 2022). Giussani toma em consideração a religiosidade abrindo caminho para esclarecer o que vem a ser a experiência propriamente humana: uma vinculação direta, clara, explícita. Assim, se contrapôs à forte tendência, na nossa cultura universitária, de escamotear as raízes assumidamente religiosas de certos autores fundamentais. No caso de Martin Buber (2004; 2011), por exemplo: tudo o que ele produziu em termos intelectuais e culturais é explícita e profundamente enraizado na sua tradição judaica hassídica, mas em geral, nos estudos no campo da Psicologia, isso não aparece de forma alguma, limitando a contribuição dele aos temas da relação constitutiva eu-tu e a dimensão relacional em geral.Buber concebe filosoficamente o caminho humano, em termos universais, por estar dentro de uma tradição específica e delimitada que tem algo a dizer a todos. Tendencialmente, porém, essa integração é censurada e busca-se assimilar as contribuições de Buber de modo genérico.

Na verdade, muitas contribuições significativas de nossa formação cultural e intelectual geral, de nossa formação como psicólogos, estão ancoradas em experiências religiosas. Erik Erikson (2004), por exemplo, no livro *Ciclo da Vida Completo,* apresenta um olhar totalizante sobre as diversas fases de vida das pessoas em sua relação com a sociedade a partir da tematização de fé, esperança e caridade: a estruturação da vida humana em sociedade lida na ótica das três virtudes teologais. Ali também é claramente uma compreensão de raiz religiosa pensada em termos de desenvolvimento do ser humano em sociedade. Também nesse caso, tende-se a estudar as contribuições do autor censurando as raízes culturais e religiosas que as constituem, como se não fosse um aspecto significativo.

Culturalmente, censuramos raízes, conexões, encontros, diálogos entre aqueles campos diversos, e depois continuamos afirmando sua impossibilidade. Temos muito mais recursos em nossa cultura do que habitualmente nos damos conta; há muito mais vida acontecendo do que normalmente consideramos. Inclusive do ponto de vista da experiência religiosa e de encontros inter-religiosos, há muito mais acontecendo do que nos damos conta ou do que nos permitimos considerar. Há muito embate ideológico, evidentes intolerâncias, mas há também muita experiência real de rico encontro de vidas diversas. E, no Brasil, temos ideologias que negam vários preconceitos, mas temos também uma flexibilidade incomum em outras culturas, bastante incomum na cultura europeia (SANCHIS, 2018), e quase não sabemos o que fazer com ela: continuamos a estudar principalmente autores europeus e americanos que não têm essa flexibilidade, e nós continuamos pensando em termos muito mais rígidos, setorizados, quase como se não soubéssemos o que fazer com a própria cultura. Assim, nosso processo de cultura de colonizados vai mantendo seu sentido negativo, vai avançando, e ficamos cada vez mais distanciados da nossa própria experiência.

Assim, essas experiências e meu percurso de vida podem não ser frequentes em nossa cultura, mas que elas tenham efetivamente se dado (e que permaneçam para mim como oásis a fecundar muitas experiências) prova não se tratar de idealismo pensar que nosso caminho cultural possa ser diverso e mais complexo, evidencia a possibilidade de uma abertura maior. Aliás, creio ser possível para nós, brasileiros, ainda mais do que para outros povos que costumamos admirar.

Tomando o conceito de experiência elementar em suas implicações para a Psicologia, ministrei aulas de "Psicologia e Senso religioso" com textos de Giussani (2017) e com o livro *Diante do Mistério: psicologia e senso religioso* (MASSIMI; MAHFOUD, 1999). Este último, organizado a partir do "Seminário Psicologia e Senso Religioso" na UFMG, onde contamos com conferência da poeta mineira Adélia Prado e palestras de diversos professores brasileiros – enraizados em diversas tradições religiosas –, que até então estudava experiência religiosa meio escondido porque a cultura universitária a censurava. Tratou-se de uma quebra do tabu que permitiu formar e consolidar o Grupo de Trabalho Psicologia e Religião da Associação Nacional de Pesquisa e Pós-Graduação em Psicologia (Anpepp). Foi uma bela experiência assumir juntos o desafio de afirmar que a experiência religiosa de diversas tradições tem dignidade cultural também no campo da Psicologia e na área das Ciências Humanas

Interessante também que esse trabalho desafiador realizado conjuntamente selou relações pessoais, ainda que mantendo caminhos religiosos diversos: certamente, foi com aqueles professores que pude manter relacionamentos mais livres, mais claros, com mais gosto de trocar ideias, mais ricos em termos de convivência. Ou seja, assumir aquele desafio abriu caminhos em todos os sentidos.

Eu já havia assumido a perspectiva de trabalho baseado no senso religioso, e em seguida resolvi trabalhar mais especificamente com o conceito de "experiência elementar" oriundo do senso religioso na perspectiva de Giussani (2017) enfatizando mais a dinâmica propriamente humana. Não abordando religião, mas colhendo da experiência religiosa as provocações para apreender a dinâmica de elaboração da experiência propriamente humana. Trata-se de um grande desafio por ser uma iniciativa na contramão da nossa formação intelectual.

É interessante notar que mesmo não enfocando religiosidade, os alunos traziam a experiência religiosa a tema como experiência humana, eles mesmos não queriam que aquela dimensão permanecesse fora de questão. Inclusive muitas vezes ouvi alunos dizerem que Giussani seria budista ou que ele teria muito a ver com a perspectiva teológica protestante, que ele superaria o antagonismo histórico do catolicismo com espiritismo etc. Por anos a fio, testemunhei cada um reconhecendo seu próprio caminho, cada um sendo ajudado na própria perspectiva religiosa a partir daquela reflexão originada claramente de uma visão católica. Giussani (2000) afirmava poder contribuir com todos justamente devido à sua perspectiva católica. Eu pude verificar o mesmo entre os alunos: passavam a ter liberdade de conversar sobre experiência religiosa como experiência humana, buscando integrá-la na Psicologia. Entre alunos de origens religiosas diversas, foi crescendo a liberdade de troca de experiências, inclusive sobre experiência religiosa. A certo ponto, resolvemos assumir isso também: explicitar o que estava acontecendo, testemunhar que é possível se encontrar com o diferente mantendo a própria identidade, sendo ajudados por perspectivas outras; não é preciso esconder parte da própria experiência para poder estar com o outro; é possível uma experiência de liberdade na convivência com o diferente. Assim, quisemos assumir publicamente aquela experiência significativa e organizamos encontros inter-religiosos na universidade reunindo judeus, muçulmanos e drusos, protestantes e evangélicos, católicos de tradição romana e ortodoxos, budistas e hinduístas, espíritas, umbandistas e candomblecistas, indígenas da etnia guarani, ateus etc.

Fizemos vários encontros fechados de diálogo inter-religioso e também dois encontros públicos na universidade em que cada um trazia uma contribuição significativa da própria tradição religiosa sobre um tema específico pré-estabelecido e, em seguida, fazíamos perguntas um ao outro, para buscar entender mais a perspectiva diversa. Assim, havia lugar para um respeitoso estranhamento, para uma busca de compreensão de aspectos contrastantes. Por exemplo, certa vez um evangélico perguntou a um espírita: "Por que procurar entre os mortos aquele que está vivo?", parafraseando o Evangelho (Lc. 24,5) numa passagem do anúncio da ressurreição de Jesus. Interessante o clima de liberdade que permitia alguma provocação dentro de uma busca de entender o diverso.

Assim, aqueles encontros de diálogo inter-religioso tematizaram, por exemplo: "Qual a importância do diálogo inter-religioso?", "O que é paz?", "O que é viver a transcendência?" e um grande debate público intitulado

"Um retorno às fontes: diálogo inter-religioso e ecologia", em que cada tradição religiosa buscou oferecer a todos uma reflexão sobre a relação do ser humano com o meio ambiente, problematizada a partir do então recente desastre de Mariana (MG) e Rio Doce[1]. As diversas orientações religiosas contribuíram para iluminar um problema complexo e atual que a sociedade tem dificuldade de enfrentar e evidentemente demanda novas abordagens.

Os encontros de diálogo inter-religioso públicos na universidade não ficaram isentos de polêmicas: alguns questionamentos se referiam à pertinência de se realizar esse tipo de encontro no âmbito da universidade. Mas a própria Universidade Federal de Minas Gerais divulgou uma entrevista comigo sobre aquela problemática: "Contrapor ciência e religião é uma falácia"[2]; e produziu vídeos de chamada para o evento e vídeo com fala de diversos representantes das tradições religiosas presentes[3] e um canal de TV regional levou ao ar um programa com a participação de vários membros do grupo, todo dedicado a diálogo inter-religioso[4].

Especialmente o primeiro encontro público de diálogo inter-religioso obteve uma adesão enorme, evidenciada tanto pelo auditório lotado quanto pelo silêncio incomum com que a plateia acompanhava as diversas contribuições, esse ressaltado inclusive pelos jornalistas presentes. Era sinal de uma surpresa por estar acontecendo algo que se esperava, ainda que acostumados a afirmar que seria impossível: estar juntos com liberdade, respeito e interesse pela experiência religiosa do outro; que a universidade pública, em sua laicidade, reconheça a presença e a contribuição de diversas matrizes culturais vivas na sociedade brasileira.

Naquela modalidade de encontro de diálogo inter-religioso, cada um pode estar presente com a própria experiência e ao mesmo tempo vivenciar o reconhecimento de que o outro traga algo significativo. O diálogo pode se dar sem a intenção de convencer ou converter alguém, mas dando espaço para uma experiência de abertura – fundamental para cada experiência religiosa. São identidades claras vivendo a possibilidade de encontros: o encontro inter-religioso se dá efetivamente não quando se evita tocar em temas sensíveis, mas ao viver experiências significativas junto a outros

---

[1] O registro em vídeo das várias mesas-redondas pode ser acessado em https://www.youtube.com/watch?v=T6evRpo7qso&list=PLyNxG0BDzCncI5JwaO11BwsFHq_XmHfRG. Acesso em: 1 jun. 2022.

[2] Disponível em:https://www.ufmg.br/online/arquivos/023883.shtml. Acesso em: 1 jun. 2022.

[3] Disponível em:https://www.facebook.com/watch/?v=1068493683208332.Acesso em: 1 jun. 2022.

[4] Disponível em:https://youtu.be/pUEjAyolZ3U (parte 1) e https://youtu.be/UVT7LTXzDaU (parte 2). Acesso em: 1 jun. 2022.

diferentes. É nessa possibilidade que o encontro inter-religioso me parece ser mais maduro e efetivo. Ainda que seja uma prática exigente em termos de atenção e cuidado vivo com a própria experiência e com a experiência do outro, é plenamente possível e realizadora. E é mais possível quanto mais ficamos atentos ao que acontece, evitando sobrepor artificialidades à vida em comum e à vida em sociedade (SODRÉ, 2006).

Outro passo desse meu percurso pessoal foi meu casamento com uma budista, pelo qual o diálogo inter-religioso se tornou cotidiano. Com essa trajetória pessoal, para mim religiosidade não é mero detalhe, assim como também não o é para minha esposa. Budista há 30 anos, ela vive um desejo muito claro de que a experiência religiosa chegue a ser considerada também na dimensão cultural, no sentido amplo de elaborações de sentido compartilhado na sociedade e também no sentido de modalidade de vida quotidiana. Ela aceitou casar-se no rito católico (por ser previsto o rito de casamento inter-religioso), e eu também aceitei participar do ritual budista de matrimônio. Em ambas as celebrações, não se tratava de fazer de conta: ela não fez de conta que era católica assim como eu não fiz de conta que era budista; tanto ela como eu pudemos estar inteiramente naqueles gestos. E isso é muito significativo para nós como casal e significativo em termos culturais. No cotidiano, ela vai comigo à missa, eu vou com ela a algumas reuniões ou orações também: trata-se de uma liberdade de estar com o outro naquele gesto, naquele tipo de sensibilidade e de atenção; é uma experiência muito livre entre nós. É diálogo inter-religioso quotidiano também no sentido das conversas no dia a dia. Por exemplo, no Budismo não se dá esmola: no início de nosso relacionamento, às vezes surgia um certo incômodo quanto a isso, mas rapidamente nasceu um entendimento de que o que está em questão diante da pessoa pobre ou necessitada é afirmar o outro na sua alteridade radical e não simplesmente dar alguma coisa: a atenção para com o outro por meio da afirmação do sagrado ali presente. Na perspectiva cristã, "É a Mim que o fizeste", diz o Senhor, segundo o texto do Evangelho (cf. Mt, 24,40), e, na perspectiva budista, não dar esmola tem paradoxalmente o mesmo sentido, isto é, não lidar com o outro como se não tivesse condições de dignidade, mas vê-lo como um Buda. Na verdade, a ênfase recai no mesmo olhar de reconhecimento do sagrado ainda que por atos diferentes. Quando nós dois compreendemos isso, aquele incômodo desapareceu e pudemos livremente viver expressões distintas afirmando a mesma coisa; superando a polêmica "dar ou não dar esmola".

Outro momento muito cotidiano é o de fazer uma oração antes da refeição: decidimos não buscar um meio termo, ou um pacto de tolerância mútua, ao definir um dia para cada tipo de oração. Simplesmente ficamos dois segundos em silêncio juntos, e uma troca de olhar tem um sentido imenso naquele momento em que estamos efetivamente unidos enquanto cada um está afirmando – segundo sua própria tradição religiosa – a gratidão e a consciência da grandeza do acontecimento da vida em seu caráter sagrado.

Em termos culturais, também estamos unidos, mesmo que na diversidade. Minha esposa tem uma proposta de acompanhar grupos de pais que têm referência de vida na perspectiva budista: preparamos juntos e, com liberdade, aspectos de experiência elementar participam de questões próprias do Budismo. A proposta dela amadureceu e está se expandindo.

Fizemos também uma comparação do conceito budista Nichiren de "nove consciências" e a concepção de "sete moradas" de Santa Tereza D'Ávila, identificando que, para budistas e cristãos, o processo de adentrar a interioridade pessoal toma a mesma direção ao elaborar diversos tipos de percepção: ambas tradições, independentes, têm uma sintonia estrutural de perspectivas e problematizações (MAHFOUD, 2015).

Assim, com desafios cotidianos, recebendo provocações para repensar um aspecto e outro, vamos buscando dar uma contribuição na perspectiva cultural também no sentido amplo.

Ainda quanto a meu percurso pessoal relatado aqui, como passos mais recentes, tenho me aproximado de minhas raízes familiares libanesas, da história familiar e sua vinculação à religiosidade maronita. Desde a década de 1980, minha família havia perdido contato com seus membros no Líbano. Recentemente, interessei-me por examinar com mais cuidado os detalhes e fragmentos de informações orais e documentais sobre meus avós e bisavó: carimbos nos passaportes, detalhes em documentos pessoais etc. Fiquei surpreso de quanta informação se pode revelar a partir de poucos indícios. Buscando informações na internet e redes sociais e depois com a colaboração de libaneses que se dispuseram a ajudar, localizamos os familiares no Líbano e nos Estados Unidos. Mas a provocação maior que estava na origem daquele movimento de busca foi uma questão propriamente religiosa: durante a pandemia da Covid participei *online* e ao vivo de diversas celebrações religiosas no rito maronita realizadas no Líbano e desde então tem sido uma experiência muito significativa.

A Igreja Maronita é um raríssimo caso de Igreja Ortodoxa que permanece vinculada à Igreja Católica Apostólica Romana. Quando meus avós migraram para o Brasil não havia presença da Igreja Maronita ainda e assim eles passaram a participar da Igreja de rito latino, hegemônica entre nós. A partir daqueles poucos contatos com as celebrações maronitas, fiquei interessado, passei a observar e fui ficando sempre mais impressionado pela beleza daquela religiosidade. É uma experiência estranha a que tenho vivido: são rituais em uma estética que não é nossa, com cânticos e orações em língua árabe ou aramaico, o ritual diverso, os ícones, o tipo de solenidade e simplicidade ao mesmo tempo... Minha vivência é de estranhamento e, ao mesmo tempo, de muita sintonia, de estranhamento e beleza. É surpreendente para mim – que não entendo árabe – ter gosto de acompanhar as orações e cânticos: a sintonia encontrada é muito provocadora por eu estar diante de manifestações tão diversas e distantes e, ao mesmo tempo, terem muito a ver comigo. Na verdade, mostram que aquela religiosidade e cultura têm muito mais a ver comigo do que eu mesmo me dava ou me dou conta; evidencia uma familiaridade que vive mesmo no estranhamento estético dos cantos, língua, vestimentas, ambiente etc. E, na verdade, recomecei a rezar do modo como eu o fazia quando ainda criança: nas missas em latim, eu não entendia uma palavra sequer e ficava lá apreciando e o fato de estar ali daquele modo era rezar. Ali, eu não estava distraído nem esperando acabar para ir embora. Eu ia à missa mesmo sem meus pais e naquela espécie de estranheza no rito latino havia um canal de sintonia com o Mistério e comigo mesmo; estar ali com aquela sintonia é uma forma muito simples e profunda de rezar. E é essa modalidade que eu estou redescobrindo: nela, as diferenças não são determinantes e, inclusive, elas mesmas abrem caminho para que eu fique ligado a outro aspecto, o mais essencial.

Assim, posso dizer que também a experiência inter-religiosa é dessa ordem. A experiência que fiz com a amiga judia assim como o diálogo com alunos e colegas de outras confissões religiosas, assim como a experiência de surpreendente sintonia com algo estranho no rito maronita, chama-me a outro nível de oração, reconhecimento e relação com o Mistério, quando orar é bem diferente de apenas prestar atenção em certas palavras ou de insistir num pedido de algo desejado ou de resolução de problemas. Trata-se de outro canal e outro gênero de sintonia apesar da estranheza, ou melhor, possível devido ao estranhamento diante de uma alteridade. Abre-se um canal outro que ao mesmo tempo me lança mais na minha própria história e na minha própria sensibilidade ao viver a experiência religiosa. De fato, todo o campo inter-religioso tem a ver com isso. Se nos mantivermos presos a aspectos, perderemos de vista o chamamento que a diferença nos traz: chamamento a uma outra sintonia, a questões mais essenciais, ao centro da experiência religiosa. O encontro com a alteridade abre caminho, oferece-nos uma grande chance.

Comentei, no início do presente texto, que eu e a sociedade mudamos, estamos mais complexos, as diversidades são mais aparentes, vários problemas surgem continuamente porque não há mais aquele elemento hegemonicamente compartilhado como estruturante. Na atualidade, não sabemos bem como nos acomodar na nova complexidade social, e ao mesmo tempo – sendo que não há como se acomodar no incômodo – o desafio está lançado: sintonizar com algo que está além do habitual e mais essencial. Temos agora, então, uma grande e preciosa ocasião.

Referências

BERGER, Peter L.; LUCKMANN, Thomas. **A construção social da realidade**: tratado de sociologia do conhecimento. Tradução de Floriano de Souza Fernandes. 36. ed. Petrópolis: Vozes, 2014.

BUBER, Martin. **Eu e tu.** Tradução de Newton Aquiles Von Zuben. 8. ed. São Paulo: Centauro, 2004.

BUBER, Martin. **Caminho do homem**: segundo o ensinamento chassídico. Tradução de Claudia Abeling. São Paulo: É Realizações, 2011.

COELHO, Eduardo Rodrigues; MAHFOUD, Miguel. San Benito y el desarrollo y la integración de la personalidad. **Cuadernos Monásticos**, Buenos Aires, v. 15, n. 53, p. 185-200, abr./jun. 1980.

ERIKSON, Erik H. **Ciclo de vida completo.** Tradução de Maria Adriana Veríssimo Venorese. Porto Alegre: Artmed, 2004.

GIUSSANI, Luigi. **L´autocoscienza del cosmo.** Milano: Rizzoli, 2000.

GIUSSANI, Luigi. **O senso religioso**. Tradução de Paulo Afonso E. Oliveira. Jundiaí: Paco, 2017.

GOFFMAN, Erving. **Manicômios, prisões e conventos**. Tradução de Dante Moreira Leite. São Paulo: Perspectiva, 1974.

MAHFOUD, Miguel. **Intercâmbio simbólico em mundos da vida de migrantes baianos operários em São Paulo**. 1990. Dissertação (Mestrado em História) – Universidade de São Paulo, São Paulo, 1990.

MAHFOUD, Miguel. **Folia de Reis, festa raiz**: psicologia e experiência religiosa na Estação Ecológica Juréia-Itatins. São Paulo: Companhia Ilimitada; Campinas: Centro de Memória da Unicamp, 2003.

MAHFOUD, Miguel. As sete moradas e as nove consciências: similaridades entre as místicas católica e budista Nichiren. **Interações**, Belo Horizonte, v.10, n.17, p. 79-98, jan./jun.2015.

MAHFOUD, Miguel. **Experiência elementar em psicologia**: aprendendo a reconhecer. 2. ed. Belo Horizonte: Artesã, 2022.

MASSIMI, Marina; MAHFOUD, Miguel. **Diante do Mistério**: psicologia e senso religioso. São Paulo: Loyola, 1999.

SANCHIS, Pierre. **Religião, cultura e identidades**: matrizes e matizes. Organização de Mauro Passos e Léa Freitas Perez. Petrópolis–RJ: Vozes, 2018.

SODRÉ, Olga Regina. Monges em diálogo a caminho do Absoluto. **Coletânea**, Rio de Janeiro, n. 9, p. 18-44, 2006.

PARTE II

RELIGIÃO E RELIGIOSIDADE EM FAMÍLIA: AUTOETNOGRAFIAS POSSÍVEIS

6

REFLEXÕES SOBRE A RELIGIÃO NA MINHA VIDA

Elaine Pedreira Rabinovich

Eu, quando se trata de religião, não tenho Deus. Quando estou bem, não preciso de ninguém e quando estou me sentido uma ***** e aquele grande buraco vazio se abre dentro de mim, simplesmente sei que nunca houve um Deus que pudesse preenchê-lo e que jamais haverá. Assim, mesmo que cem rabinos ortodoxos rezem por minha alma perdida, não conseguirão nada. Não tenho Deus, mas minha irmã tem, e eu a amo, assim tento mostrar algum respeito a Ele. [...] Dezenove anos atrás, em um pequeno salão para casamentos em Bnei Brak, minha irmã mais velha "morreu" (porque se casou com um religioso) e agora mora no bairro mais ortodoxo de Jerusalém.[...]. Até uma década atrás, quando finalmente me casei, a parte mais difícil de nossa relação era que minha namorada não podia ir comigo quando eu visitava a minha irmã.

Para ser inteiramente franco, devo mencionar que nos nove anos em que estamos morando juntos nos casamos dezenas de vezes em toda sorte de cerimônias que nós mesmos inventamos: com um beijo no nariz no restaurante de frutos do mar em Jaffa, trocando abraços em um hotel dilapidado em Varsóvia, nadando pelados na praia em Haifa, ou até dividindo um Kinder Ovo em um trem de Amsterdã a Berlim. Só que nenhuma dessas cerimônias é reconhecida, infelizmente, pelos rabinos ou pelo estado. [...] Duas semanas depois do casamento, procurei minha irmã em Jerusalém. Queria que ela rezasse para que uma menina e eu ficássemos juntos. Meu desespero chegava a esse ponto. [...].–Rezarei para você conhecer alguém com quem será feliz–disse ela, e abriu um sorriso que tentava ser reconfortante. Rezarei por você todo dia. Prometo. Vi que ela queria me dar um abraço e lamentava não poder, ou talvez eu só estivesse imaginando. Dez anos depois conheci minha mulher e ficar com ela de fato me deixa feliz. Quem disse que as preces não são ouvidas?

Minha pranteada irmã.
(Etgar Keret. Sete anos bons. Rio Janeiro: Rocco, 2015. p. 91-97)

Fui criada em um lar judaico tradicional–na diáspora, no Brasil, em São Paulo. Correspondo ao que Etgar Keret se autodescreve no episódio supra, qual seja, como um judeu "desgarrado", sendo que, do outro lado do espectro, estão pessoas, como a irmã dele, totalmente identificadas com grupos religiosos ortodoxos judaicos.

Pertencer ao grupo de judeus não equivale a pertencer à religião judaica como fé ou crença. Nasce-se judeu, não se escolhe – nem pode ser por ele escolhido. É judeu quem nasce do útero de uma mulher judia. Desse modo, as mulheres têm um enorme poder na fé judaica; de outro modo, o judaísmo é totalmente machista (a anotar as sinagogas reformistas que mudaram esse *status* de coisas). A conversão ao grupo judaico é muito difícil e não favorecida. Desse modo, é a mulher judia quem carrega o grupo no seu útero e na sua transmissão. Fundamental para a sua continuidade.

Assim, religião para judeus na diáspora tem pouco a ver com religião para outros grupos religiosos: trata-se de pertencimento, de continuidade, de transmissão e de manutenção da tradição.

Em casa, seguíamos as festas tradicionais judaicas, o que consistia, basicamente, em lautos jantares nas devidas datas, precedidas de rezas em hebraico, como preconizado. A tradição, por outro lado, não preconizava nem fé nem a crença em Deus.

Numa dessas datas, o Dia do Perdão, minha irmã e eu éramos levadas à sinagoga para abraçar meus tios e, posteriormente, a minha sogra, que observavam o jejum e permaneciam o dia inteiro rezando na sinagoga. Nós, minha irmã e eu, íamos no horário da reza dos mortos – já que tínhamos perdido nossos pais. Era o sinal de respeito a eles e a nossos tios, que lá permaneciam rezando.

No horário da reza dos mortos, só permanecem na sinagoga os que perderam entes queridos; os demais se levantam e saem do recinto sagrado. Não ficavam crianças, o que nos distinguia de um modo embaraçoso.

Existe um tipo de lenda dos 10 homens justos – judeus – que mantêm, e devem manter, o espírito da justiça na Terra. (Será que essa crença influenciou Lévinas [2009]?). Tenho pensado quanto desse pensamento não acaba por perpassar as pessoas judias, mesmo agnósticas, mas que têm em si o mister de ser justas, corretas, verdadeiras, honestas, e, mais do que tudo, ter como horizonte pessoal a humanidade. Ou seja: acho que há uma ética que é subliminarmente passada no judaísmo que resulta em homens como Spinoza,

Einstein, Freud, Marx, Simone Weil e Lévinas. Tem uma palavra para isso em hebraico: tzedaka, significa uma obrigação moral religiosa de justiça social.

Há duas outras crenças – dentro da tradição laica judaica–que me foram passadas: cultivar os antepassados, no sentido de serem sempre homenageados e sua memória preservada – e temos aqui e então o FABEP com tantas autobiografias e tanta autoetnografia colaborativa recolhendo e digitando memórias! –, e que se tem de fazer mitzvá. Mitzvá é algo muito judaico. Fui procurar no Google e encontrei no Wikipédia: Mitzvá expressa qualquer ato de boa ação, sendo que todas as leis morais são derivadas dos mandamentos divinos.

Assim, meu tio Júlio NUNCA deixou de ir a nenhum enterro de conhecido, porque era uma mitzvá. Eu nunca fiz uma mitzvá, mas sei que seu sentido é estar em paz com Deus, uma espécie de contabilidade em que, ao cumprir com obrigações, algumas convencionais, outras casuais, você se sente em paz porque cumpre uma obrigação. É diferencial com relação à caridade cristã porque nela a pessoa que age não existe, é só uma passagem, um acerto de contas para o futuro. Faz parte da homenagem quem homenageia não aparecer.

Delineados os tópicos genéricos e fundantes supra, apresentarei alguns recortes que me afiguraram importantes à medida que fui me enfronhando na questão ora proposta no grupo de pesquisa FABEP:

Meu tio Júlio – que me criou e me influenciou demais nessa questão religiosa – saiu da Rússia com 18 anos para refugiar-se nos Estados Unidos, onde já estavam seus irmãos. O irmão mais velho permaneceu na Rússia, pois já tinha família, esposa e filho. Meu tio ficou retido – preso–na fronteira Canadá/USA durante mais de um mês, quando aprendeu a jogar xadrez. Não podendo entrar nos USA, como tinha parentes distantes – primos – em São Paulo, veio para cá e casou-se com minha tia Enia, a caçula dessa família que o albergou.

1. Meu tio Júlio era muito inteligente e culto. Não sei se isso foi porque foi criado na Rússia já comunista. Sabia hebraico, iidish, inglês, russo, alemão e português, claro. Falava e escrevia nessas línguas. Amava a música clássica. Devido a ele, fomos a todos os espetáculos tanto de música quanto de balé clássico que vieram a São Paulo. Era muito elegante e priorizava a boa aparência, tanto de si próprio quanto de tudo o mais. Essas atitudes derivam da

palavra cultura que pode ser lida como cultivação: ele cultivava os bons modos.

Por outro lado, cultivava as amizades – mas isso ocorre com todo imigrante!

Deve ter nascido por volta de 1903 e faleceu com 91 anos, em 1994. Era um representante total da modernidade: acreditava no pensamento racional, na ciência, na democracia como valor a ser preservado porque era a principal conquista humana quanto ao modo de governar. Não se iludia, era até considerado meio frio porque sempre raciocinava. Acreditava no poder da razão como transformadora da realidade.

Não sei que idade eu tinha quando perguntei a ele:

– *Tio, você acredita em Deus?*

Ao que ele respondeu:

– *Há os que creem, e há os que não creem, e não há como saber quem está certo.*

Essa resposta o define como um agnóstico, palavra que também me define, mas diferentemente dele, sou uma espécie de mística humanista.

PS: para bem da verdade, fui consultar minha irmã sobre o assunto e ela respondeu: *"Em nossa família ninguém acredita em Deus!"*.

2. Agnosticismo é a visão filosófica de que certas reivindicações religiosas ou metafísicas são impossíveis de serem conhecidas, ou seja, são incognoscíveis.

   Misticismo ateu: encontrados Fromm, Bataille, Valéry e Simmel como místicos ateus (poxa, quem diria!). Pode corresponder a uma espiritualidade sem Deus, característica de um humanista praticante.

3. Ateísmo místico, em Simmel, corresponde a "uma expressão e uma alma extática que projeta sua própria unidade para além de si mesma e, dissolvendo a distinção entre o pessoal e o transpessoal, o natural e o sobrenatural. Descobre o mistério em todo ser" (VANDENBERGHE, 2010, p. xi-xii).

4. Esse sentimento de comunhão extática pode ser encontrado na comunhão com a natureza, na união pelo amor, no frenesi da

criação em que acontece a conexão da pessoa a algo maior ou mais profundo que a transcende.
5. Sonho: uma vez sonhei que via uma multidão de homens todos trabalhando por uma causa comum. Esse sonho, hoje em dia, eu o vejo como premonitório do que entendo por humanismo e poética: um horizonte largo, longo, infinito em todos seus possíveis e impossíveis lados, que é a humanidade que, pelo trabalho/ação, transforma, cultiva e cultua: o ser-cultural.
6. Misticismo: comunhão direta com a totalidade da vida. Não depende da palavra, donde não ser transmissível, só podendo ser vivenciada.
7. Humanismo místico: não sei se existe, porque o humanismo se acha, em geral, referido à racionalidade. Parece que pode ser associado a São Francisco de Assis. O que quero dizer com isso é que, no horizonte dos tempos, está o homem, melhor, o humano.
8. Panteísmo empírico: li sobre isso em Simmel (2010), mas, procurando no Google, achei panteísmo científico, e me enquadro: ao olhar o céu à noite, 100% das vezes penso em quem viveu antes, no que viam, no que sentiam. Posso passar a pensar depois de mim também. No meio da natureza, já experimentei como se estivesse dentro de uma grande catedral. No Peru, por exemplo, no Vale Encantado do Aconcágua, por onde perambulavam os incas, essa sensação é evidente. E transformadora.

Para o panteísmo, os homens são parte da natureza, mas em espaços liminares, Deus está na natureza. Esses são os credos do panteísmo, assim definido: religião muito antiga, mais do que o Budismo ou o Cristianismo. Os Taoístas são panteístas, assim como vários Budistas e Hinduístas. O panteísmo moderno declara que o universo é divino e que a natureza é uma parte sagrada do divino.

Segundo Venderberghe (2010), para Simmel,

> [...] enquanto o panteísmo espiritualiza a natureza, o teísmo a humaniza. Embora Simmel oscile na direção de um misticismo flutuante, ele sempre retorna a uma concepção mais pessoal de Deus, que contrai o universo até o ponto em que este reflete o ser humano e projeta sua realização até o infinito (2010, p. xi, nota 9). [...] A alma busca a unidade, porém precisa projetar-se no Outro para expressar seu ser mais íntimo (p. xi).

9. Voltando ao sonho: eis porque não sou religiosa e me diferencio de Simmel: não preciso me projetar no Outro, minha projeção é num enorme coletivo que, ele sim, transcende no tempo. Não preciso de Unidade, aceito e vivo a multiplicidade.

10. Retomando a questão inicial de pertencimento ao grupo judaico, esta fala diz tudo: grupo judaico, e não pessoas judias. Na compreensão de uma religiosidade individualizante, como a que ocorre atualmente, a pessoa, para se tornar única, singular, "elimina" o social, e caminha por esse encontro com o Único que é o Outro que integra tudo, o anseio pela totalidade, aliás bem perdida na sociedade de consumo. Ser judeu, por outro lado, significa pertencer a uma coletividade que se inscreve num tempo longo.

11. Finalmente (será?), duvido que tenha religião mais família do que o judaísmo. É como se fossem sinônimos: família e religião. Não há uma vez que se vá a uma sinagoga, em qualquer celebração que seja, que não se fale de família e, frequente, d´A Família judaica.

Referências

LÉVINAS, Emmanuel. **O humanismo do outro homem.** 3. ed. Petrópolis – RJ: Vozes, 2009.

SIMMEL, George. **Religião.** Ensaios – volume ½. São Paulo: Olho d´Água, 2010.

VENDERBERGHE, Frédéric. Prefácio. *In:* SIMMEL, George. **Religião.** Ensaios – volume ½. São Paulo: Olho d´Água, 2010. p. v-xxxv.

7

AS AMBIVALÊNCIAS DO SAGRADO NO "DENTRO" E "FORA" DA RELIGIÃO

Diana Léia Alencar da Silva

> *A religião do futuro será cósmica e transcenderá um Deus pessoal, evitando os dogmas e a teologia. Mas, frise-se: Deus é a Lei e o legislador do Universo.*
> *(Albert Einstein, 1981)*

A minha aproximação com o universo religioso não foi motivada por uma súbita iluminação, em jornadas a lugares sagrados, como a Galileia, na qual tanto Jesus Cristo ensinou à humanidade; tampouco percorri os recantos da Índia em que Buda viveu o percurso transformador, trilhado por Maomé. Nasci em uma família para a qual pertencer à religião e viver os sete sacramentos, identificados como Batismo, Confirmação, Eucaristia, Penitência, Unção dos Enfermos, Ordem e Matrimônio, que outorgam o nascimento, o crescimento, a cura, a missão e a fé dos católicos, eram tão naturais quanto respirar. Não fui inscrita, assim, por escolha, na religião que ainda hoje professo como minha, mas fui a ela estreitamente conectada pelos vínculos familiares.

Os meus laços com a religião tecidos na família que me gestou foram reforçados pela comunidade onde nasci e vivi, até o início da minha vida adulta. Localizada no oeste da Bahia, era comum ali, a exemplo de muitas cidades do interior nordestino, as imbricações das relações sociais com os valores religiosos, predominantemente católicos à época, vivenciados pelas demais famílias que compunham a população local.

Era entre a liturgia das missas semanais e as inúmeras procissões em homenagem aos santos, precedidas não por poucas vezes, pelo ritual da alvorada, anunciado com foguetórios nas primeiras horas do dia de diversas datas do ano, que os laços comunais na cidade em pauta pareciam ser reforçados. Tais eventos, considerados sagrados pelos católicos, ainda hoje são lá ampliados por elementos do cotidiano comum em comemorações que algumas pessoas podem considerar como profanas. Esse é o caso das danças de forró e quadrilhas, no mês que celebra os três santos juninos: Santo Antônio, São João e São Pedro. Vivi, assim, por um tempo considerável, na tênue linha que teima em separar o sagrado do profano.

Aponto, como destaca Eliade (2001, p. 20), que "o sagrado e o profano constituem duas modalidades de ser no mundo, duas situações existenciais assumidas pelo homem ao longo de sua história", nas quais o primeiro é oposição do segundo. Nesse contexto, o sagrado se relaciona a um mundo comumente de origem divina, à existência de uma transcendência que vai além da realidade visível. Ainda a esse respeito o autor relembra que a existência do que ele denomina de *homo religiosus* está relacionada aos primórdios da existência humana, nos quais os mitos, os rituais, os símbolos, os deuses e seus atos eram considerados determinantes para a existência do mundo. O sagrado, dessa forma, alimentado por rituais e celebrações, constituía-sena própria realidade.

O quadro que retrata a vivência do sagrado pela humanidade sofreu alteração notadamente com o advento do "homem moderno a-religioso", que assumiu uma "nova condição existencial", ao se reconhecer como pessoa histórica e considerar os modelos de humanidade revelados em seu percurso histórico (ELIADE, 2001). Ainda assim, destaco que seja pela continuidade de rituais e comemorações religiosas seculares, como é o caso das vivenciadas nas religiões brasileiras de matrizes africanas, seja de comemorações da igreja católica, como as que ainda ocorrem na cidade onde nasci, a pós-modernidade parece apontar um tempo para a humanidade ainda em delineamento, no qual a busca pela sacralidade, por intermédio de diferentes tradições religiosas, também se faz presente. É nesse contexto, ainda em construção e revisão, que sigo a minha trajetória para viver e respeitar a sacralidade que percebo no mundo e nas relações que busco estabelecer com diferentes pessoas.

É fato que embora a humanidade, por um lado, busque aparentemente se distanciar do sagrado e dos ritos fora da coletividade para se tornar mais individual, continua a demonstrar que o sagrado ainda a inquieta (GALIMBERTI, 2003). Nesse caminho, talvez aqui uma indagação se faça necessária: como determinar o que é sagrado e o que é profano no momento atual, no qual as crenças na dessacralização do mundo, que preceituam o homem como o único sujeito e agente da história, convivem lado a lado, com inúmeras manifestações religiosas?

Longe de responder à indagação apresentada, concordo que as definições unívocas, que cerceavam o pluralismo religioso, que traz consigo uma diversidade de cosmovisões religiosas, aparentam hoje perder força para dar espaço a múltiplas formas de cada pessoa poder dizer e viver o sagrado. Tal movimento, que pode ocorrer dentro ou fora de uma religião, não necessariamente estabelece como condição o distanciamento de valores e ritos ancestrais, ou a proibição do sujeito se conectar ao sagrado em diferentes grupos religiosos, quando esse é o seu desejo. Nesse contexto o vocábulo Religião parece se abrir a outras interpretações, curiosamente permitidas já a partir da origem dessa palavra no latim: o termo religião, presente na Língua Portuguesa desde o século XIII, deriva do termo *religionis* e pode ser traduzido como culto, prática religiosa ou cerimônia. A definição, todavia, sobre de qual verbo tal substantivo seria a forma nominal não é consenso, já que ora tende ao *relegere,* ora se inclina ao *religare* (AZEVEDO 2016; RODRIGUES, 2022).

Diante do contexto que vejo e sinto, percebo na verdade que sem se distanciar da palavra latina *Religare* (que pode ser traduzida como "religar, atar, apertar, ligar bem") o vocábulo parece se cruzar hoje com o termo *Relegere*, isto é, "reler, revisitar, retomar o que estava largado" (AZEVEDO, 2016; RODRIGUES, 2022). É nesse encontro que me inscrevo: nele, permito-me retornar às sínteses já feitas em minhas vivências na religião para recompô-las, alterando-as, quando necessário, para fortalecer os vínculos com o que considero sagrado, em um movimento que é, sobretudo, reflexivo e particular.

Registro que há muito tempo perdi o hábito de praticar a tradição ritualística da religião que aprendi como minha, de ir à igreja semanalmente, aos domingos. Nesse caminho, distanciei-me das celebrações que possibilitam aos católicos se irmanarem, como é o caso das procissões, nas quais a igreja, em evidente movimento, parece traçar itinerários para ir ao encontro das pessoas.

Longe da cidade onde nasci, passei a viver ao lado da família nuclear que constituí o que considero sagrado, em um local especial para o nosso grupo: a nossa casa. É aqui, nas primeiras horas da manhã, talvez por ainda ter vívida a força das alvoradas que me despertavam quando criança, que me permito escutar Deus, nas primeiras orações que faço diariamente, ao acordar. É aqui também que me reúno com o meu grupo nuclear para alimentar o hábito saudável de rezar em família, antes do café da manhã ou do almoço de domingo. Da mesma forma, percebo a aproximação do sagrado nos festejos ritualísticos, por alguns considerados profanos, dos quais tenho por hábito participar. Esse é o caso das festas de Ano Novo e das comemorações de aniversários, sempre precedidas por orações, em minha casa.

Aponto também que desenclausurada das paredes das igrejas que parecem, por vezes, isolarem as religiões, não me privo da vivência fraterna, em uma estrutura de coletividade, característica das religiões. Isso porque permito-me ser parte de grupos de orações com pessoas de religiões diferentes para leituras de livros sagrados, assim como para preces e acolhimento ao próximo, nos quais não somente atualizo relações e vínculos, mas encontro ajuda para enfrentar as adversidades. Da mesma forma, possibilito-me retornar à igreja para participar das missas de Natal, com todos da família. É assim, em um movimento que tem como tônico não o temor a um Deus que demanda barganhas, mas a grandeza das reflexões que Dele advêm, que vivo a minha religiosidade. Nessa trajetória percebo que os valores da Bíblia e da igreja católica outrora aprendidos são, para mim, autorreferenciais não dogmáticos, abertos a outras expressões religiosas que apontam, longe de qualquer inquietação, a materialidade do sagrado não em lideranças ou objetos, mas em cada pessoa humana.

Destaco que a obviedade da constatação não se traduz em um processo simples: posso afirmar que acreditar em Deus no encontro com a pessoa humana demanda na busca por uma transcendência difícil, por um caminho em prol de uma conexão com o divino fundamentado em uma forma de amar na qual nos permitimos afetar e ser afetados. Assim sendo, reclama o distanciamento do egoísmo para estreitar a relação com o nosso outro e encontrar sentido para a existência do mundo e da vida humana.

Afirmo que o exercício que possibilita o encontro aqui em destaque não necessariamente é feito dentro de uma religião, mas sim respeitando o princípio da alteridade, que abre espaço para que a multiplicidade de pensamentos e tradições religiosas não seja negada ou disfarçada. Registro que essa é uma opção exigente, mas estranhamente renovadora, pautada na tônica do amor-doação que leva cada individualidade ao encontro do outro, como bem destacado na epígrafe que abre este texto. É essa trajetória que me permite estabelecer a relação com um Deus que muda a perspectiva do que é sagrado, já que coloca não as divindades distantes, mas o ser humano, como o ponto de partida da sacralidade, inegavelmente movida sem ambivalência, pela força motriz mais imperativa do universo: o AMOR.

REFERÊNCIAS

AZEVEDO, Cristiane A. de. A procura do conceito de religio: entre o Relegere e o Religare. **Religare**: Revista do Programa de Pós-Graduação em Ciências das Religiões da UFPB, [s. l.], v. 7, n. 1, 2016. Disponível em: https://periodicos.ufpb.br/index.php/religare/article/view/9773. Acesso em: 26 jan. 2022.

ELIADE, Mircea. **O Sagrado e o profano:** a essência das religiões. Tradução de Rogerio Fernandes. São Paulo: Martins Fontes, 2001.

GALIMBERTI, Umberto. **Rastros do sagrado:** o cristianismo e a dessacralização do sagrado. São Paulo: Paulus, 2003.

RODRIGUES, Sérgio. **Religião vem de 'reler' ou 'religar'?** Disponível em: https://veja.abril.com.br/coluna/sobre-palavras/religiao-vem-de-reler-ou-religar/. Acesso em: 10 jan. 2022.

8

TRAVESSIAS RELIGIOSAS: A ESPIRITUALIDADE EM MIM

Carla Verônica Albuquerque Almeida

> *[...] a vida tem uma origem sagrada e a existência humana atualiza as suas potencialidades na medida em que é religiosa, ou seja, participa da realidade.*
> *(ELIADE, 1992, p. 164).*

Ao revisitar o passado e rememorar o presente, sinto-me desafiada e, ao mesmo tempo, tomada por fortes emoções que movem muitos afetos, diante do compromisso que tenho comigo mesma ao fazer um mergulho nas reminiscências e resgatar imagens mentais que emergem de forma nítida, em diferentes cenas de uma história que se desvela e me possibilita rememorar aspectos da minha religiosidade.

Sou a segunda filha de uma família de cinco filhos e logo muito cedo ocupei o lugar da primogênita que desencarnou após dois dias de nascida. A religião sempre esteve presente em minha vida desde a infância. Um legado herdado das minhas avós, católicas fervorosas e transmitido por meus pais. Vivências que proporcionaram a construção da minha identidade religiosa alicerçada em hábitos, atitudes e conhecimentos do cristianismo, em estreita ligação com as forças Divinas: Deus, a Virgem Santíssima – Nossa Senhora –, o Espírito Santo, as Santas e os Santos dispostos em um oratório, na sala principal da casa; além dos rituais e festas das quais participávamos, reverenciando o Sagrado.

Nesse contexto, desde os primeiros anos de vida, costumes imperativos em minha família se fizeram presentes no meu dia a dia ao acordar e antes de dormir: ajoelhar-me aos pés da cama e com as mãozinhas postas, rezar o Pai Nosso, a Ave Maria e oração do "Anjo da Guarda"; pedir a bênção aos meus pais, como um sinal de respeito, segundo as minhas avós. Elas não dispensavam esse ritual sempre que chegávamos para visitá-las em suas casas.

Tive o privilégio de ter três avós: uma materna – vovó Olga – e duas paternas – vovó Estelita, a Dona Teté, como era carinhosamente conhecida na comunidade, e vovó Maria, mãe adotiva de meu pai. Ai de nós se não pedíssemos a benção quando encontrávamos vovó Olga!! Quando por ventura nos esquecíamos, logo ela nos sinalizava: *"Ei, mocinha, não está se esquecendo de alguma coisa? Cadê a benção?"*. Esse ritual se constituía como um valor precioso, uma expressão de afeto para mim, reverberado nas palavras *"Deus te abençoe, te dê juízo e te faça feliz"*, que se revertiam como uma graça, uma benção divina, acompanhada de um beijo na mão e um sorriso.

Beata nata, minha avó Teté dedicou-se integralmente às atividades eclesiásticas, especialmente após o falecimento do seu marido, vovô João. Cuidava da igreja como se fosse a sua própria casa, ornando sempre os altares com flores, zelando da Casa Paroquial, além de participar diariamente das missas e das atividades de catequese das crianças e jovens, tornando-se posteriormente agente pastoral da igreja, dando apoio, orientações e conforto espiritual a diferentes pessoas, em diversas comunidades.

A sala de visitas da casa de Vovó Maria era bem simples, mas impecável na limpeza e arrumação! Lá se encontrava em um cantinho muito especial uma espécie de relicário, o qual ela arrumava e cuidava com todo zelo e carinho. Por muitas vezes, ao chegarmos em sua casa, ela vinha nos receber e voltava a se ajoelhar diante do oratório, dizendo: *"Este é meu lugar Sagrado, onde peço proteção todos os dias por todos vocês"*. Além das imagens e retratos dos santos e santas pessoais da sua devoção (Nosso Senhor Crucificado, Santo Antônio, Nossa Senhora da Conceição, Menino Jesus de Praga), velas, flores artificiais, fotografias da família, rosários, escapulário, livros e cadernos de orações e ladainhas compunham esse acervo de devoção e fé. Nas minhas recordações, emerge de forma muito nítida a Trezena de Santo Antônio, o "Santo Casamenteiro", realizada anualmente, por vovó Maria, nos 13 primeiros dias do mês de junho.

O altar da Trezena de Santo Antônio era decorado com muitas flores confeccionadas com papel crepom nas cores azul e branca. Em todos os cômodos da casa, folhas de pitanga se espalhavam pelo chão e em alguns vasos, como forma de purificar o ambiente. As pessoas da família e os vizinhos vinham chegando no início da noite para o ritual constituído por um conjunto de 13 orações que se mesclavam a pedidos diversos ao santo, especialmente para a saúde, proteção, cura e matrimônio, cânticos e ao final todas e todos degustavam um prato preparado por alguma ou algum(a) convidado(a) responsável pela iguaria, geralmente alusiva ao período das festas juninas.

No último dia da trezena, os "comes e bebes" ficavam sob a responsabilidade da minha avó (dona da casa), e tinha até o tradicional licor de jenipapo! Lembro-me de que em cima da mesa havia sempre uma cesta cheia de pãezinhos, embalados com papel transparente e amarrados com fita na cor azul. Os pães eram entregues a todas as pessoas que compareceriam à trezena e, pela tradição, ao chegarem em casa, o pãozinho (símbolo da fartura) deveria ser colocado dentro da farinheira, para que nunca faltasse comida em casa. Minha mãe ainda conserva essa tradição e o pãozinho de Santo Antônio, a cada ano, é renovado na farinheira da sua casa, hábito que também adquiri.

Um dos momentos que mais gostava era quando minha avó passava com o incensador e todos entoavam o canto: "*Subiu precioso incenso, até o trono do Altíssimo / Incensai Glorioso Antônio, com Perfume Suavíssimo...*". A fumaça e o cheiro de alecrim se espalhavam por todo o ambiente. Santo Antônio e outros Santos dispersos no Santuário eram os primeiros a serem incensados, seguidos pelas pessoas que ansiavam por esse momento, pois esse ritual, além de limpar a casa, tinha o significado de tirar as energias impuras que porventura as pessoas carregavam, ao mesmo tempo que as purificava.

Foi nesse ambiente católico que cresci e, para não fugir à regra, estudei até o "Segundo Grau[1]" em um Colégio Religioso, tendo todas as orientações cristãs voltadas à formação religiosa de vertente católica. Achava bonito o que imaginava ser uma dedicação total ao próximo. Gostava de ir à capela do Colégio Nossa Senhora da Soledade, uma instituição ligada ao Cristianismo, dirigida por freiras. Também ia à igreja aos domingos cedinho, acompanhando os meus pais.

No período da infância e da adolescência, a fragilidade da saúde de minha mãe que apresentava problemas neurológicos e crises de depressão me inquietava. A saúde dela exigiu de mim atitudes de extremo amadurecimento, ainda na minha meninice. Como filha mais velha, precisei dar suporte a meu pai na criação de minhas irmãs e do meu irmão, especialmente da caçula, logo que nasceu. Certo dia, um amigo de meu pai, cuja esposa apresentava problemas bem semelhantes aos de minha mãe, esteve em nossa casa e deu a notícia de que iria internar a esposa em uma clínica psiquiátrica. Meu pai fez algumas ponderações na busca de convencer seu amigo a declinar da ideia e foi firme ao dizer: "*Não interno a minha mulher de jeito algum! Tenho fé de que Deus vai nos mostrar o caminho para a sua cura*".

---

[1] Terminologia utilizada na época, a qual foi alterada para Ensino Fundamental, quando da promulgação da atual Lei de Diretrizes e Bases da Educação – LEI 9394/1996.

Além de ser atendida por vários especialistas da área médica, levamos minha mãe a alguns centros religiosos: uma casa de umbanda, a Seicho-No-Ie[2] e a um Centro Espírita – indicado por um amigo de meu pai. Foi nesse local que ela iniciou a sua caminhada na Doutrina Espírita, frequentando as doutrinárias, os grupos de estudo e trabalhando nas reuniões mediúnicas há mais de 40 anos.

Confesso que inicialmente tive certa resistência e incredulidade frente a alguns fenômenos espirituais evidenciados pela sua mediunidade, já aflorada. Contudo, o sofrimento que outrora se abateu sobre a nossa família gradativamente foi se diriminado, não apenas pelo visível bem-estar de minha mãe, mas sobretudo pela fé que sempre nos retroalimentou, alicerçada no Espiritismo.

Nesse entorno, passei a ler alguns romances espíritas, assim como *O Evangelho segundo o Espiritismo*; comecei a assistir ainda a algumas reuniões doutrinárias no Centro Espírita frequentado por meus pais, na busca de conhecer e compreender essa doutrina religiosa de cunho filosófico e científico, de moral cristã codificada pelo pedagogo francês Hippolyte Léon Denizard Rivail, conhecido pelo pseudônimo de Allan Kardec, e que é voltada ao princípio da evolução espiritual do ser humano, por meio das reencarnações.

Segundo Kardec (2003, cap. III, item 4) "[...] as dores na Terra estão em contexto com as suas características e com a evolução dos seres que nela habitam (reencarnam)". Nesse sentido, o processo reencarnatório nos oportuniza o aperfeiçoamento pessoal, ético e moral, por meio de aprendizagens necessárias à nossa evolução espiritual. Tal revelação para mim foi e ainda é constatada quando por vezes ouvia e ouço no centro espírita a expressão "Quem não vem pelo amor, vem pela dor". As pessoas buscam o Espiritismo pela dor, quando estão sofrendo com problemas físicos ou espirituais; ou pelo amor quando vêm pelo desejo de conhecer a doutrina, para se aproximarem de Deus e servir ao próximo.

Assim como minha mãe buscou a Doutrina Espírita pela dor, comigo não foi diferente. No final dos anos 90, comecei a apresentar um processo alérgico, inchaço e deformações em várias partes do corpo, especialmente

---

[2] Formação religiosa que procura sintetizar todas as outras religiões numa só, tendo como emblema um círculo constituído pelo sol, pela lua e por uma estrela, relativos ao xintoísmo, ao budismo e ao cristianismo. Os elementos da religiosidade nipônica valorizam todas as formas de vida, prezam pelo respeito ao próximo, a gratidão aos pais e o culto aos ancestrais. Fonte: SILVEIRA, João Paulo de Paula. **A Seicho-no-Ie do Brasil e o "Autêntico Paraíso Terrestre"**. Dissertação (Mestrado em História) – Universidade Federal de Goiás, 2008.

nas articulações. Fui a vários médicos alergologistas e reumatologistas que a princípio diagnosticavam artrose reumática, lúpus, mas o fato era que não descobriam a real causa dos sintomas que aumentavam a cada crise, a ponto de meu corpo apresentar feridas em várias partes. Passei a usar, então, roupas que cobriam o meu corpo completamente. O sofrimento e a tristeza só aumentavam, afetando não só minha vida pessoal, mas também profissional. Não foram poucas as vezes que a crise alérgica foi desencadeada, afetando o trabalho que até então era fonte de alegria em minha vida.

Certo dia, logo que cheguei à escola estadual onde lecionava no turno da noite, meu corpo deu sinais de que teria mais uma crise: em poucos minutos estava completamente inchada; meu rosto se apresentava como de um monstro horrendo, a garganta foi se fechando e a voz, cada vez mais fraca, deu lugar a um princípio de edema de glote. De imediato, uma colega que posteriormente se tornou uma grande amiga, levou-me à emergência, onde mais uma vez fui atendida, tomando as mesmas drogas injetáveis que iam aos poucos cessando os edemas e os sintomas do meu corpo. Tratava-se de Selma, uma amiga-irmã que é muito importante em minha vida.

Poucos dias depois, Selminha, em uma conversa, me perguntou: *"Você tem fé? Se eu te levar a um lugar você vai comigo? Mas tem que confiar!".* Não pensei duas vezes e de pronto a segui. Acreditei naquela hora que dentre tantos diagnósticos que não revelavam o que realmente estava acontecendo comigo uma luz se apresentava. Fomos então para a casa de um senhorzinho que morava no bairro da Ribeira, e trabalhava no mesmo centro espírita que ela, há muitos anos. Lá chegando, ele conversou comigo, ao tempo em que se concentrava, como que intuitivamente estivesse recebendo alguma orientação espiritual. Em seguida pediu licença e se deslocou para outro ambiente da casa, retornando com um ramo de folhas nas mãos, as quais passava pelo meu corpo, enquanto proferia uma oração.

Lembrei-me da minha infância e da adolescência, quando ia para a casa de uma tia na cidade de Inhambupe – interior da Bahia. Passar o período de férias na casa de Tia Estela, não dispensava a ida à casa de Odete, para recebermos a reza contra "mau-olhado". Um extenso quintal situado nos fundos da casa dela dava espaço para algumas árvores frutíferas e muitas plantas, dentre elas, as ervas que tinham o poder de cura e de purificação.

Benzedeira conhecida na região, Odete sempre tinha o cuidado de nos alertar: *"Venha de manhã entre sete horas e onze e meia. E se for à tarde, depois de uma hora até cinco e meia, antes do sol se pôr. Não podemos rezar nas horas abertas: seis horas da manhã e da tarde, nem ao meio-dia e à meia noite, porque as energias estão soltas".* Assim, antes de colher as folhas curadoras, Odete pedia licença por meio de orações e de pés descalços, portando diversas ervas nas mãos, perguntava o meu nome completo e iniciava o ritual. Nas minhas reminiscências, emergem os versos que compunham parte da reza, ao tempo em que as ervas eram passadas em meu corpo da cabeça aos pés:

> *Eu te benzo em nome de Deus e da Virgem Maria,*
> *Com dois puseram, com três eu tiro.*
> *Com as três pessoas da Santíssima Trindade,*
> *que tira quebranto e mau-olhado, pras ondas do mar, pra nunca mais voltar.*

> *Se estiveres com quebranto, mau olhado, feitiçaria e bruxaria, que em nome de Deus e da Virgem Maria, seja levado para as ondas do mar sagrado e lá desapareça.*

Ao final, Odete orava um Padre Nosso e uma Ave Maria, descartava no quintal as folhas usadas na benzeção e nos dirigíamos à pequena sala da sua casa para degustarmos um cafezinho preparado no coador de pano, enquanto ouvia as inúmeras histórias que ela contava.

Ao participar do ritual da reza e de cura com Sr. Francisco, foi inevitável lembrar a benzedura com Odete, sem conseguir conter a emoção que aflorou dessa lembrança de uma pessoa tão querida e que desencarnou com mais de 80 anos.

A convite de Selma passei a frequentar regularmente o Centro Espírita Mensageiros da Luz, iniciando um tratamento espiritual, assistindo às doutrinárias e recebendo passes. Um ambiente harmônico com um potencial de energia extremamente salutar que me tranquilizava e renovava a minha fé de que ficaria bem e curada... A cada dia me sentia motivada a conhecer mais sobre a doutrina espírita e, dessa forma, passei a ler os demais livros da Codificação Espírita, escritos por Allan Kardec, uma vez que já vinha praticando a leitura d'*O Evangelho Segundo o Espiritismo*; *O Livro dos Espíritos* (1857); *O Livro dos Médiuns* (1861); *O Céu e o Inferno* (1865); *A Gênese* (1868). Tais leituras foram e são fundamentais para o meu aperfeiçoamento espiritual e educação mediúnica.

A essa altura, as feridas e inchaços no meu corpo já não existiam: desapareceram por completo! Constatei que todo o processo que atingiu a minha saúde física era espiritual. A minha mediunidade emergia.

Certo dia, a dirigente do Centro olhou para mim e carinhosamente me convidou para que me sentasse à mesa. De imediato indaguei: *"A senhora está falando comigo?"* Ela me respondeu, sinalizando o lugar em que eu deveria me sentar: *"Sim... sente naquela cadeira!"* Geralmente na casa espírita, a mesa é composta pelo(a) dirigente da reunião, pelos médiuns ostensivos e por aqueles que devem permanecer em vibração, para a perfeita sintonia e harmonização dos trabalhos mediúnicos.

Confesso que a princípio ser médium de incorporação foi algo que me assustou e o medo fez com que em vários momentos eu não permitisse a comunicação com os espíritos. Com as orientações afetuosas recebidas pelos doutrinadores/trabalhadores da casa, fui aos poucos estabelecendo conexão com esses espíritos que vinham e vêm em busca de auxílio; deixando também que os guias orientadores, anjos guardiões que me acompanham, se apresentassem por intermédio de mim.

Os sintomas da mediunidade se apresentam de formas variadas e por vezes provocam reações emocionais insólitas e espontâneas. A faculdade mediúnica requer estudo e aprofundamento dos conhecimentos para que tenhamos condições de exercê-la com responsabilidade, respeito e compromisso. "A explicação dos fatos admitidos pelo Espiritismo, suas causas e suas consequências morais constituem toda uma ciência e toda uma filosofia, que requer um estudo sério, perseverante e aprofundado" (KARDEC, 2012, p. 30). O estudo da doutrina espírita nos proporciona o esclarecimento, o equilíbrio, o aperfeiçoamento espiritual e moral; constitui-se como uma oportunidade de restabelecermos os danos criados em outras encarnações.

Quando "a água humilde abandona o aconchego da fonte, sofre os impositivos do movimento, alcança o grande rio e, depois, partilha a grandeza do mar" (Chico Xavier, pelo espírito de Emanuel, 2005, p. 20). O exercício da mediunidade é como a água que corre, escorre e percorre as superfícies, das mais tranquilas às mais acidentadas, incansável em seu percurso de saciar a sede e banhar com sua energia aqueles que necessitam.

Dessa forma, nos banharemos nas águas abençoadas pela experiência, conhecimento, compreensão e justiça, em direção ao nosso processo evolutivo. O exercício da mediunidade se faz na luta pelo abandono do individualismo, pelo aprimoramento constante, com humildade, estudo e doação ao próximo. Nesse movimento, venho trabalhando há 25 anos no Centro Espírita Mensageiros da Luz, me dedicando cada vez mais ao trabalho mediúnico, exercendo-o com responsabilidade, respeito e muito amor, na busca de aprimorar meu processo de evolução espiritual.

Com o advento da pandemia da Covid-19 e a necessidade de isolamento social, as reuniões no centro espírita foram suspensas, o que me fez muita falta. Intensifiquei as leituras sobre a doutrina e passei a frequentar, a convite da minha amiga Selma, um grupo de oração formado por algumas poucas pessoas–trabalhadores do centro, que oravam pelas pessoas hospitalizadas, pelas famílias enlutadas ou não, pela humanidade que sofria com tamanha calamidade. A esse grupo se juntaram posteriormente pessoas de outras religiões. Desde então, nos reunimos diariamente às 18 horas e desenvolvemos um trabalho de oração e caridade a pessoas que estão necessitando de auxílio espiritual, bem como nos ajudamos mutuamente pela escuta e pela prece alicerçada na fé e nos ensinamentos do Evangelho segundo o Espiritismo.

Diante da considerável redução dos casos de Covid-19, as atividades presenciais no Centro Espírita foram reiniciadas em maio de 2022. Retomei os trabalhos como passista[3], ministrando palestras uma vez por mês, e posteriormente passei a coordenar o Grupo da Juventude "A Espiritualidade em Mim e em Nós – Grupo Ramatis" junto a outros colaboradores da Casa Espírita. O trabalho com os jovens tem sido extremamente gratificante para mim, uma vez que além dos estudos iniciais sobre a doutrina ministrados, a dinâmica com o grupo possibilita a escuta atenta e afetuosa às(aos) jovens, ao compartilharem suas experiências vivenciadas, seus conflitos e inquietações.

Outrossim, convicta da minha opção religiosa, busco a cada dia cultivar a paz no meu interior e a minha reforma íntima, pois o espiritismo me consola e me esclarece, possibilita a cada dia o meu equilíbrio mental, emocional; o aperfeiçoamento das minhas relações interpessoais e as transformações diversas necessárias para uma vida mais feliz e melhor.

---

[3] O Passe, à luz da Doutrina Espírita, é uma transmissão de energias fluídicas de uma pessoa –médium passista –a outra pessoa que as recebe, em clima de prece, com a assistência dos Espíritos Superiores. É a doação ou esforço de transmitir, para um outro indivíduo, energias magnéticas, próprias ou de um Espírito, a fim de socorrer-lhe a carência física e/ou mental, que decorre da falta dessa energia.XAVIER, Francisco Cândido. **O Consolador**. Pelo Espírito Emmanuel. 28. ed. Rio de Janeiro: FEB, 2008.

REFERÊNCIAS

BOSI, Ecléa. **Memória e Sociedade**: Lembranças de Velhos. São Paulo: Companhia das Letras, 1994.

ELIADE, Mircea. **O Sagrado e o Profano**. São Paulo, 1992.

KARDEC, Allan. **O Evangelho segundo o Espiritismo**. 121. ed. Rio de Janeiro: FEB, 2003. p. 163-164.

KARDEC, Allan. **O livro dos médiuns**. Tradução de Maria Aparecida Becker. 2. ed. São Paulo: Mundo Maior Editora, 2012.

XAVIER, Francisco Cândido. **Missionários da luz**. Pelo Espírito André Luiz. 45. ed. 1. imp. Brasília: FEB, 2013.

9

MINHA FORMAÇÃO RELIGIOSA EM FAMÍLIA

Ogvalda Devay de Sousa Tôrres

Sobre minha formação religiosa, considero ter iniciado na infância, mas não de modo formal. Sou baiana, nasci em Salvador, e bem cedo, na primeira infância, fui viver no subúrbio ferroviário de Periperi, Salvador, Bahia, e tenho registrado, em capítulos outros, essa memorável fase da minha vida. Morei com meus pais no sítio de meus avós maternos que construíram vários quartos em um corredor para abrigar os filhos e respectivas famílias.

Casa ampla, em ambiente de sítio, muita natureza, vegetal e animal, quero dizer, com árvores frutíferas, plantas ornamentais, flores trazendo o belo colorido, ao lado de animais nascidos no ambiente (patos, pintos), presença de cães, gatos, e, também de animais indesejáveis, como morcegos, esporadicamente até ratos. O que isso tem a ver com minha formação religiosa? Ora, desfrutar da beleza da natureza, seu colorido especialmente nas flores, o balanço dos galhos de árvores, o canto das aves, o som dos animais (grugulejo do peru, cacarejo da galinha, latido dos cães, miado do gato e outros), era sentir a presença de Deus, o que nunca me faltou.

Outro aspecto a salientar: nossa morada, típica construção arquitetônica das décadas da minha infância (40 e 50), casas imensas, avarandadas, com o sempre presente corredor, grandes salas e vários quartos, ocupados pelos filhos dos proprietários (os avós maternos), um deles por meus pais e por mim até meus 4 anos, e os demais pelos tios e primos. Então uma convivência salutar e alegre de família unida. Esse terreno foi um pedaço arrendado de uma fazenda onde outras famílias também construíram, dentre elas, familiares dos meus avós, o que tornava o local, sede de uma família extensa, muito bem relacionada. Também a nossa família nuclear construiu a casa própria no mesmo terreno, depois de nascido meu primeiro irmão.

Na rua onde morávamos só existia de um lado, a propriedade de nossa família, e do outro, uma Igreja, dedicada a Nossa Senhora da Conceição dos Artistas, com mais uma escola, o Grupo Escolar Amphilofio de Carvalho, bem em frente à casa do sítio.

Não havia estrada de rodagem que transportasse os moradores ao centro urbano, Salvador, que poderia ser alcançado pela ferrovia, com trens que circulavam em horários fixos e não numerosos, ou canoas, ligando Plataforma, mas não Periperi, à chamada cidade baixa, exatamente ao bairro da Ribeira. A população era pequena nesse subúrbio de Periperi, constituída de trabalhadores da rede ferroviária e veranistas que se encantaram pelo local, pois se tratava de uma enseada na Baía de Todos os Santos, com mar calmo e convidativo. Mais um som gerado dessa condição, o barulho das ondas. Não havia telefone nem televisão, a comunicação se fazia pelo telégrafo ou pelo rádio, nos horários de notícia, e pela leitura dos jornais que chegavam pelo trem.

A igreja católica, dedicada a Nossa Senhora da Conceição dos Artistas (artesãos de madeira, necessária à fabricação dos mordentes, sustento dos trilhos do trem e inúmeros outros artefatos), era assistida por um padre inteligente, Antônio Monteiro. A princípio, que eu tenha conhecimento, era a única organização religiosa desse suburbio, a qual exercia, inclusive, uma função social: dedicava-se a reunir a juventude para torneios esportivos, levava times campeões para outras paróquias, geralmente viajando por trem para disputas, incentivava os encontros literários, as tertúlias e o conhecimento do catecismo. Posteriormente foi inaugurada a Assembleia de Deus em Periperi e outros grupos religiosos foram surgindo, inclusive o culto afro. Periperi passou a ser também lugar de ensaio do Ara Ketu que, em 1991, se apresentou pela primeira vez no Carnaval baiano e vem conquistando admiradores. Na família, também ouvia debates entre dois tios com tendência ao espiritismo e a resistência gerada em alguns.

Minha tia avó Nonozinha, irmã do meu avô, era zeladora da igreja católica e a responsável pela devoção a Coração de Jesus, enquanto meu tio Anibal, irmão da minha avó, era devoto de Santo Antônio. Minha família, muito musical, era integrada por vários instrumentistas, os quais participavam das novenas, trezenas e missas festivas, celebradas por vezes com seus instrumentos, que as tornavam bonitas e convidativas.

Começou assim minha assiduidade à Igreja, localizada na rua em que residia, a poucos passos da casa. Fui aprendendo sobre o catolicismo. Para as missas festivas, corais e orquestras, amigos de Salvador eram convidados para participar e a casa do meu avô os recepcionava, oferecendo um lauto almoço, ou, se fosse celebração noturna, um delicioso café. Fui sendo conquistada para a música, também aprendendo piano, experimentando usar o acordeom e depois recebendo aula de violino. De repente, tive condição de participar do coro da Igreja cantando, depois acompanhando no órgão de fole a pedal, algumas missas. Fui aprendendo o canto litúrgico, e cada vez mais, conhecendo a religião católica. Uma das grandes emoções da minha vida foi ter sido responsabilizada pelo solo da Ave Maria de Marieta Neto, acompanhada de orquestra no coro da Igreja de Peripeti no encerramento de um evento festivo.

Já no curso ginasial (equivale ao atual Ensino Fundamental), dirigido por Dr. Adroaldo Ribeiro Costa (1917-1984), educador, pedagogo, também advogado, jornalista, escritor e compositor, homem culto e muito capaz, conheci a Hora da Criança, por ele dirigido, programa para educação de crianças pela arte, onde nascia o teatro infantil na Bahia. Já estudava violino, e para praticar em orquestra, minha professora Nair Soares da Cunha me inseriu na Orquestra Sinfônica da Bahia regida e fundada pelo Padre Luiz Gonzaga de Mariz, jesuíta ligado ao Colégio Antonio Vieira, que ensaiava no Gabinete Português de Leitura. Como ainda não existia outra orquestra sinfônica em Salvador, membros desse grupo integraram a apresentação de Infância (1950) e Timide (1955), operetas/revista musical, de autoria do Dr. Adroaldo, das quais participei. Com a experiência adquirida, passei a realizar em casa a trezena de Santo Antônio, cantada e tocada. Organizava o altar e os presentes entoavam os cânticos apropriados.

Não fiz, como em geral fazem as crianças, a primeira comunhão, o que somente me aconteceu no 18.º aniversário de nascimento, por conta própria, sem influência da família. Mas fui crismada e tive por madrinha a tia materna Auta. Daí por diante, colaborei na Igreja nos eventos musicados, pois já estava graduada como professora de música. Aos poucos aprendia melhor sobre a doutrina católica e, principalmente, sobre a música litúrgica, até quando o curso médico me absorveu quase todo o tempo. Necessitei residir em Salvador passando no subúrbio somente os finais de semana. Após a formatura em medicina, a residência médica, cada vez mais me ocupada o tempo, seguida pelo primeiro emprego estadual como médica, depois o emprego federal como instrutora de ensino superior na Universidade Federal da Bahia e o casamento.

Já sem tempo fora das obrigações profissionais, limitei-me a participar do novenário da Igreja do Bonfim e das novenas em louvor a Nossa Senhora da Guia, sempre no mês de janeiro. Até quando, já com três filhas, a primogênita com 8 anos, preparada para a primeira comunhão, em uma cerimônia organizada com zelo e entusiasmo pela escola, com missa festiva, o conjunto musical contratado não compareceu. Resolvi suprir essa falta, de modo improvisado, que deu certo e me encorajou a retornar à atividade musical. Outro fato a registrar foi a presença do padre Juarez Santos Prata, sergipano, em estágio pastoral em Peripeeri, que tendo sido acolhido pela tia Nonozinha, responsável pela devoção do Coração de Jesus, tornou-se amigo de toda a nossa família, e depois de ordenado, casou-me e batizou nossas três filhas. Além de ter colaborado com nossa formação católica, de tão dedicado ao clero, foi monsenhor e secretário de três Cardiais aqui na Bahia: Dom Augusto Álvaro da Silva, Dom Avelar Brandão Vilela, Dom Frei Lucas Moreira Neves.

Tornei-me membro efetivo da orquestra e coro da Igreja do Bonfim como violinista para o novenário de janeiro. Acompanhava a missa matutina da Igreja de São Francisco em louvor a Santo Antônio, às terças-feiras, no órgão, com outro violinista. Onde mais regularmente me mantive, por três décadas, foi na missa dominical das 7h30 da Igreja de Nossa Senhora da Vitória, ouvindo a homilia do Monsenhor Gaspar Sadoc, um dos maiores oradores sacros da Bahia, acompanhando no órgão o coral liderado por Creuza Maria Cunha, inspirada cantora coralista do conjunto vocal da Sra. Otília Fiúza que, com pequeno grupo voluntário, participava dessa missa, ao lado do violinista Deodato Guimarães Santos.

Cabe salientar que as obras musicais de Creuza foram registradas no livro *TUA FACE É DIVINAL CANDOR*. Essa obra enriqueceu o meu conhecimento sobre o catolicismo, complementado por minha posse como membro da Academia de Letras e Artes *Mater Salvatoris*, ocupando a cadeira de Nossa Senhora da Harmonia, em 02/10/1997. Na minha experiência de aprendizado, continuo aprendendo, sem nunca me ter considerado estudiosa nem suficientemente conhecedora da área.

Refletindo sobre a formação descrita e a família constituída por mim e o meu esposo, meu sogro também participava dos atos católicos da família e minha sogra que nutria profunda fé em Deus, batizou os 11 filhos dos quais o primogênito é o meu esposo. Nossas três filhas foram todas batizadas, consagradas a Nossa Senhora e a Santo Antônio. A primeira também foi crismada. Todas estudaram no Colégio Maristas e tiveram formação religiosa no período estudantil. Entretanto, reconheço que como mãe não cuidei da religiosidade das filhas.

RELIGIÃO E RELIGIOSIDADE

  Enquanto morávamos no subúrbio de Periperi, minhas filhas aprenderam música, e a tocar flauta doce, acordeom e violão. Elas participaram do coral Leonitos Cantores de Periperi que atuava em todo tipo de evento: aniversário, show, casamento, abertura de Convenção de Lions. Em Periperi auxiliavam muito em missas na Igreja. O CL (Companheiro Leão) José Pinho compôs três missas para esse Coral. Frequentaram a Hora da Criança, Organização da Sociedade Civil sem fins lucrativos, criada como um movimento de arte educação em 25/07/1943 por Dr. Adroaldo Ribeiro Costa, pessoa admirável que conheci a partir dos 11 anos, frequentando o ginásio que ele dirigia – Colégio Estadual da Bahia, sub unidade de Itapagipe. Daí, o resultado do seu maravilhoso trabalho radiofônico apresentado pelas crianças, até conhecer o recado que elas transmitiam no palco aos adultos em peças criadas por Adroaldo, como Peças Narizinho, Timide, Monetinho, Infância e outras mais, encenadas nos teatros que existiam em Salvador: Instituto Normal da Bahia no Barbalho, e Cine Teatro Guarany, na Praça Castro Alves. A experiência vivenciada na Hora da Criança enriqueceu a formação para a vida de minhas filhas, que assim como eu aproveitaram os ensinamentos do Mestre Adroaldo e da sua equipe.

  Depois que transferimos residência para Salvador, a formação religiosa das minhas filhas continuou no Colégio Maristas. Eu e o meu marido, ambos médicos, com atividades profissionais intensas, tivemos a ventura dos casamentos de todas as três filhas terem sido realizados pelo Monsenhor José Hamilton Almeida, membro da Diretoria da Universidade Católica do Salvador e conceituado orador sacro.

10

DEUS, IGREJA E FÉ: PONTO FIXO, ANCORADOURO PARA A RESILIÊNCIA EM FAMÍLIA

Cinthia Barreto Santos Souza

> *Deus disse: Vou ajeitar a você um dom: Vou pertencer você para uma árvore. E pertenceu-me. Escuto o perfume dos rios. Sei que a voz das águas tem sotaque azul. Sei botar cílio nos silêncios. Para encontrar o azul eu uso pássaros. Só não desejo cair em sensatez. Não quero a boa razão das coisas. Quero o feitiço das palavras.*
> *É por demais de grande a natureza de Deus.*
> *Eu queria fazer para mim uma naturezinha particular.*
> *Tão pequena que coubesse na ponta de meu lápis.*
> *(Manoel de Barros, 2010, p. 440)*

Na ponta dos dedos busco a letra que escreve a grandeza de Deus. Se ela puder ser dita, historio sobre Deus. Risco a imagem do Pai que protege de todo mal e ama com poder de salvação, cura. Ele, Aquele que nos fez para a vida todos os dias, para nascer em família, sempre, mais uma vez, no futuro breve, ontem, hoje e amanhã. Digo sempre.

Deus acudiu-me, amparou-nos. Deu-nos dons, pertencimentos, imagens poéticas, abonou-me a palavra insensata e silenciosa. Fez de nós bruxos, fadas, magos capazes de fazer uma natural família particular, acontecimento narrado em uma tese chamada: *A poética da resiliência em família: vozes de dor que narram a beleza da superação.*

Um escrito que resultou de uma investigação particular, de dentro da árvore, família demais de grande, pertença extensa, da qual as vozes, não da razão das coisas, mas da poética da resiliência, ocasionaram a novidade científica. Sobre a tese, pode-se ler no resumo do texto original:

> A realidade sobre a qual o olhar investigativo desse estudo ancora-se é um ambiente familiar afetado por uma relação

> conjugal conflituosa. Nesse contexto, o desenvolvimento dos irmãos pesquisados, aconteceu. O fato destaca o objeto da resiliência, a experiência de beleza dos irmãos que, apesar da dor do sofrimento, movimentaram-se para superar angústias e recriar a vida futura. Compreenderam a dor e o sofrimento como abertura para a reescrita da existência. O pressuposto é que uma atitude poética, inventiva, a favor da própria vida faz o humano transcender a sua história (SOUZA, 2015, p. 11).

O fragmento inicial do resumo da tese aponta para o cenário da questão que mobiliza o fazer científico, destaca a beleza da experiência autoetnográfica e interesse de olhar para imagens constituídas de beleza poética e, portanto, capazes de promover o acontecimento novo, possibilidades de ressignificação de fatos vividos com sofrimento, compaixão e possibilidades. "Vou pertencer você para uma árvore. E pertenceu-me" (BARROS, 2015, p. 47). Os versos são análogos às conclusões de participantes do estudo, foram feitos para ilustrar uns aos outros, o eu e os outros. Todos pertencendo de modo particular a uma mesma história de vida comum, com narrativas diversas.

Avançando na leitura do resumo, na sequência, lê-se sobre o exercício científico:

> O exercício científico dá-se a partir da escuta sensível e reflexão introspectiva de narrativas autobiográficas como instrumento potencial de expressão e expansão da consciência de si. O caminho metodológico da autoetnografia elege o diálogo entre subjetividades distintas para ouvir, compreender e interpretar as múltiplas vozes que ressoam das narrativas, remetem a pessoa à ordenação temporal de suas experiências, enquanto (res)significa os episódios da vida. Esse procedimento evidencia o entendimento da complexa subjetividade humana a partir do olhar da analista, inserida no contexto da observação e em atitude reflexiva sobre os pressupostos construídos por ela. (SOUZA, 2015, p. 11).

"Sei botar cílio nos silêncios" (BARROS, 2015, p. 47). E deu-se a escuta do que ficou calado, não entendido por ausência de expressão, impossibilidade de diálogo com a complexa subjetividade humana. Encontro capaz de revelar os pontos fixos de apoio para superação da dor e revivência dos irmãos participantes do estudo. Entre os denominados pontos fixos identificados na pesquisa autoetnográfica: Deus, igreja e fé nos interessam no contexto desta obra.

No estudo de característica qualitativa, a leitura e a análise dos dados resultaram na compreensão: os irmãos acreditam que desenvolveram resiliência, pois aprenderam a superar dores e fazer delas oportunidade de incremento para o futuro; entendem que a superação da dor foi possível porque têm um sentido para suas vidas, uma espécie de ponto fixo de sufrágio que os permitiu buscar em solidariedade e particularmente um motivo para viverem. Eles estabeleceram como pontos fixos:

> [...] ter uma nova família; apoiaram-se um no outro de maneira solidária; adotaram na família extensa pessoas com as quais se vincularam, estabeleceram-se pertencentes a elas e as suas moradias; perseveraram pela fé em Deus e encontraram refúgio na igreja; apegaram-se à escola como possibilidade de alcançar uma vida nova e melhor; usaram recursos próprios aprendidos na relação social, cultural; refletiram a consciência de suas humanidades na relação com outras pessoas, no ciclo da vida que acontece em plenitude entre dor e felicidade (SOUZA, 2015, p. 11).

Sobre a base Deus, Igreja e fé conduziram à organização e ao entendimento de suas experiências e (res)significações dos fatos vivenciados ao longo da intricada subjetivação humana. Ao olharem a imagem de Deus, ao se instituírem igreja e cultivar a fé, ancoraram-se no futuro de possibilidades e disseram-se resilientes. Sobre outros pontos de fixação, recursos para a experiência resiliente, Deus, Igreja e fé, mostrou-se como ponto fixo comum, lugar seguro de demarcação dos irmãos. Eles narraram ter sido a Deus apresentados, desde o nascimento, como ensina a Igreja Católica Apostólica e Romana. Como afirmava a avó materna dos irmãos que cultivava o hábito de ir às missas todos os domingos, na Igreja Matriz de Santo Antônio. Católica religiosa. A neta mais velha acompanhava a avó nesse rito usual que se tornou ensinamento, herança cultural e familiar de expressão da fé na vida.

Quanto à irmã do meio, era acostumada ao ritmo diário de orações na casa das tias e bisavó: terços coletivos depois do jantar, missa na Igreja da Imaculada Conceição, novenas de Natal, visitas aos enfermos, abrigo de idosos, famílias carentes e outras atividades da igreja das quais as tias participavam rotineiramente e a menina acompanhava enquanto aprendia sobre Deus e Seu exemplo de misericórdia.

Ser imagem e semelhança de Deus, ser filha do Pai Celeste era um compromisso de vida, uma necessidade de crença em dias melhores, uma esperança, uma recompensa? Uma obrigação, uma aprendizagem sobre o bem e o bom a ser feito.

As irmãs apreenderam sobre Deus na família extensa, encontravam-se para a catequese, pois nessa tarefa de férias tia Nita era quem acompanhava as duas. Em casa, os irmãos não tinham hábitos religiosos regulares. Eles presenciavam uma fluência de inovações. Conheceram ritos de variadas procedências que eles entendiam como religiões. De consistente, ficou a crença e orientação da avó, bisavó e tias, entes da família extensa materna. Deus, fé e igreja aparecem completamente vinculados à família extensa, lugar de iniciação religiosa e referência de crença no futuro de possibilidades.

Na casa da família de origem, enquanto moraram distantes da Bahia e estando em fase de transição para a adolescência, as irmãs, por intermédio de uma colega da mais velha, frequentaram o movimento conhecido como *Encontro de Jovens com Cristo*. Nessa temporada, tiveram uma experiência de beleza que descrita em palavras, escapam relevantes informações.

Conta a irmã do meio sobre a primeira experiência do *Encontro de Jovens com Cristo* que era um dia de domingo, estavam as irmãs na praia e com elas a colega que as principiaria no movimento dos jovens católicos. A convidada diz que precisa estar em casa às 14 horas, devia arrumar-se para ir à Igreja. Ela convida as irmãs para irem juntas. Elas aceitam. Ao chegarem para o encontro, percebem-se muito crianças em relação aos que lá estavam. Mas acabam ficando.

Aqueles jovens exalavam felicidade. Cantavam lindas canções enquanto esperavam os outros do grupo. Na hora referida, em círculo e no meio da rua, oravam e partiam cantando, tocando instrumentos, movimentando o corpo coreograficamente.

> Dançando, cantando, tocando, seguiram até o Cristos (colégio onde se reuniam para o encontro). Ficamos impressionadas. Um sentimento de perplexidade, paz e alegria contagiava as pessoas que assistiam o percurso dos jovens. Dentro do colégio, em uma sala iluminada a luz de velas, sentaram-se todos em almofadas e em círculo. Agora cantavam, dançavam e oravam com emoção. Leram a bíblia, interpretaram, agradeceram e pediram. Tudo acontecia ordenadamente, sem qualquer interrupção, combinação, desconcentração. Uma cena simplesmente linda, ela começou a chorar... Eu também chorei... Fomos abraçadas, acolhidas. Meu coração batia acelerado, eu nunca tinha experimentado a presença de Deus como naquele dia. (Texto de campo, dezembro de 2013. Narrativa de uma das irmãs–SOUZA, 2015, p. 158).

Aos domingos, enquanto moraram no Ceará, as irmãs repetiram a experiência com os jovens que iam ao encontro com Deus. Da casa da amiga para o Cristo, do colégio para a missa. Eles faziam o percurso coreograficamente, cantarolavam pelas ruas da cidade, em procissão, uma alegria indescritível. O corpo, a música e a arte da palavra são para Agostinho expressões de beleza possível no âmbito da experiência humana.

Para as irmãs, o tripé em sua totalidade foi capaz de fazer eclodir o sentimento de felicidade extrema que compensava e sustentava toda e qualquer surpresa que a existência pudesse desenhar, no dia seguinte, nos próximos dias. O domingo foi consagrado ao feliz encontro com Cristo. Um outro depoimento foi transcrito:

> A missa começava quanto a gente chegava porque nós que cantávamos durante a celebração. A gente comandava tudo. A gente entrava pelo corredor central da igreja cantando: louvado seja o meu Senhor, louvado seja o meu senhor... As pessoas levantavam e batiam palmas. Eu adorava ouvir: os galhos secos de uma árvore qualquer, onde ninguém jamais pudesse imaginar. O Criador ÔÔÔ... fez, uma flor, brotar... Eu lembro de Carlinhos... Ele era lindo... (Texto de campo, dezembro de 2013, voz da irmã mais velha–SOUZA, 2015, p. 156).

Afetados por essas vivências, os irmãos estabeleceram-se cristãos e experimentaram a fé, excepcionalmente quando precisaram acreditar no futuro. Um tempo abstrato e ao mesmo tempo concreto no plano de vida da irmandade. Isso pareceu tão certo que enquanto contaram suas histórias de superação, professaram a fé em Deus, a certeza da misericórdia do Pai Celestial para com eles e a família de origem e a certeza de que sem Deus não teriam conseguido vencer as adversidades.

> Narrou o caçula: Deus, sem Ele não sei o que seria de mim. Ele tinha um plano na minha vida, na vida de vocês, Ele teve misericórdia da gente. Tudo que eu sou e tenho, agradeço a Ele. Eu precisei chegar no fundo do poço para enxergar o propósito de Deus para minha vida. Ele me livrou da maldição. O que a gente viveu, eu acredito, foi uma maldição hereditária. Deus quebrou essa maldição da família (ele diz o sobrenome da família, cita nomes, exemplos). Deus teve misericórdia de nós e quebrou essa maldição. (Texto de campo, dezembro de 2013–SOUZA, 2015, p. 156).

Ele falou com convicção sobre a maldição e sua preleção ressoou na voz da irmã mais velha. Ela também acredita na salvação, nos moldes descritos pelo irmão. Os dois tornaram-se evangélicos. Ele é pastor, foi quem primeiro converteu-se e convenceu a mãe a frequentar a igreja dele. A irmã mais velha fez a opção posteriormente. Quanto à filha do meio, manteve-se católica, diferenciando-se no que se refere à religião, mas crente em Deus como os irmãos de modo a definir Deus, Igreja e fé, um ponto fixo de ancoração para a dinâmica resiliente dos irmãos.

Essa distinção leva a crer que a formação religiosa da irmã do meio resulta da influência da família extensa, durante as férias. Ela parece fixada em ensinamentos muito sólidos que sustentam escolhas, sem permitir desvios. Ela compactua com a ideia de que Deus interceptou a continuidade de um modelo familiar conflituoso que se perpetua entre gerações, mas essencialmente entende que pode e deve clamar por Deus em todas as situações da vida porque Ele é poderoso, bom e amoroso.

Sobre o significado de Deus na história dos irmãos é dado que eles desenvolveram uma confiança enorme em alguém que tem o poder de realizar, mudar o rumo da vida, fazer novas todas as coisas. Eles expressam a fé em Deus, cada um em sua igreja e em suas casas. Em comum, contaram que fixados no poder de Deus, encontraram a força e o discernimento indispensável para a luta, a conquista, a edificação de uma vida sustentada pela oração. Para Cyrulnik (2013, p. 155), "relatos compartilhados, mitos relatados, preces recitadas lado a lado são excelentes tranquilizantes culturais".

A oportunidade de exercer a espiritualidade como condição humana possibilitou aos irmãos experimentar a dimensão da vivência da liberdade e da responsabilidade. Falar de existência, na sua dimensão espiritual, significa falar sobretudo do "ser-responsável" e do "ser humano consciente de sua responsabilidade" (FRANKL, 1993, p. 52). A dimensão espiritual mostra-se, portanto, como uma dimensão não determinada, mas determinante da existência (COELHO JR.; MAHFOUD, 2001).

Nesse sentido, Deus, Igreja e Fé foram ponto de fixação determinante para o exercício livre e responsável de tessitura da vida. "Quem está seguro na sua fé dispõe das mãos livremente e as estende para os seus semelhantes, com os quais está em comunicação existencial" (FRANKL, 1978, p.280). Para os irmãos, a fé em Deus representava ver um sentido para suas vidas e assumi-las como uma missão a ser cumprida, busca do encontro com a instância divina.

A experiência religiosa para os irmãos lhes permitiu explorar a força da dimensão espiritual (COELHO JR.; MAHFOUD, 2001). Essa grandeza nutriu a possibilidade da superação da existência humana.

O ponto de ancoragem recortado da referida tese foi aqui privilegiado em razão do interesse dessa obra em refletir sobre religião, religiosidade, espiritualidade no campo da família e por meio da narrativa autoetnográfica, recurso científico e metodológico utilizado para a pesquisa realizada, procedimento que sobrepõe ciência e arte, escrita literária, polissêmica e polifônica na qual, vozes autoras narram e interpretam o acontecimento da beleza da superação suportada em pontos de fixação.

REFERÊNCIAS

BARROS, Manoel de. **Meu quintal é maior do que o mundo**: Antologia. Rio de Janeiro: Objetiva, 2015.

COELHO JR., A. G.; MAHFOUD, M. As dimensões espiritual e religiosa da experiência humana: distinções e inter-relações na obra de Viktor Frankl. **Psicologia USP**, v. 12, n. 2, p.95-103, 2001.

CYRULNIK, Boris.**Corra a vida te chama**: memórias.Rio de Janeiro: Rocco, 2013.

FRANKL, V. E. **Fundamentos antropológicos da psicoterapia**. Rio de Janeiro: Zahar, 1978.

FRANKL, Viktor. **Em Busca de Sentido.** Um Psicólogo no Campo de Concentração. São Paulo: Vozes, 2011.

FRANKL, Viktor. **A presença ignorada de Deus**. Petrópolis: Vozes, 1993.

SOUZA, Cinthia Barreto Santos. **A poética da resiliência em família**: vozes de dor que narram a beleza da superação. 174 f. Tese (Doutorado em Família na Sociedade Contemporânea) – Universidade Católica do Salvador, Salvador, Bahia, 2015.

11

RELIGARE: UMA AUTOETONOGRAFIA DA RELIGIOSIDADE

Wanderlene Cardozo Ferreira Reis

O ser humano é de uma complexidade sem igual neste planeta Terra! Por isso, falar sobre religião, religiosidade e espiritualidade traz em si sua própria dificuldade. Um terreno minado, em que as crenças e valores de cada um se entrecortam com as crenças e valores de outros tantos bilhões de sujeitos humanos.

Quando estudava a história da arte rupestre me deparei com vários dilemas que não eram artísticos, mas sim científicos. O homem primitivo não nos legou documento escrito algum, mas a partir de seus desenhos nas paredes de cavernas, os "cientistas" se deram ao trabalho de interpretá-los! Então se colocavam a questão: esses desenhos são as primeiras formas de representação de um "religare" com o divino e o transcendental? As respostas serão apenas, para sempre, conjecturas.

Nesse aspecto, discuto neste breve ensaio o nascimento de minha própria religiosidade e o sentido que tem para minha família extensa, a nuclear e a mim mesma.

Nasci no berço de uma das religiões de matriz afrodescendente – o candomblé. Terceira filha e primogênita mulher de 13 irmãos e irmãs, marco a primeira geração de filhos de Seu Orlando e Dona Anelice. Essa herança religiosa veio do lado paterno. E como no início da formação familiar, meus pais e seus primeiros filhos foram acolhidos por essa mãe (avó e filha-de-santo), residentes numa localidade atrás da famosíssima Igreja do Bonfim, conhecida como Estaleiro do Bonfim.

Nesse período lembro-me de dois episódios ocorridos comigo quando visitava a casa dessa avó: eu sempre me sentia mal lá, e todos diziam que eu estava "de olhado", então minha avó fazia benzeduras com folhas; numa ocasião próximo aos festejos do 2 de Julho, minha avó pediu para minha mãe deixar eu participar como a "cabocla" no desfile, porque eu tinha o perfil–cabelos pretos e longos e a descendência indígena– o que foi negado, deixando a pobre avó frustrada.

Desse modo, essa influência religiosa paterna não durou muito tempo. Minha mãe, mesmo muito jovem, fez valer sua independência psíquica, ainda que dependesse financeiramente da família extensa, seja com a acolhida na casa (dessa avó) ou do trabalho e renda do marido (meu pai), não permitindo assim que o legado cultural e religioso se impusesse para sempre na vida de seus filhos.

Por muito tempo, ainda que minha avó frequentasse um Terreiro mais próximo à nossa nova residência no Subúrbio Ferroviário de Salvador e fosse nos visitar esporadicamente, a "nossa" religião era a católica. Acho que mais no nome que na frequência. Íamos poucas vezes na Igrejinha próxima à nossa rua. Na maioria das vezes só participávamos de quermesses e outros eventos similares. Fui batizada no catolicismo, meus irmãos da primeira geração também os foram. Frequentei a casa dos meus padrinhos até a adolescência.

A partir da formação do segundo grupo de irmãos e irmãs, na década de 1980, eu já no início da adolescência comecei a frequentar junto à minha mãe uma igreja neopentecostal, a conhecida Igreja Universal do Reino de Deus, localizada na antiga Fábrica de Roupas Celi, em Plataforma. Esse período marca o total rompimento dos meus progenitores com as religiões católica e da matriz afro-brasileira. A partir daí, todos os vestígios de comunhão com a religiosidade do candomblé ficaram esquecidos, seja nas diversas festas de caruru de sete meninos realizadas por Dona Naná, minha avó, ou por outras vizinhas que também pertenciam a essa religião.

No entanto, foi somente na fase adulta jovem da minha vida, já casada, na década de 1990, que passei a frequentar a Igreja Internacional da Graça de Deus, muito conhecida atualmente. Junto à minha mãe e a alguns irmãos e irmãs. Mãe sempre levava os filhos menores, normalmente aos domingos. Também eu fiz o mesmo com meu primeiro filho. Não havia batismo na infância, mas todas as crianças deveriam ser "apresentadas" a Deus. Uma espécie de ritual em que os pais levam seus filhos a uma igreja evangélica, na qual frequenta e apresenta-os ao pastor após o culto de orações, esse faz uma oração impondo as mãos na cabeça da criança. O batismo nas águas só é permitido para adolescentes já próximos à maioridade e com frequência assídua na congregação. Vale ressaltar que meus filhos não foram batizados na Igreja Católica, como era de costume, mesmo que os progenitores não frequentassem tal denominação religiosa.

Assim, alguns hábitos precisaram ser modificados, como, por exemplo, o do batismo com padrinhos e madrinhas ainda na primeira infância, rezar ajoelhado diante de uma imagem de santo/santa–dogmas católicos – e, também, comer caruru de "santo" como é chamado a festa do candomblé, ou mesmo as balas doces que são oferecidas às crianças no dia de São Cosme e Damião. Nada disso fazia mais parte de nossas vidas.

Sobre o desencantamento religioso e por uma busca mais autêntica da espiritualidade

No período do nascimento do meu segundo filho (a partir do ano de 2002), a frequência na antiga congregação já vinha se tornando escassa. Ele nem sequer fora "apresentado a Deus" como de costume.

De acordo com Pierucci (2003, p. 7), o *desencantamento* no sentido literal se refere "ao mundo da magia" e quer dizer literalmente "quebrar o encanto". Penso que foi isso que aconteceu comigo literal e metaforicamente falando e muito provavelmente com a minha mãe, pois nós abandonamos há muito tempo a frequência à Igreja Evangélica. Mas isso não quer dizer que abandonamos nossa "fé", nossas crenças continuam intactas, ainda que discordemos de alguns dogmas mais pragmáticos, principalmente em relação aos "não crentes". Antes havia um desejo de conversão do outro à nossa religião, achávamos que era a melhor "saída" para enfrentarmos os problemas mundanos que nos cercam, e questões como acesso ao céu ou ao inferno após a morte, dentre outras.

Não penso que tenha havido uma *desmagificação* nos termos weberianos, pois não houve perda de sentido (CARDOSO, 2014), mas sim perda de significado. O que significa estar dentro de uma igreja com a bíblia nas mãos? Isso é ser "crente"? Perdemos a crença nos homens–os pastores das igrejas pentecostais e neopentecostais –, mas não em um Deus sublime e bom para com todos e que está em todo lugar e, portanto, em toda e qualquer religião. Perdemos a crença na intolerância camuflada de obediência à Lei Divina que alguns religiosos vivem pregando. Voltaire no capítulo XIV, ao explicar "se a intolerância foi ensinada por Jesus Cristo", resumindo se questiona: "se é a tolerância ou a intolerância que é de direito divino?" Ele mesmo responde: "Se quereis vos assemelhar a Jesus Cristo, sede mártires e não carrasco" (VOLTAIRE, 2000, p. 90).

É isso que nos move, ao menos falando por mim mesma, buscar a tolerância, que só está sendo possível pelo abandono da religião e o encontro com a espiritualidade.

Referências

CARDOSO, Matêus Ramos. O desencantamento do mundo segundo Max Weber. **Revista EDUC,** Faculdade de Duque de Caxias, v. 1, n. 2, jul./dez.2014.

VOLTAIRE. **Tratado sobre a tolerância:** A propósito da morte de Jean Calas. 2. ed. Tradução de Paulo Neves. São Paulo: Martins Fontes, 2000.

12

FAMÍLIA E RELIGIÃO

Joana Darc Silva Santos

Em família o olhar sobre o outro tem a finalidade de revelar sua identidade. Lança-se uma expectativa de ser antes do nascimento de cada membro. Cada criança passa a carregar em si olhares e desejos familiares que passam a moldar seu comportamento.

Quando o discurso religioso orquestra esses olhares, a expectativa identitária pauta-se na crença da existência do divino que articula as normas do núcleo familiar; equalizando atitudes e ações por meio de um discurso normativo sobre o modo correto de agir e estar no mundo. E, ao mesmo tempo, esse mesmo discurso ancora o desconhecimento e a expectativa de cada um sobre o futuro na Providência Divina.

A fé fornece a crença na infalibilidade do Poder Divino que se sobrepõe à ignorância humana sobre os eventos do amanhã e seus desdobramentos e a maneira correta de agir. Assim, acredita-se que Deus agirá de modo a ajeitar o que humanamente parece impossível.

Minha família desde meus avós pratica o catolicismo. Eu e meus irmãos fomos embalados pela fé cristã. Um contato que se iniciou, para mim, antes mesmo que nascesse. Meu nome foi escolhido por um sacerdote amigo particular de meus pais. Ambos gostavam de relatar esse fato. Ele escolheu o nome e avisou que seria uma menina num tempo em que o nascimento era uma surpresa. Não havia como saber antes do momento do parto o sexo de um bebê. Fui seduzida pela história da heroína francesa que muito me encanta até hoje, cujo mesmo nome recebi: Joana D'Arc.

Meu pai era um excelente contador de histórias e sempre gostou de nos mostrar que a fé caminha com a vida e que o poder de Deus manifesta-se no cotidiano em nossas necessidades. Sempre nos dizia que sol, chuva e graças divinas caem do céu para todos, mas é preciso colocar-se disposto para recebê-las; ou seja, fazendo a parte que nos cabe em cada empreendimento que iniciarmos. Essa lição me acompanha e, ao mesmo tempo, também me acalenta. Pude ver a tenacidade de meu pai e sua perseverança diante de muitos dilemas que teve de resolver. Talvez o mais difícil tenha sido relatar para minha mãe sua traição. Para nós nunca mencionou.

Minha mãe confidenciou para mim. Na época, o que mais me chamou atenção foi a decisão que ela disse que ele tomou diante da confissão feita. Ele assumiu seu deslize e foram essas suas palavras: *"Tenho fé em Senhora Santana que nunca mais farei de novo"*. E, de fato, enquanto meu pai viveu minha mãe não soube de mais traições. Esse fato magoou meus pais, mas suas reverberações foram pouco ou quase nada percebidas por nós. Sempre tive um pai presente e que muito me acolhia. Para muitos pode parecer ingênuo confiar ao Sagrado a efetividade de uma decisão humana.

Porém, se há fragilidades, a força divina torna-se força que sustenta e encoraja a seguir em frente. Não sei se meu pai poderia ter abandonado sua família. Difícil saber por que percebo sua integridade entrelaçada pelos princípios cristãos como uma unidade inseparável. Eu o via rezar com seus livros, ir à missa aos domingos, participar do novenário da padroeira, emprestar dinheiro e não cobrar de volta. E talvez alguém se pergunte e se era assim: por que traiu a esposa?

A resposta repousa na condição humana que é frágil. Somos dependentes do outro para ser e viver. Esse outro pode decidir ou não nos ajudar. E é, talvez, por conta dessa percepção de fragilidade que alguns colocam no divino sua dependência, esperança e sentido para existir. O divino, na ausência da presença humana, pode fornecer auxílio como também valer-se do humano para manifestar-se como apoio e ajuda.

Curvar-se diante dos inesperados eventos da vida se reconhecendo pequeno, pode tornar as pessoas menos pretensiosas. A crença cristã também lança o olhar dos fiéis para a eternidade, acalentando as saudades por aqueles que já se foram com a doce garantia de que se possa revê-los. Ela também reacende em cada crente, a viva esperança de que morrer é passagem, e que tudo passa, inclusive os ressentimentos.

13

O MAR, AS ONDAS E O CAIS: REFLEXÕES SOBRE ESPIRITUALIDADE E AUTOCONHECIMENTO

Maura Espinheira Avena

A incessante busca pelo aprofundamento e/ou ampliação de uma consciência espiritual, a meu ver, pode ser comparada ao momento em que uma onda emerge e quebra no mar. Nasce de modo tímido, vai num crescendo constante em direção ao céu (ou infinito) e, quando em seu ápice, retrata a transparência translúcida que ilumina tudo com seu brilho irradiante. Em seguida, curva-se ao mistério das águas onde fluem ancestralidade e memória, para depois se desfazer em espumas, diluindo-se no universo das experiências e representações dos mundos diversos, ressurgindo com maior ou menor intensidade no momento posterior.

Partindo do que me foi possível aprender, desaprender e reaprender ao mergulhar nas ondas que não cessam de ir e vir nesse vasto e misterioso mar, um sentimento (ou seria intuição?) vem me tomando insistentemente. Na tentativa de traduzi-lo surge a ideia de que não há como dissociar espiritualidade de autoconhecimento e vice-versa e, portanto, da ação-reflexão de si sobre si mesmo e de si sobre os outros e o mundo. A possibilidade de acessar o nosso "eu" mais profundo, associada à espiritualidade, abre caminhos mais lúcidos para a visão de si, do outro e da realidade, e da totalidade contida nas relações entre esses particulares universos. Contudo, esse processo acontece efetivamente, quando é possível atribuir sentido as experiências vivenciadas ou, pelo menos, aquelas experiências mais significativas. Nessa perspectiva, considero a espiritualidade como uma força transformadora.

Este texto é, sem sombra de dúvida, uma tentativa de compartilhar parte desse processo transformador em mim e para mim, antes mesmo de se configurar como produto das reflexões e ressonâncias dos estudos sobre religião e espiritualidade do grupo de pesquisa FABEP que, por meio de seu método, a autoetnografia colaborativa, proporciona um caminho que mapeia a compreensão dos fenômenos de modo complexo, multidisciplinar e inclusivo, tanto do ponto de vista teórico-metodológico quanto do ponto de vista grupal, quando inclui as diferenças e semelhanças entre os membros do grupo no que se refere não apenas às suas áreas de conhecimento e formação, mas também a suas crenças, religiões, valores etc. Em tempos de tanta rigidez, estereótipos e preconceitos, essa é uma experiência única.

Reitero a relevância e o significado desse caminho não só para alcançar respostas na e para a pesquisa, mas, fundamentalmente, para cada membro do grupo enquanto sujeito de conhecimento e aprendizagem e, evidentemente, para mim também enquanto "buscadora", no sentido de abrir portas para um novo reencontro comigo mesma, no que diz respeito à complexa e intrigante relação entre autoconhecimento e espiritualidade. Assim:

> A todos nos interessa reconhecer o que somos, profundamente, porque nos interessa a realização, a nossa realização enquanto pessoas. Então trata-se de aprender os elementos essenciais do nosso ser, aprender a reconhecer que somos exigência de felicidade, exigência de realização, de conhecimento, por exemplo, não como um setor isolado da vida, mas como expressão de uma exigência fundamental do nosso ser (MAHFOUD, 2012, p. 30).

Em sua obra intitulada *Experiência elementar em Psicologia – aprendendo a reconhecer* (2012), o professor e pesquisador Miguel Mahfoud chama atenção para a noção de experiência elementar, de fundamental importância não só para o campo da Psicologia, mas para outras áreas do conhecimento, como a Psicologia Social, a Sociologia, a Antropologia etc. Esse e outros conceitos ou categorias que têm relação com ele apontam para a ideia de que os caminhos para o autoconhecimento passam pelo reconhecimento das nossas necessidades originárias de amor, justiça e liberdade, por exemplo. Isso tem relação com nossa essência enquanto seres humanos imperfeitos e em permanente processo de aprendizagem e construção.

Penso que esse conceito parte da própria experiência do professor Miguel Mahfoud, partilhada em testemunho recente no grupo de pesquisa Família (auto)biografia e poética – FABEP –, e contribuiu sobremaneira para amplificar a minha compreensão acerca da temática aqui exposta e das reflexões sobre ela e, consequentemente, compreender mais sobre esse movimento de ir e vir nas ondas desse mar, nesse espaço-tempo de pandemia e isolamento social (mundo externo) e passagem do meio[1] (mundo interno). Me senti muito tocada. Para usar uma palavra que aprecio muito: comovida.

> [...] **comover** vem do Latim *commovere*, "mobilizar, mover conjuntamente", formado de *com-*, "junto", mais *movere*, "mexer, deslocar, mover". Uma pessoa **comovida** é alguém que foi retirada do seu estado natural pelo esforço de outros, mesmo que eles não estejam muito desejosos de fazer isso (ORIGEM DA PALAVRA, 2021).

Acredito que esses momentos em que somos "tocados", que muitas vezes são breves, mas potentes, nos conduzem um pouco mais em direção ao infinito, em direção a Deus, por assim dizer, ao mesmo tempo que nos movem em direção a nós mesmos e a quem realmente somos em nossa essência. Arrisco dizer que são lampejos ou momentos de iluminação. Quando a luz do outro desperta a nossa própria luz e nos mostra outras possibilidades de enfrentar os desafios da existência. E, no momento presente, o que não faltam são desafios; desafios que envolvem e comprometem as dimensões pessoal, relacional e social, que requerem um novo olhar e uma nova atitude diante da vida cotidiana.

Embora mais aceso em mim no atual momento, esse movimento dialético entre conhecimento, autoconhecimento e espiritualidade teve seu ponto de partida lá atrás, a partir da criação e educação em uma cultura de tradição católica, tanto na família quanto na escola (estudei no colégio Teresa de Lisieux). Certamente foi essa vivência, sobretudo por meio da família de origem materna, que abriu portas para pensar, sentir e acreditar em uma dimensão espiritual para além da dimensão material da vida (para além das condições concretas de existência).

E quando falo de "cultura de tradição católica" me reporto ao pensamento de Sanchis que, após trazer uma definição do conceito de cultura em seu texto *Cultura Brasileira e Religião... Passado e Atualidade...*, afirma que a cultura tem tudo a ver com religião, tendo em vista que

> [...] a religião também pretende fornecer ao ser social uma visão do mundo – uma representação particular, com suas categorias próprias, que torna o mundo intelectual e emo-

---
[1] "A passagem do meio é mais uma experiência psicológica do que um evento cronológico. [...] ocorre quando a pessoa se vê obrigada a encarar a sua vida como algo mais do que mera sucessão de anos. [...] A passagem do meio tem início quando o indivíduo se vê obrigado a formular novamente a pergunta sobre o significado que percorria a imaginação da criança, mas que foi apagada com o passar dos anos. [...] Novamente a passagem do meio começa quando perguntamos: quem sou eu além da história e dos papeis que representei?" (HOLLIS, 2008, p. 24-25).

> cionalmente apreensível (Deus, deuses, orixás, anjos, santos, criação, congregação, igreja, autoridade, verdade...) (SANCHIS, 2008, p. 77).

Sem dúvida, o catolicismo teve um forte impacto como base para a minha formação moral e de valores éticos, como também para minha experiência inicial no caminho espiritual, sobretudo pela sustentação e inspiração no Cristianismo e seus princípios. Aliás, ainda hoje considero o Cristianismo uma inspiração para o caminho espiritual, mas não me considero católica e não faço parte ou pertenço a nenhuma religião. Busco respeitar todas elas e conhecer um pouco mais sobre algumas que exercem um fascínio enorme sobre mim, como o Candomblé e o Budismo. Por isso me considero uma buscadora, porque acredito no mistério, e que a fé é aberta à dimensão do mistério. Assim, também me considero mística. Símbolos, signos, santos(as), imagens, entidades, ritos, contas, rodas e mantras me interessam muito! Tudo e todo conhecimento e amor que podem me levar (e elevar) ao sagrado. Como as palavras do admirado xamã Canção estrelada, que narra em suas histórias a sabedoria ancestral do seu povo:

> As escolhas são as únicas ferramentas que temos para exercitar a espiritualidade. Não há outra, daí o seu valor. Através delas você aprende absolutamente tudo que precisa: a diferenciar o bem do mal; a essência da aparência; a justiça das leis; que para ser grande é necessário ser verdadeiramente humilde; que os verdadeiros revolucionários são mansos, pois sabem que as transformações que mudam o mundo são interiores; que sem pureza no coração não existe vitória; que é impossível ser feliz sem perdoar; que sem compaixão não existe vida em comum; que sem renúncia não se pode amar e, por fim, que sempre é possível escolher diferente e melhor (YOSKHAZ, 2015, p. 105).

Nos últimos anos tenho buscado também conhecer mais de perto o movimento espiritual Brahma Kumaris, que pode ser considerado, de modo bem sucinto, como um movimento espiritual mundial dedicado à transformação pessoal e à renovação do mundo. Nesse caminho se dá o estudo do conhecimento espiritual e práticas de meditação que, de um jeito ou de outro, sempre estiveram presentes em algumas de minhas vivências desde a juventude, como possibilidades para a expansão da espiritualidade.

Relembro uma dessas importantes experiências, quando do ingresso em um grupo espiritualista que se reunia semanalmente na casa de uma de suas integrantes, uma instrutora de Yoga e meditação, para realizar estudos e práticas voltados para o aprofundamento na e da vida espiritual. Esse grupo era orientado por uma mentora ou, como ela mesma disse que poderia ser chamada na época, mãe de santo, embora eu não me lembre dela ou de qualquer outro membro do grupo fazer referência ou nomear o grupo como adepto à Umbanda ou ao Candomblé. O mais relevante eram as trocas entre os membros, relativas às suas experiências e aos estudos realizados, às orações e às meditações.

Um dos estudos e práticas aí desenvolvidos, sempre sob a orientação da líder espiritual, era o oráculo de cristais (pedras). Esse oráculo de cristais ou de pedras tinha como propósito realizar uma interpretação das pedras em suas quantidades, formas, cores e tipos, e a partir do padrão que elas caíam quando jogadas em cima de uma toalha de mesa. Tal método de leitura e interpretação com pedras remonta a Litomancia, prática utilizada há muitos e muitos anos por vários povos para prever o futuro, associando as pedras a elementos da natureza, aos planetas, a divindades etc. Eram utilizados vários tipos de pedras ou cristais, como: quartzo rosa, quartzo verde, citrino, olho de tigre, turmalina, jade, pedra da lua, pedra do sol, hematita, cristal, granada, pirita etc. E para iniciar os estudos e a prática dentro do próprio grupo, cada componente compunha o seu próprio conjunto contendo 21 pedras (de tipos e formatos diversos). A seguir compartilho duas fotos das minhas pedras, que estavam muito bem guardadas na gaveta de memórias.

Figura 1 – Imagens de Pedras – Gaveta de Memórias

Fonte: acervo da autora

Diante dessa bela recordação para mim e do que ela representou em minha busca (e lá se vão mais de 20 anos), não posso deixar de reverenciar algumas palavras do professor José Antônio Saja quando, ao discutir sobre o tema: ética, religião e espiritualidade, afirma: "Deus apela para nossa autenticidade. O que Deus quer é que sejamos autênticos. O eu mais profundo em nós é **DEUS**" (SAJA, 2010). Nessa perspectiva, o professor Saja traz uma maneira particular de compreender Deus, evidentemente calcada em seu vasto conhecimento e experiência, indicando um caminho para compreendê-lo e alcançá-lo que, em minha interpretação, não tem relação alguma com religião, mas tem toda relação com autoconhecimento e espiritualidade.

Hoje me sinto muito atraída por essa perspectiva por se tratar de uma perspectiva libertadora, embora não menos comprometida com um caminho mais humano e genuíno em relação à busca espiritual e aos compromissos éticos, estéticos, poéticos e políticos que, a meu ver, não podem estar desarticulados dessa busca. Quando escutamos o nosso eu mais íntimo e mais profundo, abrimos caminho para Deus em nós e para a construção de uma nova relação conosco e com o mundo. Uma relação mais verdadeiramente inteira e original.

> Não receio ser muito espiritual ou muito humano. Receio não ser nem um nem outro ou não ser o bastante. Receio faltar humanidade em minha busca de Deus e faltar espiritualidade em minha vida cotidiana. [...] Um homem inteiro é também um homem que, após ter fugido de sua sombra ou tê-la negado, acaba por aceitá-la e amá-la como a si mesmo. (LELOUP, 2003, p. 8).

Antes de encerrar, gostaria de dizer que acredito que o contexto pandêmico e todos os possíveis medos e incertezas gerados a partir dele nos impulsionaram a olhar mais para nós mesmos e para os que convivem conosco e, por esse motivo, acredito que o processo de interiorização para pensarmos a nós próprios e os nossos propósitos de vida se fizeram mais presentes. Por outro lado, também tiveram os que não fizeram esse caminho, com toda certeza, até porque muitos não tiveram nem esse tempo ou essa chance porque, infelizmente, foram mortos pela Covid-19, e muitos outros não puderam e não conseguiram porque seu tempo esteve voltado para trabalhar e buscar as condições de sobrevivência e a satisfação de necessidades básicas, assim como a superação das adversidades causadas pela crise sanitária e econômica agravadas pela pandemia.

Eu não tenho dúvidas de que para muitas pessoas professar a fé por meio de alguma religião foi um alento nesse período. Para mim, a busca pelo aprofundamento da espiritualidade associada ao autoconhecimento foi a possibilidade de reparar grande parte da dor causada pelo inesperado, do medo da morte e da falta de conexão e solidariedade. Foi também o reencontro com o eu de mim, me transformando para permanecer eu mesma. Reencontro com a poesia, que sempre me devolvia a alegria, depois da tristeza. Finalizo aqui com ela...

CAIS
(Milton Nascimento, 1972)
Para quem quer se soltar
Invento o cais
Invento mais que a solidão me dá
Invento lua nova a clarear
Invento o amor
E sei a dor de encontrar

Eu queria ser feliz
Invento o mar
Invento em mim o sonhador

Para quem quer me seguir
Eu quero mais
Tenho o caminho do que sempre quis
E um Saveiro pronto pra partir
Invento o cais
E sei a vez de me lançar

REFERÊNCIAS

HOLLIS, J. **A passagem do meio**: da miséria ao significado da meia idade. São Paulo: Paulus, 1995.

LELOUP, Jean Yves. **O Absurdo e a Graça**. Campinas, SP: Verus Editora, 2003.

MAHFOUD, M. **Experiência elementar em psicologia**: aprendendo a reconhecer. Brasília: Universa, 2012.

ORIGEM da palavra. **Tia Odete é homenageada**. Disponível em: https://origemdapalavra.com.br/palavras/comover/. Acesso em: 29 out. 2021.

SAJA, J. Antônio. **Professor Saja:** conversa com Vitória Barreto sobre espiritualidade, ética e religião. 2010. Disponível em: https://www.youtube.com/watch?v=zHGtG_e0Bs4&t=6s. Acesso em: 20 set. 2021.

SANCHIS, Pierre. Cultura brasileira e religião... passado e atualidade... **Cadernos CERU**, série 2, v.19, n.2, dez. p. 71-92, 2008. Disponível em: https://doi.org/10.1590/S1413-45192008000200005. Acesso em: 20 maio 2020.

YOSKHAZ. **O poder das escolhas.** Instituto Yoskhaz, Editora Significado, 2015. Disponível em: https://yoskhaz.com/pt/2015/12/08/o-poder-das-escolhas/. Acesso em: 28 out. 2021.

14

RE-LIGARE

Sumaia Midlej Pimentel Sá

Alô meu Deus
Fazia tanto tempo que eu não mais Te procurava
Alô meu Deus
Senti saudades Tuas e acabei voltando aqui
Andei por mil caminhos e como as andorinhas
Eu vim fazer meu ninho em tua casa e repousar
Embora eu me afastasse e andasse desligado
Meu coração cansado resolveu voltar
Eu não me acostumei nas terras onde andei
Alô meu Deus
Fazia tanto tempo que eu não mais Te procurava
Alô meu Deus
Senti saudades Tuas e acabei voltando aqui
Gastei a minha herança, comprando só matéria
Restou-me a esperança de outra vez te encontrar
Voltei arrependido, meu coração ferido e volto convencido que este é o meu lugar
Eu não me acostumei nas terras onde andei.
(Alô meu Deus, Pe. Zezinho SCJ)

Como começar a escrever sobre religião e religiosidade... difícil... a religião na minha vida acredito ter vindo antes da religiosidade, chegou na minha vida sem que eu efetivamente percebesse, mas se tornou uma fonte de apoio e cuidado no momento em que não me sentia cuidada.

Venho de uma família em que a religião sempre foi pronunciada, porém poucos a vivenciavam. Ao responder à pergunta que muitos faziam, "qual a sua religião?", era dito por todos e todas as pessoas da família: católica! Porém, nem todos vivenciavam os rituais, frequentavam as missas. Estava também presente o sincretismo religioso, era muito natural se dizer católico, mas frequentar centros espíritas. A única coisa que ninguém deixava de fazer era batizar os filhos. O casamento na Igreja não era percebido por todos como sacramento, e sim como uma forma de justificar a união à sociedade.

No início da adolescência, experimentei um período familiar conturbado. Nessa época, vivenciamos a depressão materna, que fez com que esse momento se tornasse solitário e sentido como um "abandono". Foi nessa época que as coisas começaram a mudar... O Deus que conhecia, e me foi apresentado pela minha avó, o "papai do céu", mudou para o Deus Pai que tinha o Deus Filho, que era meu amigo, com o qual eu conversava sobre tudo da minha vida. Esse Deus me era muito próximo.

Não sei ao certo como se deu a minha aproximação com Deus, quando vi, já estava com os colegas da escola participando de um grupo de jovens da Igreja, o grupo chamava-se Apav(Adolescentes Procuram Amor e Verdade). Nossa, como gostava de estar nesse grupo! Hoje percebo que ali comecei uma nova forma de ver a vida, de viver. Nunca fui o que as pessoas chamam de beata, embora, como sempre acontece na minha vida, o que me proponho a fazer ou onde me proponho a estar, tento fazer e estar completamente.

Passava minhas tardes de sábado nas reuniões do grupo que sempre finalizava com a missa das crianças. Éramos responsáveis pelas músicas e algumas vezes pelas historinhas contadas para as crianças no momento equivalente à homilia. No grupo me incluía em todas as propostas de trabalhos, reuniões, encontros. Fiz o Mini TLC (Treinamento de Líderes Cristãos), trabalhei no Mini-mini TLC (para crianças), e foi no grupo de jovens que exerci pela primeira vez uma coordenação.

Nessa época a religião se fazia muito presente na minha vida e, em determinado momento, participei de um encontro vocacional. Isso abalou de alguma forma meus pais, pois eles nunca imaginaram uma filha freira. Senti a preocupação deles comigo, minha mãe não desejando que isso se concretizasse, e meu pai achando interessante, pois, segundo ele, eu ficaria "sempre por perto", talvez permanecendo no "colégio de freiras" da minha cidade. Ocorreu que eu, na época, era muito jovem para ingressar na vida religiosa e, quando alcancei a idade permitida, já não tinha mais esse desejo.

A religião na minha vida tem uma ligação muito forte com o adolescer no interior, suas vivências e, principalmente, a convivência. Aos 15 anos, já morando em Salvador, voltei ao interior para comemorar meu aniversário com uma missa na igreja que eu frequentava e com todo o grupo de jovens. Foi emocionante! Fui crismada (confirmei meu batismo), escolhi como minha madrinha a nossa coordenadora, e ela sempre foi a única a quem chamo de dinda.

Quando saí do interior, fui me distanciando da religião, não encontrei na capital o mesmo acolhimento, as pessoas eram diferentes, a cidade era diferente, havia deixado lá no interior um modelo de vivenciar a religião, e não consegui encontrar aqui nada parecido, e fui me distanciando também das coisas de Deus e dEle próprio. Isso aconteceu de uma maneira que não consigo identificar nem quando ocorreu nem o real motivo.

A religião nesse momento, passou a fazer parte da minha vida com o mesmo modelo vivenciado pela minha família: ia esporadicamente à missa, e, embora continuasse gostando do ritual, não sentia a necessidade de estar próxima a todos os rituais. Porém, Deus ainda era meu porto seguro, nunca duvidei da sua existência, nunca pensei que Ele era um pronto socorro. A religião, na minha vida, nunca foi ditadora de regras do que é permitido ou não é permitido, toda a vivência religiosa me dava a segurança de que Deus era amor e Aquele que ama acolhe, aceita e entende a pessoa amada. Esse sempre foi o meu Deus! Mesmo assim, fui me afastando da religião...

Mesmo distante dos ritos religiosos, fiz questão de me casar "na igreja, com tudo que tinha direito": vestido de noiva, padrinhos, festa e benção de Deus. Batizei meus dois filhos, e foram eles de alguma forma que fizeram aflorar minha religiosidade e, consequentemente, com que me aproximasse novamente da religião. Episódios que aconteceram na vida deles e na minha como mãe me colocaram frente à necessidade de me ligar ao Ser Superior, ao primeiro e principal cuidador, ao Amor Maior. Aflorou minha religiosidade, foi um **re-ligare,** que me ligou novamente e mais fortemente a Deus.

NÃO RELIGIÃO

Rita da Cruz Amorim

Em 2021, no grupo de pesquisa Família (Auto) Biografia e Poética, embarcamos no projeto sobre o estudo da(s) religião(ões). Na navegação, ancoramos diversas vezes para receber as pessoas convidadas que enriqueceram os nossos encontros com discussões acerca de teorias e de suas próprias experiências com e na religião.

Cada integrante, na sua medida, seguia a viagem mais potente ou mais inquieta com as descobertas e com o alargamento de pontos de vista. A cada ancoragem, as comandantes lançavam questões para nós, navegantes, vislumbrando o aprofundamento e a discussão. Nesse percurso, o barco foi ancorado para discussões acerca do candomblé, do espiritismo, do protestantismo e de experiências sobrenaturais.

Na emergência das acaloradas conversas com ou sem a pessoa convidada, somente entre nós, uma das comandantes abordou a questão do nosso reencantamento, o que me levou à autorreflexão sobre o reencantar, e eis que emergiram experiências da minha infância e adolescência. Revivi as memórias de criança ao recordar as vivências com as minhas avós materna e paterna e, na adolescência, as lembranças–por que não dizer–da minha busca pessoal, dentro dos limites que me eram ofertados naquele momento.

Convivi com os ensinamentos das rezas oriundas do catolicismo: Pai Nosso, Ave Maria, Santa Maria... Aliados a um altar na sala de minha avó materna que abrigava santos católicos, orixás, pedras preciosas e retratos de familiares e amigos, onde rezávamos, acendíamos velas e incensávamos... Era uma fase de encantamento e interrogações que somente agora, adulta, possuo algumas respostas, não todas, pois meus/minhas ancestrais foram duramente violentados(as) em sua fé/religião. A minha afirmativa vai ao encontro do que diz Sanchis (2020) sobre o sincretismo e das palavras de Munanga (1999) sobre negociação, nas minhas palavras, ainda não sei, fico dividida entre os dois.

Afirmo tal violência, fortalecida pelas trocas com a minha amiga e professora, estudiosa do Candomblé, Raquel Portela. Existia/existe um silenciamento sobre as religiões de matriz africana, mesmo com a prática de alguns ritos, que com o tempo fui me dando conta do que se tratava... Foi-me negado o direito de saber a que nação do candomblé pertenciam meus/minhas ancestrais, por exemplo, pois os negros e as negras escravizados(as) vieram de locais diferentes, mas conviviam nas mesmas senzalas; consequentemente, aqui entre nós, se instalaram mistura de cultos para a sobrevivência. Seria a nação dos(as) meus/minhas ancestrais Ketu? Angola? Jêje?

Em minha adolescência, naveguei profundamente na religião católica, por meio de grupo de jovens e da aproximação com os padres da época que celebravam a missa na comunidade rural que pertenço na cidade de Conceição da Feira, Bahia, Brasil. Foi um período de descobertas, encontros, aprendizagens e silenciamentos somente descobertos na maturidade e a partir de estudos. Ainda possuo a concretude daqueles tempos por meio da padroeira da capela do povoado que vivi, a capela de Santa Rita. O nome da santa padroeira foi ideia de padre Áureo, que fez uma homenagem a mim. Pasmem! Ele decidiu, por entender que eu era uma líder naquela comunidade.

Foi um período de aprendizagens sobre a religião católica e, sobretudo, um momento para compreender o que seria viver em comunidade. No entanto, também foi um período de interrogações, apesar do convencimento, pois era orientada pelos padres que trabalhavam conosco a fazer as pessoas declinarem de suas crenças no candomblé para seguirem somente a religião católica. Aqueles(as) que historicamente possuíam um pé fincado no catolicismo, principalmente no que tange a frequentar a missa, e o outro pé no candomblé, com a prática de rituais de modo velado, eram orientados(as) a não frequentarem a missa e a não receberem os sacramentos da igreja católica. Confesso que pratiquei esse diálogo de convencimento por diversas vezes com aquele povo, hoje busco superar esse tempo com diálogo, no qual afirmo e defendo que cada um(a) professe a sua religiosidade e espiritualidade, de acordo com o que lhes dar sentido à sua vida.

No final da adolescência, ingressei na universidade e, por diversos motivos e muitos questionamentos, me afastei da igreja católica, apesar de sempre responder, quando questionada sobre a minha religião, até hoje, que sou católica.

Apesar desse afastamento, participava esporadicamente de missas e sempre estive presente nos rituais católicos, pois me encantam. Nesse tempo, por meio de amigas, conheci um pouco sobre o espiritismo, frequentei centro espírita, tomei passe, enfim... Algumas vezes fui/vou a cultos protestantes pentecostais, fui/vou a ritos de candomblé e me aproximei do budismo, que sou simpatizante.

Agora na adultez, rumo à velhice, afirmo que vivencio um reencantamento e certamente estar no grupo FABEP agudizou tal vivência, pois tenho buscado descobrir acerca da origem do candomblé praticado na região em que nasci. Nessas descobertas, compreendi que essa prática foi silenciada pela morte das pessoas mais velhas que quase não fizeram sucessores e, paulatinamente, pelo catolicismo e protestantismo neopentecostal que vêm crescendo por ali. O meu reencantamento tem emergido fortemente quando me encanto com os rituais da igreja católica, nos momentos em que rezo sozinha e reúno pessoas para rezar, quando acendo velas no meu altar e sou invadida por uma leveza e contentamento indescritíveis.

Volto ao título do texto, pois possuo a sensação de que flerto com as religiões, notadamente a católica e, nos últimos tempos, o candomblé, por uma questão ancestral e cultural. Corroboro a enfermeira, professora e amiga M. V. B. quando a entrevistei em 23 de setembro de 2021, pouco antes da sua morte, e perguntei a sua religião, ela respondeu: "pensadora livre".

Referências

MUNANGA, Kabengele. **Rediscutindo a mestiçagem no Brasil**: identidade nacional *versus* identidade negra. Petrópolis: Vozes, 1999.

SANCHIS, Pierre. Cultura brasileira e religião... passado e atualidade... **Cadernos CERU**, série 2, v.19, n.2, p. 71-92, dez. 2008. Disponível em: https://doi.org/10.1590/S1413-45192008000200005. Acesso em: 20 maio 2020.

16

RELIGIOSIDADE E ESPIRITUALIDADE DA FAMÍLIA: ALICERCE PARA MEU CAMINHAR

Aline Mota de Almeida

Ao refletir sobre religião/religiosidade parto da influência decisiva da minha família da linhagem materna, especialmente minha avó, com a transmissão intergeracional da formação evangélica, o Protestantismo. Destaco essa influência como resultado do convívio da família nuclear ter sido maior com a linhagem materna e, seguindo a tradição familiar, fui introduzida ainda criança na religiosidade, pois desde as primeiras lembranças da minha infância, me vejo participando da igreja Presbiteriana. Acredito que a família seguiu a seguinte orientação: "Instrui o menino no caminho em que deve andar, e até quando envelhecer não se desviará dele" (Provérbios 22:6 – BÍBLIA, 1969).

A minha avó materna, minhas tias e minha mãe frequentavam assiduamente as atividades da igreja, e nós, as crianças da família, íamos sempre junto. Lembro-me de que eram promovidas atividades específicas para as crianças como: escola dominical, estudo da bíblia, atividades no período de férias e outras. Nesse momento a memória despertou saudades dos cursos de férias dados por Tia Marina (como a chamávamos), em que aprendíamos cânticos de louvor, realizávamos atividades manuais, ouvíamos histórias da Bíblia... enfim, tínhamos uma agenda cheia.

Nos períodos em que estava nas casas das tias passando férias ou finais de semana, também frequentava a igreja Presbiteriana de outras cidades e lembro que, na adolescência, cheguei a apresentar cânticos na igreja por incentivo de Tia Nane (minha tia-mãe). Não virei cantora gospel, mas melhorei a minha acentuada timidez. Conduzir oração em voz alta, ler a Bíblia para os demais membros da igreja e realizar cânticos em grupo e em solo foram algumas das atividades que me auxiliaram a adquirir desenvoltura para falar em público.

As idas aos cultos eram esperadas com ansiedade, não apenas pela satisfação em desenvolver atividades religiosas, mas pela oportunidade de encontrar primos(as) e amigos(as) para compartilhar momentos de alegria. O ambiente da igreja era acolhedor, inclusivo, amoroso, com atividades enriquecedoras e me proporcionava a sensação de pertença e integração ao grupo.

O estudo da Bíblia e os ensinamentos feitos pelo pastor e demais membros – uma vez que a responsabilidade de acompanhar as crianças e jovens era de todos os adultos – tinham como base os mandamentos e os exemplos deixados por Cristo e pelos Apóstolos, baseados no amor, na verdade, no bem, no respeito, na responsabilidade, no acolhimento e na ajuda aos necessitados. Nesse contexto, cresci e me tornei quem sou. A minha família intergeracional, para além da religiosidade, alicerçou minha espiritualidade e hoje posso afirmar que tento não me desviar dos ensinamentos recebidos na infância. "Porque a palavra de Deus é viva e eficaz, e mais cortante do que qualquer espada de dois gumes, e penetra até a divisão de alma e espírito, e juntas e medulas, e é apta para discernir os pensamentos e intenções do coração" (Hebreus 4:12 – BÍBLIA, 1969).

Neste momento, aproveito para registrar que sou grata à minha família intergeracional por ter sido uma fonte viva de religiosidade e espiritualidade na minha formação pessoal. Digo viva, pois, além dos ensinamentos e estudos, aprendi pelo exemplo, observando comportamentos e atitudes, nas conversas diárias e nas relações entre familiares e amigos ao longo do meu processo de crescimento e desenvolvimento. O livro de Deuteronômio (6:7) traz, ao falar sobre a palavra de Deus, "Ensine-as com persistência a seus filhos. Converse sobre elas quando estiver sentado em casa, quando estiver andando pelo caminho, quando se deitar e quando se levantar" (BÍBLIA, 1969). E a palavra de Deus, como conduta ética aprendida desde a infância, constitui o alicerce do meu caminhar e sustenta minha tomada de decisão no viver diário.

Na idade adulta passei a diminuir minha frequência às atividades da igreja Presbiteriana, talvez por opção própria ou por ter me casado com um homem que não está ligado a religiões ou seitas–embora ele denote comportamentos ligados ao Cristianismo. Além disso, passei a conviver mais intensamente com pessoas de outras religiões e seitas, no ambiente de trabalho e no ambiente social. Cada uma delas, com seus valores, espiritualidade, religiosidade e crenças, objetiva condições de vida melhores para as pessoas, os animais, a natureza e o cosmo. Eu tive/tenho a oportunidade de conviver com pessoas vinculadas ao Candomblé, ao Espiritismo, a Seicho-no-ie, ao Agnosticismo, ao Ateísmo, dentre outras, e visitei diversos espaços de cultos, de adoração e de louvor. Experiências enriquecedoras que contribuem para o que sou no mundo e que sinalizam para a existência do Bem e do Belo nos mais diversos espaços, possibilitando a construção de amizades baseadas em amar e ser amada por pessoas que, independentemente de religiões e crenças, pertencem ao mesmo movimento espiritual que vivencio.

A herança religiosa está enraizada dentro de mim e reconheço diversos aspectos tatuados no meu modo de agir. Um dos que desejo destacar é a minha capacidade de empatia, a qual acredito ter sido regada e adubada pela religiosidade. E aqui abordo empatia como a capacidade de *sentir o que sentiria outra pessoa, caso estivesse na mesma situação vivenciada por ela, capacidade de compreender* sentimentos e emoções, do ponto de vista e de vida que a outra pessoa sente (HOUAISS; VILLAR, 2001). Dito isso, e apesar de reconhecer que esse sentimento altruísta é positivo e sempre me impulsionou a combater injustiças e ajudar ao próximo, destaco que ele me causa dores e sofrimentos. Diante de diversas situações que despertam sentimentos e atitudes empáticas, sejam com pessoas amigas, conhecidas e desconhecidas, nas quais não tenho capacidade e nem condições de ajudar de maneira efetiva, brotam sentimentos de dor, angústia, muitas vezes acompanhados pelo choro, taquicardia e aperto no peito. O sofrer junto de quem sofre está enraizado em mim e, em alguns momentos, gostaria de reduzir a intensidade desse enraizamento.

Outro aspecto que desejo mencionar é o sentimento de culpa. Considero-o como um efetivo meio de controle dos atos das pessoas, o que pode contribuir para a melhoria pessoal diante do reconhecimento e arrependimento frente a comportamentos que repercutam negativamente sobre outras pessoas. Contudo, sinto que preciso amenizar (ou desenraizar das entranhas) o peso da culpa e do arrependimento diante de atos e atitudes tomados de forma consciente e racional em que priorizo a mim em relação aos outros.

Assim, na minha caminhada vivencio a espiritualidade alicerçada nos constructos fornecidos pela família intergeracional, na força que emana da minha fé – e quando digo fé, não a limito somente à fé em Deus, mas fé na capacidade de crescimento e superação da humanidade – nas experiências adquiridas com as dores e alegrias, no poder da oração e da meditação, na possibilidade de ir além do experimentado e na capacidade de superar o medo e viver o que está posto pela vida e o que ponho no meu caminho por meio de minhas decisões e escolhas.

REFERÊNCIAS

BÍBLIA. Português. **Bíblia Sagrada**: antigo e novo testamento. Tradução de João Ferreira de Almeida. Brasília: Sociedade Bíblica do Brasil, 1969.

HOUAISS, Antônio; VILLAR, Mauro de Sales. **Dicionário Houaiss da Língua Portuguesa.** Rio de Janeiro: Objetiva, 2001.

ARQUEOLOGIA DA MINHA FÉ

Maria Angélica Vitoriano da Silva

Seis horas! Hora da Ave Maria!
Bença, meu pai, minha mãe, avó, madrinhas, tias e tios!
Esse era o ritual das seis horas da tarde, estivesse onde estivesse.
Criança pedia a benção aos adultos e por eles era abençoada.

Na casa da minha vó Mariana (a mãe da minha mãe) nessa hora, ela parava o que estivesse fazendo e ia rezar o terço: era a hora em que o Anjo anunciou a Maria que Ela daria à luz Aquele que veio ao mundo para nos salvar (foi assim que aprendi). Era o segundo terço do dia, o primeiro ela rezava ao raiar do sol e eu estava dormindo, não acompanhava.

Minha vó era católica, tinha grande devoção à Virgem Maria, seguindo todos os rituais, prescritos na época, para adorá-la e, dentre eles, a reza do terço, do ofício e jejuar aos sábados. Tinha fé em Deus e naqueles que tiveram uma vida pura, devota, de renúncia, voltada para o bem do povo e propagação da fé: os Santos, porém, na sua casa, tinha imagens: uma numa moldura de mais ou menos sessenta centímetros com a imagem impressa de Nossa Senhora da Conceição vestida de branco, envolta num manto azul, meio flutuando no céu, os seus pés tocando uma lua minguante, em volta vários anjinhos pelados que despertavam a curiosidade infantil de alguém que queria saber o sexo dos anjos, pois ainda não sabia que anjo não tem sexo! Ao lado desta, uma outra moldura, em menor tamanho, com a imagem de São João Batista, cujas vestes pareciam pele de ovelha e carregava nos braços um pequeno cordeiro. Essa imagem dizia respeito à devoção de meu avô que se chamava João. Embora eu não lembre o motivo, mas contava minha mãe que ele tinha feito uma promessa para o Santo. Recordo que até seu falecimento, todo ano, no dia 24 de junho, mantinha a tradição de reunir com a família e vizinhos que até sua casa se dirigiam para com ele se unir em oração (rezas e cantigas), terminada a reza, seguia com distribuição mingau para 24 meninos (como parte da promessa), em seguida aos demais presentes, finalizando com queima de foguetes e viva a São João, a fogueira que acendia e ficava a queimar por toda a noite.

As imagens dos Santos da casa de meus avós ficavam na sala de entrada, acima de um baú de madeira, onde armazenavam grãos (feijão, arroz, fava) provenientes da agricultura familiar. Na hora da reza, eu e minha prima que com meus avós morava, pois tinha ficado órfã de pai (meu tio filho dos meus avós), subíamos no baú para acompanhar as preces porém, na maioria das vezes, acabávamos dormindo, tão longo que ficava o terço com seus mistérios e jaculatórias.

Na sala de refeições ficava uma folhinha do Sagrado Coração de Jesus, preciosidade adquirida ou recebida de presente, a cada ano que findava e no primeiro dia do ano que se iniciava era afixada no mesmo prego que estava a anterior. Trazia a cada dia uma mensagem/reflexão, o Santo do Dia, breves informações acerca de algum tema, adivinhação, charada, entre outras curiosidades. Como minha avó era parteira, costumava sugerir o nome das crianças que "aparava" de acordo com o Santo do dia, ali informado. Destacava, a cada dia que iniciava, a folhinha do dia anterior: um ritual que sinalizava que um novo dia começava e eu, criança, ficava na expectativa de saber o que estava escrito, assumindo, assim, que aprendi a ler, a tarefa da leitura. Geralmente minha avó guardava os pequenos papéis destacados (leitura era escassa naqueles tempos, a circulação de conteúdo escrito era rara na zona rural e tudo que tinha letra, virava preciosidade e ia para o seu baú) (SILVA, 2013).

Minha mãe, também católica, filha do Apostolado de Maria até engravidar de mim, contava que promovia eventos na comunidade rural com missas, batizados, crismas, primeira eucaristia, casamentos. Os padres eram convidados ilustres que se hospedavam na sua casa e ela contava, com muito orgulho, aos seus filhos as mais bizarras histórias a respeito desses eventos. Também minha mãe seguiu com a tradição do Sagrado Coração de Jesus e da folhinha que destacava todos os dias. Embora já vivendo noutro contexto em que livros, revistas, jornais, circulavam, também guardava as folhinhas, à medida que eram destacadas, algumas dava para mim quando ia à sua casa, outras, guardava nos livros cadernos que estivesse às suas mãos. Após seu falecimento, arrumando seus pertences muitas delas encontramos guardadas aqui, acolá nos seus livros, cadernos, diários.

Dou-me conta de que eu não segui, da mesma forma que minha avó e minha mãe, a devoção do Sagrado Coração de Jesus, mas um tempo atrás percebi que minha filha também mantinha a devoção, inclusive, indo à missa nas primeiras sextas-feiras do mês. Isso lhe coube o mérito de receber da avó sua primeira folhinha do Sagrado Coração de Jesus, um escapulário que ela considera um símbolo proteção, em virtude de sinais que confirmam a crença e fortalecem sua fé. Assim penso que a devoção está seguindo gerações.

Recebi, também, outras influências no que diz respeito à religião, espiritualidade, expressão e prática de fé, que dizem respeito a matrizes africanas expressas no sincretismo religioso. Essas influências vieram da parte de meu pai, homem que me recebeu, cuidou de mim, como filha que de fato fui. Enfim, meu pai era um homem negro que, jovem adulto, encontrou no terreiro de candomblé orientação para sua vida e, ali, uma família: sua "Mãe de Santo[1]" era considerada sua mãe e a avó de seus filhos. Quando nasci ele, de imediato, deu-me para ser por essa mulher batizada, uma atitude de deferência a essa que muito estimava, bem como, movido pelo desejo que eu fosse cuidada por alguém especial, que me protegesse, também, espiritualmente, pois madrinha tem responsabilidades para com os afilhados.

Minha madrinha era a Mãe de Santo de um terreiro relativamente grande e bem frequentado nos anos 50, 60, 70, decaindo um pouco a partir dos 80. Era filha de Ogum[2] com Yemanjá[3] e o dia desses orixás era festejado à altura! A festa de Ogum era uma das festas mais esperadas no ano, pois ali agrupava os católicos e aqueles que, também, católicos pertenciam ao terreiro nas diferentes funções/papéis que a cada um cabia. Meu pai era Ogã[4] do terreiro.

Aceito o convite para o batizado, minha madrinha escolheu o mês de julho para que a cerimônia se realizasse, embora a prática fosse batizar as crianças o quanto antes para que não morressem pagãs. Eu havia nascido em janeiro, mas ela assim decidiu (certamente sabia que eu teria vida longa apesar da saúde frágil que tive nos primeiros anos). Esperar até julho foi justificado pelo fato que até o mês de junho todos estavam voltados para a trezena de Santo Antônio que se encerrava com a missa, seguida da festa

---

[1] Sacerdotisa-chefe, responsável espiritual e temporal pelo candomblé e pela educação religiosa de filhas e filhos (CARNEIRO, 2008, p. 157).

[2] Orixá masculino, no candomblé da Bahia corresponde a Santo Antônio.

[3] Orixá feminino, a sereia, mãe-d'água, identifica-se com N.S. da Conceição.

[4] Protetor civil do candomblé, escolhido pelos orixás e confirmado por meio de festa pública, com a função de prestigiar e fornecer dinheiro para as festas sagradas (CARNEIRO, 2008, p. 158).

de Ogum que logo mais descreverei. O calendário de festas do terreiro era intenso, destacando-se para mim: Ogum, Yemanjá, Ibejis[5], Iansã[6].

O batizado se deu na Igreja da Lapinha, a pedido de minha mãe que era católica, tendo em vista a relação dessa igreja com a festa de Reis, dia de meu nascimento. Assim "agradava-se a gregos e troianos".

Naquela época, as madrinhas levavam uma toalha na cor branca, geralmente, bordada, colocavam-na no braço em que carregavam a criança, em seguida, após o ritual em que o Padre molha, com água benta, a cabeça da criança, a toalha era utilizada para enxugá-la. Algumas famílias mantinham a tradição de ter uma toalha branca, bordada, específica para o batismo das crianças e, assim como as velas que compõem o ritual, era, também, um objeto que recebia uma certa reverência, pois era considerado sagrado, por isso, guardado e, geralmente, utilizado nessas ocasiões por muitos da família.

Minha madrinha decidiu que a toalha que levaria para meu batismo seria a que cobria o altar de seu Santo Antônio. Era um altar grande que, na época da trezena do Santo, recebia ainda mais cuidados e ali eram colocados jarros de flores, velas e, no dia da sua festa, recebia uma toalha mais bonita, branca, bordada e engomada. Foi então com essa toalha que fui batizada.

A trezena de Santo Antônio era organizada tendo cada noite um responsável. Trago vívida a lembrança da noite dos Ogãs (em que meu pai era também patrono), a das crianças em que eu até a adolescência estava incluída junto às outras crianças, o que me dava a sensação de prazer por me considerar responsável para que tudo saísse na mais perfeita ordem; depois subi de categoria e fui para noite dos jovens e a noite final do dia 13, que era o ápice daquele ritual. As rezas, o cheiro de incenso, os cânticos, as comidas, os fogos, era tudo muito mágico e de muita potência para mim durante todos os anos que acompanhei e segue amalgamado no meu ser.

No primeiro domingo após o encerramento da trezena, tinha a missa solene para o Santo. A organização para tal, levava dias e dias e a casa da minha madrinha enchia de filhas e filhos de Santo, equedes[7], ogãs, todos que compunham o clã daquele terreiro.

O protocolo para a missa seguia a seguinte ordem: todos se reuniam na casa de minha madrinha que ficava no bairro da Liberdade em Salvador, era organizada uma procissão com as crianças vestidas de anjo (as meninas) e os meninos de roupa de frade; três andores transportando as imagens

---

[5] Trata-se dos gêmeos, orixás-meninos, identifica-se com Cosme e Damião.
[6] Orixá feminino, senhora dos raios e tempestades, identifica-se com Santa Bárbara.
[7] "Zeladora dos orixás, quando estes descem nas filhas; acólita" (CARNEIRO, 2008, p. 154).

de Santo Antônio, Nossa Senhora e São João. Essa procissão percorria um trecho da rua em que minha madrinha morava (uma boa ladeira!) até o local onde um ônibus aguardava para transportar todos até o bairro de Santo Antônio, onde ficava a Igreja Nossa Senhora do Boqueirão, em que ocorria a cerimônia religiosa. Ali chegando, o ônibus parava a uma certa distância e novamente se organizava a procissão que seguia até a igreja. Todos participavam da cerimônia religiosa; os que estavam preparados (haviam confessado seus pecados a um padre) comungavam. Ao final, eram distribuídos pãezinhos de Santo Antônio aos presentes, que, ao chegar em casa, guardavam até o próximo ano, em latas de farinha, crendo que dessa forma não lhes faltaria o pão de cada dia. Era uma missa muito bonita, festiva e eu sentia uma alegria indescritível naqueles dias.

O retorno da igreja seguia o mesmo protocolo: dos trechos até o ônibus e do ônibus até a casa da minha madrinha, em procissão, cantando. Os que aguardavam a chegada à sua casa recebiam a todos com palmas, louvores ao Santo e queima de foguetes sinalizando aos que se encontravam no entorno que era um dia de festa e gratidão. Concluída essa etapa, os andores eram dispostos em fileira na sala, as pessoas iam se chegando e encontrando um lugar para ficar, no interior da casa, no terreiro; os que fumavam ficavam na área externa com seus cigarros, charutos. Era uma festividade muito bonita, e participavam pessoas ilustres, amigas, gente elegante, mulheres com seus vestidos finos, chapéus, bolsas, luvas; homens de paletós brancos; gente simples com sua melhor roupa, sapatos engraxados. Eram servidos doces, bolos, café, suco, e após essa parte da comilança alguns se dirigiam para suas casas, uns porque não aderiam à etapa seguinte da festa, outros por opção, porque moravam próximos, iam se preparar para ela. Os que faziam parte da família de santo tinham as camarinhas[8] para fazerem a troca de roupa, guardar seus pertences.

De repente, o cenário transformava-se, as vestes eram: mulheres de saias rodadas; calças e camisas brancas para os homens. O som, a música, parecia vir de longe, de uma terra distante. Era tamanha a potência que parecia bater dentro da gente. Uma excitação incomum: alegria, curiosidade, misturada ao medo ao ouvir o som dos gritos emitidos por aqueles que recebiam os orixás. As crianças eram mantidas a uma certa distância do terreiro, mas transitavam livremente e, assim, acompanhavam direta ou indiretamente o que acontecia na casa. Enquanto criança, experimentei, vivi

---

[8] Quartos pequenos localizados próximo ao Terreiro, onde os filhos de santo ficavam recolhidos na época das suas "obrigações" para com os seus orixás (CARNEIRO, 2008, p. 152).

nesse ambiente em que o medo do desconhecido era seguido da curiosidade e imediatamente substituído pela alegria que o ambiente emanava.

Minha madrinha era outra pessoa naquele corpo. Não sei como, mas desde cedo sabia que não era a mesma pessoa que entrou no quarto num elegante vestido de festa que em seguida saía de calça e blusão azul, com botões e cordões dourados, um quepe militar e uma espada em punho. Suas feições tomavam um ar austero, másculo, caminhava firme olhando os presentes, sendo saudado: era Senhor Ogum que chegava imponente, abençoando aos presentes, pondo o metal da sua espada na testa. Dirigia-se ao terreiro e lá dava início ao ritual do candomblé com outras e outros também incorporando seu orixá.

Num dado momento, uma pausa nos atabaques e era servida a feijoada, de Ogum. As crianças comiam primeiro e a essa altura já estavam entretidas com outras brincadeiras. Eu, muito tímida, "bem comportada", pouco participava da folia das crianças, ficava a maior parte do tempo na sala, parecendo um *biscuit,* mas atenta a tudo que ocorria.

Segui os anos, até minha vida adulta frequentando e participando das festividades na casa de minha madrinha, e passei a ocupar o lugar de equede de Iemanjá, na hierarquia do candomblé. Como equede, nas festas dessa orixá era eu quem cuidava dela, quando se manifestava em minha madrinha. Um cargo de confiança, vestia sua roupa, arrumava, penteava os cabelos, colocava suas joias e perfume. Acompanhava enquanto estivesse manifestada, cuidando para que tudo estivesse na perfeita ordem, intermediando, também aqueles que a ela se dirigiam.

Para essa função, minha madrinha dizia que eu fui convidada pela orixá, era minha tarefa, que eu não incorporaria orixá, minha missão era outra.

Por outro lado, me mantinha fiel ao que minha mãe e família materna tinham com crença religiosa e eu também acreditava nos princípios da igreja católica. Frequentava a igreja, ia à missa, confessava, comungava, participava de grupo de jovens e fui me interessando pela introspecção, e os ambientes das igrejas proporcionavam esse encontro comigo. Na adolescência, conheci algumas freiras no Hospital Sagrada Família onde estagiei e por meio delas, junto a uma amiga da mesma idade que queria ser freira, comecei a frequentar o convento, fazer retiros, e achava que ali seria o lugar onde queria viver, mas fui trabalhando a vocação e vendo o que de fato buscava naqueles espaços: o encontro comigo, com a minha fé, de um jeito diferente dos modelos das minhas famílias. Transitava nesses dois mundos sem conflito, dúvida, encontrava lugar para tudo e sobre o assunto não falava com ninguém. O que via, experimentava, era meu e me pertencia. Mesmo ao confessar para receber a comunhão aos domingos não levava para o Padre como parte do rol de coisas que considerava em desacordo com Deus. Minha mãe não acreditava e não gostava do candomblé, mas respeitava a minha madrinha e não se opunha a que eu frequentasse a sua casa. Do meu lado, nem com ela comentava sobre o que naquele espaço eu via acontecer.

Estava eu sempre presente na casa da minha madrinha e a tinha como, além de madrinha, alguém que cuidava da minha saúde espiritual. Entre os 18, 19 anos, vivi um momento de profunda introspecção, recolhimento, melancolia, meu pai comentou com ela e ela fez rezas, incensou, recomendou banhos de limpeza. Foi então que a minha madrinha que nunca antes me havia proposto fazer qualquer trabalho na linha do candomblé jogou os búzios[9] e a resposta foi que eu precisava fazer um bori[10] para restaurar a alegria e assumir a função de equede, atendendo ao convite de Iemanjá. Foi feito. Eu fiquei bem. Continuei com a minha vida entre católica praticante e com minhas obrigações na casa da minha madrinha, cuidando de sua orixá quando ela se manifestava, o que se encerrou quando ela, com a saúde debilitada, recebe orientação de seus guias para que encerre suas obrigações com o terreiro, consequentemente com filhas/filhos de Santo, me libera daquela função. Com isso, encerrou também, para mim, a minha participação, aproximação com o candomblé. Simpatizo, sinto a sua potência, acredito na força dos orixás, mas não procurei nem me interessei em integrar-me a outro Terreiro. Penso que a tarefa que tinha que cumprir foi pontual. Ficou o legado que constitui minha subjetividade, que se expressa na forma como penso, experimento e transito entre as religiões, em especial a católica e as de matrizes africanas, que me conectam com a fé.

Assim, ao pensar a respeito dos altares/oratórios ensaio uma arqueologia do que representa e como experimento a religião.

Santo Antônio é o meu santo de devoção. Não sei precisar quando essa devoção que era latente se iniciou, só sei que todo santinho que recebia com sua oração no verso, guardava, colocava sob o vidro que protegia a mesa no escritório da RFFSA onde trabalhei. Fato curioso, que merece uma digressão: pensar acerca de que o que se punha entre a mesa e o vidro nos ambientes de trabalho naquela época, falava muito da pessoa, seus

---

[9] Concha marinha, utilizada para adivinhar o futuro, obter respostas (CARNEIRO, 2008). Sobre o jogo, ver Beniste (2008).

[10] Conforme Carneiro (2008), cerimônia de purificação, limpeza, que pode ser realizada com ou sem sacrifício de animais. Para Bastide (2001, p. 44), não havendo o sacrifício animal, o ritual pode ser realizado com a função de incorporar aqueles que serão servidores do terreiro, sem jamais manifestarem fenômeno de possessão.

gostos, interesses. Existiam aqueles que nada colocavam, mas a minha era um altar! Cheia de santinhos, orações, mensagens espirituais, poemas. Na minha casa, não tinha imagens, nenhuma! Mas recorria a Santo Antonio para tudo, achar os pedidos, saúde, proteção, só não pedi marido! Nem precisei recorrer, dei-lhe um descanso.

Em 2001, estava diante de uma decisão que precisava tomar e ao santinho recorri pedindo que me desse um sinal, caso fosse algo que faria bem a mim e aos demais envolvidos. O danado (tenho intimidade suficiente para tratá-lo assim e não é falta de respeito), não satisfeito em dar um sinal, me deu o sinal que viabilizou a execução do plano. Nessa época participava de um grupo de autoconhecimento e compartilhei o que havia ocorrido. Em seguida, uma amiga desse grupo me presentou com uma imagem feita artesanalmente com juta engomada: uma imagem do Santo que não tinha olhos e aquela que me presenteou informou que foi confeccionada por pessoas com baixa ou nenhuma visão.

Nessa época estava me mudando de residência e o local onde ficaria foi a primeira coisa que pensei quando iniciei o processo da decoração: num aparador, logo à entrada da casa. Daí em diante, foram chegando imagens dos mais diferentes lugares que vão do sertão da Bahia, Pernambuco, Rio Grande do Sul a Itália, Portugal. Uma riqueza de estilos e materiais utilizados que as difere, da mais clássica à mais exótica. Todas presentes de pessoas queridas, familiares, amigos. Cada uma com sua história e a de como até a mim chegou. Com isso, o aparador foi enchendo e precisei espalhar as que chegavam em outros espaços da casa ou levadas para meu ambiente de trabalho.

Ao completar 50 anos, resolvi tatuar no meu corpo, nas costas, aquele que considerava meu protetor: Santo Antonio. Estava na maturidade e tinha certeza que minha fé, a religião que encontrava o conforto espiritual era a católica mesmo que tenha consciência do papel das religiões na vida dos indivíduos. Lido com a religião como propõe o termo, na busca de re-ligar ao Deus que habita em cada Ser e que nos afastamos quando atribuímos a Ele, o lugar de punição, julgamento. Ter tatuado Santo Antônio teve um significado muito potente na minha vida, passou a ser uma espécie de identidade. Era comum, em lojas de vestuário feminino, ouvir elogios sobre ela e, ao retornar, ser lembrada por quem era atendida, referindo-se à tatuagem. De um modo geral, era frequentemente abordada por pessoas que, ao vê-la, identificavam-se, tinham uma história para contar a respeito de sua experiência com o Santo (graças alcançadas, história familiar), uma conversa. Hoje, a frequência reduziu e uma das variáveis que considero, é o crescimento do número de pessoas que se converteram à religião evangélica, fenômeno que se deu no próprio contexto da minha família extensa.

Dos 11 filhos que minha mãe teve, só reconheço como católica eu, uma irmã que é Missionária da Igreja, um irmão, um outro mais ou menos que a qualquer hora dá sinais de que pode fazer sua transição, e um terceiro que já fez transição para religião evangélica, desistiu dizendo que não se identificou. Os outros cinco são evangélicos; uma irmã que parece, simpatiza, embora ainda não tenha assumido. O histórico de conversão nessa família se dá após o casamento de uma das irmãs com um rapaz cuja família vinha de uma tradição Batista. As demais, após experiências de sofrimento, perda e, pelo que escuto, infiro que foi na comunidade evangélica em que se sentiram acolhidas, elevadas na sua autoestima e construção de uma autoimagem de vencedoras que são. Entendi que a religião e os recursos espirituais apresentaram-se, para elas, como recursos em resposta ao sofrimento.

Meu pai, embora sua crença fosse no candomblé, também tinha sua fé nos Santos da Igreja, batizou todos os seus filhos, concordava com minha mãe no que dizia respeito a que seus filhos tivessem orientação Católica, batizando todos, cobrando que aos domingos fossem à missa, fizessem a catequese, primeira eucaristia. Sobre a minha primeira eucaristia, na época morávamos no interior: minha mãe com os filhos. Meu pai morava em Salvador, ia nos ver todo início de mês. Minha madrinha, que morava em Salvador, providenciou junto a meu pai, e este levou na viagem que antecedeu minha Eucaristia: um terço de prata (que perdi algum tempo depois), santinhos com bordas douradas que soltavam um pozinho no dedo e eu dizia que era de ouro; uma estrutura de madeira com o formato de cálice que foi coberto de glacê branco e bolas prateadas (como o bolo), meias, sapatinhos brancos. O vestido de cambraia foi providenciado e confeccionado por minha mãe. Era branco, com um bordado vermelho na gola, um P sobrepondo um X, semelhante aos hábitos usados pelas freiras, acompanhava um paninho no mesmo tecido, que amarrava na cabeça, como um véu. Esse vestido foi usado por algumas irmãs e muitas vezes emprestado a parentes e conhecidas. Algum tempo depois sua posse foi passada para mim e o guardo como relíquia.

O dia da minha primeira eucaristia foi um dia muito importante e vivi experiências significativas, mas aqui me atenho ao sentimento que, embora criança, me dava a sensação de unidade com Deus e externalizava dizendo: estou em lua de mel. Certamente, devo ter ouvido que a eucaristia era o casamento com Deus, então, nomeei o que sentia associando a condição dos noivos pós-casamento.

Minha mãe, até a sua morte, permaneceu católica e o passar dos anos só fortaleceu a sua fé. Quando sentiu que o seu dia chegava, pediu que minha irmã levasse um padre até o seu leito e lhe desse a Extra-Unção (era assim que ela chamava, embora hoje se chame Unção dos Enfermos). É um sacramento importante para os cristãos, pois os prepara para a morte. Foi um ritual muito bonito e trouxe-lhe muita paz. Meses antes, começou a distribuir para mim, minha irmã e minha filha e neta suas relíquias de fé: terço, imagens, livros, entre outros. Me deu um livro pequeno, folhas finas, o guia das Filhas de Maria, que guardou durante todos esses anos, desde que saiu da Congregação (1958), o terço que carregava nas mãos durante a hospitalização, imagens de Nossa Senhora, medalhas; para minha filha, um terço, e para minha neta um tercinho prateado que ela recorreu na hora que soube que a bisa havia falecido.

As imagens das Santas que minha mãe me deixou foram juntar-se às de Santo Antônio.

O local estratégico em que ficam os meus Santos, na sala, próximo à porta de entrada e saída, me permite lembrar do quanto me sentia protegida com as bençãos que os mais velhos me davam; me conecta com minhas raízes, com pessoas significativas da minha vida, com minha fé, da forma como considero ser a que me conforta e me fortalece.

Ter vivido a experiência direta do sincretismo religioso me constituiu permitindo a abertura, o respeito, a relação que tenho com religiões de matrizes africanas.

REFERÊNCIAS

BASTIDE, Roger. **O candomblé da Bahia**. São Paulo: Companhia das Letras, 2001.

BENISTE, José. **Òrun Àye**: o encontro de dois mundos. Rio de Janeiro: Bertran Brasil, 2008.

CARNEIRO, Edison. **Candomblés da Bahia**. São Paulo: Editora Martins Fontes, 2008.

SILVA, Maria Angélica Vitoriano. Voltando ao baú da vovó. *In:* RABINOVICH, Elaine Pedreira; REIS, Lilian Perdigão Caixeta; LEAL, Teresa Cristina Merhy; REINA, Vanderlay Santana. **Família e poéticas da infância**: relatos autobiográficos. Curitiba: Juruá, 2013.

18

FÉ QUE ATRAVESSA GERAÇÕES A PARTIR DA CONVERSÃO DE ELVIRA, MINHA TRISAVÓ

Eliana Sales Brito

> *O cuidado da alma de cada homem pertence a ele próprio e deve ser deixado por conta dele. [...]. Além disso, mesmo Deus não salvará os homens contra a vontade dele.*
> *(John Lock, 1978, p. 12)*

Para escrever este capítulo, consultei fontes e ouvi relatos de muitos familiares, em especial, de tias e tios, bisnetos de Elvira, alguns dos quais conviveram com ela; ouvi de primos as histórias contadas pelos seus pais, já falecidos, memórias em lugares escondidos e desbotados pelo tempo, recuperadas na saudade do que foi vivido.

Elvira, matriarca

A cada história ouvida sobre Elvira, minha trisavó, me dou conta de que ela foi uma mulher à frente do seu tempo e cresce o meu orgulho de ser sua descendente. Imagino Elvira como uma mulher de espírito livre e de muita personalidade, forte, enérgica e determinada.

Elvira Cruz Prates nasceu em 1857 e viveu 106 anos, morrendo um ano após o meu nascimento. Contam que esteve lúcida até o final de sua vida e que até os "cento e poucos anos" cuidava de sua casa.

Pouco se conhece sobre a sua família de origem, mas sabe-se que eram católicos e festeiros. Assim também era a família do meu bisavô paterno, Guilherme, filho de Justiniano Brito, fazendeiro de muitas posses, que promovia festas intermináveis que no final de semana, varavam a noite.

Morava na fazenda na região de Urandi com marido, Antônio Joaquim de Souza Freire, e os nove filhos, Alípio, Antonino, Arlindo, Ananias, Aureliano, Abílio (meu bisavô paterno), Julinda (minha bisavó materna), Ilídia e Aurora. Eles trabalhavam na terra com agricultura e pecuária. Mesmo depois de viúva, continuou à frente da labuta com a terra e o cuidado com sua numerosa família.

A conversão de Elvira

Há duas versões sobre a aproximação de Elvira com o Evangelho, ambas contadas por suas bisnetas, Tia Eurides, filha de Miúda, irmã de minha avó Hermínia; e tia Nita, irmã do meu pai.

Tia Eurides conta que, em uma ocasião, apareceu naquelas paragens um missionário que vestia uma capa preta e carregava um livro de capa preta. Ele ia de fazenda em fazenda visitando e pregando o Evangelho. Elvira ansiava ouvir as mensagens desse homem, mas o marido, muito católico, não o deixava entrar na sua fazenda. Quando ele faleceu, ela já morando em uma região conhecida como Sítio, mais próxima de Vitória da Conquista, enviou um dos filhos em uma missão: ir ao encontro do missionário e pedir que ele viesse à sua casa para falar sobre o livro de capa preta. Ele atendeu ao seu pedido, apresentou a ela o Evangelho e a presenteou com a Bíblia. E assim, ela se converteu.

A segunda versão é a de Tia Nita. Ela narra que, estando Elvira já viúva, apareceu na fazenda um senhor usando uma capa preta, com mais duas pessoas e pediu para "arranchar". Importante lembrar que, àquela época, o meio de transporte eram os cavalos e mulas e os viajantes sempre pediam guarida nas fazendas, que eram muito povoadas.

Esse senhor estava vindo de Belo Horizonte a caminho de Vitória da Conquista, onde se dirigia para fazer um trabalho de missões. Ele carregava um livro da capa preta. Ela lhe deu guarida e comida. Após o jantar ele pegou o livro e lhe perguntou se ela gostaria que ele o lesse. Assim, Elvira teve o primeiro contato com o Evangelho e foi presenteada com uma Bíblia.

Após alguns dias, esse missionário seguiu viagem e ela chamou o seu filho Abílio e ordenou que ele selasse um cavalo e que fosse até Vitória da Conquista com uma missão: conferir se ele, o viajante, era mesmo quem dizia ser. Abílio acompanhou o missionário, com quem permaneceu por três ou quatro dias seguindo os seus passos. Ao retornar, contou sobre o que viu, confirmando a veracidade da sua história.

Qualquer que seja a versão real é fato que era um missionário que lá esteve, que vestia uma capa preta, que tinha um livro de capa preta que continha histórias de fé e libertação, que divulgou o Evangelho e lhe presenteou com uma Bíblia.

Ia à igreja todos os domingos e, anos mais tarde, quando se mudaram para a região rural de Itapetinga, a família e agregados se reuniam para o culto dominical, que era realizado nas casas, na roça, com cânticos e leitura da Bíblia. Uma vez no mês Elvira e família iam a cavalo para o culto em Itapetinga, tendo sido membro fundadora da Primeira Igreja Batista de Itapetinga.

Embora não se saiba a data exata da sua conversão, é possível que tenha se dado no final do século XIX ou nos primeiros anos do século XX, quando Elvira já teria mais de 40 anos. Segundo relatos da família, a sua filha Julinda comentou que *"minha mãe depois de velha resolveu mudar de religião"*. É fato que depois da sua conversão, ela foi abandonada pela sua família de origem. Todos se afastaram dela.

Elvira não apenas se converteu, mas tornou-se ela mesma uma evangelista. A fé foi abraçada pela sua família e a partir da geração de netos, vários dos descendentes receberam o chamado ao Ministério e se formaram bacharéis em Teologia, tornando-se missionários e pastores.

Eu, trineta de Elvira, a propósito da espiritualidade

Há muito quero escrever sobre Elvira. O tempo chegou. Como diz Salomão em Eclesiastes 3:1, "Tudo tem o seu tempo determinado, e há tempo para todo o propósito debaixo do céu" (BÍBLIA SAGRADA, 1998, p. 664).

Ao fazer essa pesquisa e conhecer mais sobre os meus antepassados uma palavra se destaca: propósitos.

Nasci e cresci em uma família evangélica. Desde criança ouço sobre Deus. Fui Mensageira do Rei. Cantei na igreja. Fazia parte de um conjunto chamado Cristo é Real. Abracei a fé. Tinha um intenso sentimento de pertencimento, pois era o meu mundo. Mas havia outros mundos e, ainda adolescente, fui conhecer. A vida tomou outros rumos e não ia à igreja com a mesma frequência e sentia que me faltava algo.

Alcancei os degraus acadêmicos, abrindo caminhos para outros da minha geração. Quando estava por concluir o meu doutorado, angustiada por não conseguir encontrar sentido na minha tese, fiz uma sessão de *coach* com minha irmã. A sua primeira pergunta me desmontou: **para quem** eu estava fazendo o doutorado? Não para quê, mas **para quem**. Uma pergunta que continha todas as respostas do meu vazio de pertencimento.

Propósitos.

O propósito estava escrito na minha vida. Sempre senti que Ele conduzia a minha vida. Apontava caminhos. Abria portas. Preparava-me para o próximo movimento a seguir. Não me sentia merecedora, mas sabia que estava sustentada por orações. Avós que oram pelos netos; mães que oram pelos filhos; tias que oram por sobrinhos. Amparada pela força poderosa do feminino–e também do masculino–que ora e confia em Deus, fé que atravessa gerações desde Elvira. Como está escrito e profetizado em Deuteronômio (7:9),a fidelidade e misericórdia de Deus se estenderá "até mil gerações aos que o amam e guardam os seus mandamentos" (BÍBLIA SAGRADA, 1998, p. 260).

As sementes da Palavra podem até ficar adormecidas, mas elas não morrem. Aprendi a orar e confiar. Por isso acolho, aceito e agradeço os desafios que me aparecem pela frente. Foram muitos, mas sempre os venci. Mesmo os que aos olhos de outros não deram certo, para mim era aprendizado para o que haveria de vir. Vou deixando legados.

Sempre me pergunto o que vou fazer de novo e significativo nos próximos dez anos, como um "desafio da década". Aos 20, formei; aos 30, consolidei minha carreira profissional, fiz mestrado; aos 40, vivi a experiência do casamento; aos 50, da separação, do doutorado, das publicações, de conhecer o mundo da *bike*.

Os 60 anos já batem à minha porta. Lanço-me em uma nova aventura: voltar pra casa. Nova cidade. Nova casa. Novos projetos. Novos desafios para explorar meu potencial como pessoa, mulher, filha, irmã, tia, cunhada, sobrinha, tia-avó, amiga, profissional. Eu mesma. Filha do Pai. A quem eu pertenço. A quem me conecto.

REFERÊNCIAS

A BÍBLIA SAGRADA. Traduzida em português por João Ferreira de Almeida. Revista e Corrigida no Brasil. Barueri – SP: Sociedade Bíblica do Brasil, 1998.

LOCKE, John. **Carta acerca da tolerância**. Tradução de Anoar Aiex, 2. ed. São Paulo: Abril Cultural, 1978.

19

RELIGIÃO E RELIGIOSIDADE: EXPERIÊNCIAS COM O SAGRADO

Lorena Márcia Nascimento Cardoso

Quantos caminhos percorri para chegar até aqui... Uma peregrinação silenciosa desde criança. Não sabia explicar, apenas sentia. Não entendia, apenas sentia. Como não sabia explicar e como não entendia o que sentia, silenciava. E como silenciava, me fechava.

Não encontrava na religião que fui batizada um lugar de pouso. Apesar de ter participado de quase todos os ritos de passagem (batismo, catequese, crisma, procissão, novena, coroação de Maria, missa falada, missa cantada...) algo me angustiava, me incomodava a tal ponto que sentia um mal-estar físico e emocional dentro das igrejas. E mais uma vez sentia profundamente e nada questionava, só sentia uma vontade imensa de me levantar no meio da missa e sair correndo para sentir o ar puro, para respirar.

Apesar de admirar os templos, em sua construção, e respeitar todos os ritos, a minha conexão com o Sagrado ia além. Tão além, que não compreendia, apenas sentia a conexão, a religação.

Uma crise estava instalada: como ter Fé e experienciar a Fé de forma sincera? Religião ou religiosidade? De onde nos fala o Sagrado? A que nos ligam os ritos?

Cresci com o cheiro da alfazema nos banhos e na roupa; com o incenso "fumaçando" a casa às 18h, de dentro para fora, e no caminho, nos "fumaçava" também! Nesse momento conseguia escutar preces, rezos que eram ditos baixos, quase que para dentro, afinal, eram direcionados para outra atmosfera. Não compreendia a complexidade daquele e de tantos outros ritos, apenas sentia (e como sentia!) e, em silêncio, às vezes meditava, noutras sentia um calafrio que iniciava na região dorsal e se estendia por todo o corpo, ao ponto de causar arrepios.

Fui amadurecendo, e quanto mais internalizava as minhas vivências, constatações e sensações, mais crescia uma forma simples e direta de conexão com o Sagrado. Hoje, não tem mais crise, somente Fé! Aprendi que tudo é Presença! O vento que sopra no rosto; os cheiros das folhas e das flores que às vezes, sem um motivo aparente, pairam pelo ar e inundam o ambiente de perfume e Fé. E o que falar da força das águas, que limpam e renovam? Uma energia intensa que, se fechar os olhos, é possível sentir um pulsar diferente. Nesse universo tem também o rito do rezo livre, em que as chamas da vela guiam as intenções. Tudo se transforma e se realinha, é um pensamento/intuição que emerge em um momento de "diálogo" com Deus.

Assim, compreendi que a religião é uma instituição das pessoas (necessária para muitos, mas não para todos) e a religiosidade é a conexão com o Sagrado. Em minha caminhada, aprendi que Deus tem muitos nomes, mas um mesmo sentido: amor. Perdi o medo e aceitei que nas minhas raízes o encontro com o Sagrado também é dito em yorubá. Reconheci a minha herança imaterial e compreendi que reconhecer os ritos não implica em substituir a minha maneira de experienciar e conectar.

E foi nesse processo de amadurecimento da minha religiosidade/espiritualidade que em um momento de grande peleja, quando estava prestes a devolver o meu pai para os braços do Criador, momento em que me encontrava em profunda conexão com a espiritualidade, que ressoou uma cantiga antiga, um rezo em yorubá, e mais uma vez senti a presença de uma energia que dá sentido, fortalece e sustenta. Eu estava ali, onde deveria estar, e o meu pai sabia que eu estava ali segurando a sua mão. Naquele instante, agradeci a dádiva de poder enxergar além de um universo de aparências, que me permitiu passar por esse momento fortalecida.

Por hora, considero que não é sobre confiar que receberemos aquilo que queremos ou que desejamos. Mas confiar que receberemos justamente aquilo que precisamos para o nosso crescimento. Uma certa vez ouvi que *"as coisas de Deus não tem erro. Se não é uma benção, é uma lição!"*. Ou seja, confiar, aceitar, assimilar e agradecer. Somos todos trabalhadores na grande obra!

20

LIGAR/RELIGAR/DESLIGAR O SER ESPIRITUAL EM SI

Mariza Carla Monteiro Souza

No passado aprendi que a religião tinha a função de ligar o homem a Deus. Hoje entendo que religiosidade/espiritualidade estão simultaneamente atreladas, num fluxo dinâmico e processual de fusão, ebulição, condensação, imbricação e cisão em algumas partes de mim. Um diálogo entre fragmentos e totalidade do divino que experiencio, num movimento constante de construção/desconstrução, identificação/desidentificação, descrição e transição fenomenológica da transcendência, que se particulariza no si, no outro, e no ser que me torno a cada dia.

De onde parto para dizer isso? De um olhar (auto)etnográfico e translúcido, identificado no meu percurso do autoconhecimento, que me traz a clareza para lidar com os efeitos de luz e sombra, alegrias e dor, conceitos e teorias, encontros e desencontros acerca da compreensão de espiritualidade enquanto membro na família, na academia e nas relações sociais.

Da família coube a construção da minha identidade religiosa pautada no embasamento e dogmas do cristianismo (católico, apostólico, romano), e no qual me toca enquanto ato, elo ligando-me à divindade suprema: "Deus", e a auxiliares como: Jesus (Samanda), o Espírito Santo, Maria em suas diversas nomenclaturas, aos anjos, aos arcanjos, a alguns santos e às experiências que me integram nas festas religiosas, templos, rituais e objetos sagrados.

Contudo, me "desidentifico" na forma, no modo de professar a fé que se limita, se fecha e não inclui outras manifestações espirituais como verdade, mas que acontecem fenomenologicamente em mim, pois essa compreensão não chega pelo viés dessa religião. Ainda que se manifeste no aqui e no agora, e possa ser vivido por qualquer um de nós, santificados ou não nessa existência, apenas por sermos humanos.

Aproprio-me da ideia de santificado que perpassa pela lembrança, a apreensão conceitual que ecoou das palavras do saudoso Monsenhor Gaspar

Sadoc, numa linda tarde de domingo no Santuário da Mãe Rainha. Lugar que me conduz à conexão com Deus pelos olhos, contemplando do lugar que costumo me sentar na igreja, o verde da floresta nativa no entorno, que adentra as janelas da alma, conduzindo-me para além da leitura sagrada, as orações, cânticos e do próprio ritual litúrgico.

Confesso que muitas vezes me senti incomodada pelo discurso alienante de alguns pregadores da palavra de Deus, tanto dessa como de outras religiões, ao identificar compreensões defasadas, fechadas e ritualistas, herméticas na sua compreensão de mundo, e limitações de espiritualidade. Embora certos de suas eloquências e superioridade do lugar de quem fala, mas com fazer religioso que muitas vezes não inclui a possibilidade de aprender, e escutar o Deus naqueles, para quem os fala.

O homem da contemporaneidade que está diante das lideranças religiosas em certa medida tem uma compreensão de Deus, de fé e espiritualidade vivida dentro de si, e por isso não cabe mais incutir o modelo de sociedade e homens do passado, num discurso de suposto saber superior sem incluí-lo.

Destaco a efetividade da fala de Monsenhor Sadoc, um ser espiritualizado que falava para além do papel de homem religioso, e na época quase centenário, que trazia em sua homilia a lucidez, o senso crítico e discurso concatenado com voz ativa, a afirmação que todos ali eram santos. E do Padre F. G., que com muita maestria contextualizava as leituras sagradas com o que vivíamos no agora, falando para o homem de hoje. Esses religiosos detinham uma compreensão de "santidade" e de "povo santo" na vida contemporânea, a partir de uma perspectiva de divindade experimentada.

Certamente eles tinham consciência que não poderiam aferir a dimensão de espiritualidade das pessoas, nem o lugar de superioridade de fala sobre Deus, como algo fora do sujeito à sua frente, ou julgá-lo inalcançável por ele. Sequer atribuir aos outros, ou a si mesmo, tal poder, ou a emissão de juízo de valor de quem ou de qual posição estaria os mais iluminados. Eles nos traziam a desconstrução e construção do mistério de santidade, experiência de religiosidade e espiritualidade que transcende dogmas, e perpassa pela experiência e ação do homem no mundo real.

Na academia vivenciei o paradoxo e a dicotomia do discurso entre cientificidade e religião/religiosidade/espiritualidade à luz da ciência de minha formação profissional: a psicologia. Esta se deteve ao conceito de homem como ser biopsicossocial, sem abarcar a dimensão espiritual que é contida em cada ser.

Embora na prática clínica nos deparemos com questões ligadas ao sofrimento humano e ordens de sentido que perpassam por concepções religiosas, são demarcadas alienações que repercutem na condição de sujeito e de mundo intra/interpsíquico, com reverberações nas relações, na saúde mental e na qualidade de vida e do viver em sociedade, que estão para além das patologias, sinais e sintomas de adoecimento.

Do outro lado, os estudos acerca da família pelo audacioso grupo de pesquisa: Família, (Auto)biografia e Poética na Universidade Católica do Salvador(Ucsal) me conduziram a mergulhar durante o contexto de pandemia num universo complexo, multifacetado e profundo como religião e espiritualidade. Muitas vezes negligenciados e silenciados no mundo acadêmico por algumas áreas do conhecimento.

Bem verdade que em outras áreas do conhecimento são sensíveis, como a antropologia, a história, a sociologia, a educação, e até na medicina já se deslumbre aberturas e quebra de paradigmas ao ceticismo, para nomear o que não tem explicação palpável e científica, como a cura pela conexão espiritual.

Apesar de não ser novidade, dada as evidências atribuídas a espiritualidade como coadjuvante nos tratamentos e remissão das doenças em casos emblemáticos, que só por milagre e ação da transcendência se consegue responder, alguns profissionais na área saúde se mantem alheios às crenças e aos fenômenos espirituais. Mas por lei, são obrigados a respeitar e acatar preceitos e símbolos religiosos, como as guias dos orixás e amuletos sobre os corpos que manuseiam, inclusive na ambiência hospitalar.

O dito popular de que *religião não se discute* tem caído por tabela, haja vista que na vida social as questões morais e religiosas muitas vezes se fundem e transcendem a ordem, o tempo, assim como as lógicas relacionais e intergeracionais. Contrapondo-se ao dito popular, são discutidos hoje em juízo em diversas áreas do direito e Tribunais de Justiça do país casos como o direito à vida e a transfusão de sangue, que são atravessados por construções de sentido religioso pelos adeptos da religião Testemunha de Jeová.

Outros, como o respeito/desrespeito aos templos e aos rituais sagrados das religiões de matrizes africanas, assim como as denúncias de abusos sexuais e/ou atos macabros em nome das crenças espirituais, as dissoluções das relações conjugais e familiares por causa de intolerância religiosa. Todos esses aspectos se desdobram em outras dimensões, e no viver em sociedade.

Decerto, não é possível mensurar ou responder onde começa uma esfera ou termina a outra na vida prática, social, intercultural e intergeracional quando o entendimento de espiritualidade se atravessa, dada a complexidade da subjetividade humana. Para Mahfoud (2017, p. 847), "responder a partir da percepção detém o sujeito atado ao exterior, mas a resposta pode se basear no que o elemento exterior solicita em termos de interioridade do sujeito, suscitando tomadas de posição livres".

A partir da compreensão suscitada pelo autor, e sobre as questões de ordens práticas na vida social, infiro que a percepção de religião, religiosidade e espiritualidade requer do sujeito a compreensão fenomenológica, separando sempre o que é de si do que é do outro. Para tanto, requer um mergulho individual sobre as ordens de sentido que cada pessoa constrói ao longo do tempo, e de suas experiências no compartilhar a vida em família, sociedade e grupos de afinidade, e do seu lugar de iluminação espiritual.

A maturidade nos dá o tom e esta me traz sabedoria e distinções da transição e transmissão intergeracional dentro de mim, levando-me ao rompimento de padrões estereotipados e agora reconstruídos, baseados nos fenômenos espirituais que vivenciei e internalizo, não mais como reprodutora de crenças alheias, ditos e verdades absolutas trazidas por outros, em nome de Deus.

Embora algumas tradições e crenças familiares ainda permaneçam, ouso dizer que elas não são as mesmas, porque cada geração expressa a sua religiosidade/espiritualidade de modo diferente. Mudando o conteúdo, o objeto e a forma conforme novas crenças, valores e costumes são incorporados, advindos das transformações sociais em nosso tempo, e como cada um experiencia a sua espiritualidade.

De acordo com Minuchin (1982), a família muda conforme as mudanças advindas da sociedade, e é notório que tal afirmação se enquadra na relação com a religião e a espiritualidade na contemporaneidade, pois já não são preservados certos hábitos e costumes e tradições religiosas nas famílias de nossa sociedade.

No meu círculo social, observo a redução e/ou a inexistência de convites para rezar nas trezenas de Santo Antônio e na novena do Natal em família, ou a oferta de carurus a São Cosme e Damião e Santa Bárbara como reconhecimento e/ou pagamento de promessas, e/ou graça alcançada. Tão pouco as celebrações em ações de graças, a distribuição de doces e pipoca as crianças em devoção a algum santo, como vivenciei em certas etapas da minha vida.

Certamente essas mudanças são fruto das transformações e condições sociais e econômicas, da facilidade de acesso e pluralidade de religiões, do afastamento do homem com a religião e/ou com Deus ao longo da história e evolução científica, ou mesmo da liberdade de expressão do crer, ou não. Fatores que contribuíram/contribuem com a mudança de paradigma e visão da religião em si mesmo.

REFERÊNCIAS

JÚNIOR, Achilles Gonçalves Coelho; MAHFOUL, Miguel. As dimensões espiritual e religiosa da experiência humana: distinções e inter-relações na obra de Viktor Frankl. **Psicologia USP**, v. 12, n.2, p. 95-103, 2001. Disponível em: https://core.ac.uk/download/pdf/268308521.pdf. Acesso em: 6 jun. 2021.

MAHFOUL, Miguel. Silêncio e interioridade pessoal em Edith Stein. **Rev. Filos. Aurora**, Curitiba, v. 29, n. 48, p. 840-864, set./dez. 2017. Disponível em: http://dx.doi.org/10.7213/1980-5934.29.048.DS08. Acesso em: 6 jun. 2021.

MINUCHIN, Salvador. **Família:** funcionamento & tratamento. (Original inglês publicado em 1974). Porto Alegre: Artes Médicas, 1982.

FAMÍLIA E RELIGIOSIDADE POR MIM

Elmar Silva de Abreu

Do que contaram

O que minha mãe me contou foi que nasci prematuro, frágil e frequentemente ficava enfermo. Ainda com muito pouco tempo de vida fui levado a uma pequena igreja na região de Morro Agudo, localizada no subúrbio do Rio de Janeiro. Acompanhando ela e meu pai na ocasião do meu nascimento, estava um casal de vizinhos portugueses no papel de padrinhos, e para que eu fosse batizado, buscaram acordar o padre naquela madrugada, evitando que eu morresse pagão, sem o batismo.

Batendo na porta da casa anexa à pequena igreja, acordaram o padre, que abriu a porta e coçando muito os olhos, entendeu a emergência do caso e procedeu ao batismo com os meus pais e padrinhos naquela madrugada. Amanheci vivo e, dessa forma, escrevo agora este relato sobre a minha presença física neste mundo, o primeiro sinal de religiosidade e espiritualidade[1] dirigido a mim, por minha família, e por dizer de fé no Sagrado. Aqui estamos.

No tocante à religiosidade, meu pai, filho de Severiano Manoel de Abreu, homem praticante do Candomblé aqui em Salvador, era conhecido na época como Jubiabá, questão discutida entre ele e Jorge Amado na época em que este afirmara que era apenas homônimo em sua obra, o que não parecera convencer muito o meu avô, que ainda apontava desagrado nas descrições do personagem segundo a obra.

Em um dos atendimentos prestados pelo meu avô, ele conhecera minha avó, que tinha levado a sua mãe para cuidados em um templo de Candomblé aqui na cidade. Dali iniciou-se a relação entre Manoel Severiano e Maria Penina, frutificando quatro filhos, dentre eles o meu pai, Marcos, que por volta do primeiro ano de vida ficara órfão do pai. Entendo aqui sinais das raízes do Candomblé na religiosidade do meu pai.

---
[1] Giovanetti (2005) e Ross (1994), citados por Almeida (2020), mostram definições e diferenças entre essas dimensões.

Minha mãe, Helena, segundo seus relatos recentes de origem rural, tinha os seus pais, Júlio Porcino e Maria Anunciação, com precária escolaridade e fervorosamente católicos. Relata também grande esforço na criação dos sete filhos e que aos 12 anos aprendera, com sua mãe, a rezar o terço. Ela ainda hoje agradece a Deus o todo vivido até então.

Do que presenciei e vivi até então

Meu pai e minha mãe, católicos fervorosos, frequentadores das missas dominicais, às vezes no São Bento, no Bonfim, no São Francisco e muito atuantes na paróquia de São José Operário, no bairro de Pernambués, desde meados da década de 60. Hoje entendo o redirecionamento por parte do meu pai, Marcos, à religião católica, provavelmente pela relação com a companheira e esposa Helena, questão que ela não se constrangia em relatar. Os dois se tornaram muito atuantes nos trabalhos da paróquia e dinâmicos nos chamados grupos de casais. Por esse tempo lembro que aos oito anos fui conduzido ao catecismo, e já batizado, caminhando para os outros ditos sacramentos, entre eles, o da primeira comunhão.

Chamava-me a atenção o trabalho coordenado e ordenado pelas freiras Ancilas do Menino Jesus. Por meio desse trabalho eram oferecidos cursos à comunidade de Pernambués, como corte/costura, culinária e o tão requisitado curso de datilografia, que quem fez deve ainda datilografar com os dedos associados às teclas, e ainda sem olhar para o teclado. Sinto como se fosse agora, a minha caminhada de casa ao salão onde ocorriam os cursos. Na época as crianças ainda podiam andar nas ruas sem muito risco.

Nessa experiência de religiosidade, destaco Irmã Iracilda. Mulher que conheci, freira, baixinha, negra, com um sorriso e olhar irradiante, de muita energia, alegria e disciplina. Trabalhava bastante e sempre se mostrava disposta diante de tantos jovens, não perdendo o seu foco que era a educação cristã católica. Tenho ainda a falar de Iracilda antes do final deste texto.

Dando um salto para a minha fase adulta, me distanciei por um momento das práticas religiosas e, também nessa fase, vivi uma desatenção na dimensão espiritual.

Nos primeiros anos da década de 90, passei um mês trabalhando na cidade de Campinas, em São Paulo, e nos finais de tarde, caminhando para o hotel, via muito pouco movimento nas ruas, e tinha uma sensação ampliada de estar só, o que me conduziu a algumas reflexões. Em uma das tardes chegando no hotel, liguei a televisão e estava passando um desses programas de ocorrências policiais, e após o apresentador ter comentado uma situação de extrema violência que ocorrera, comentou: "Tudo isto é falta de religião para estes jovens. Nenhuma religião no nosso país prega a violência, todas pregam amor". Não sei explicar até hoje, mas esse momento me fez retornar a frequentar as missas na igreja.

No decorrer do tempo, buscando algumas respostas no plano espiritual, transitei mesmo que por alguns dias pelo Espiritismo, pela MahiKari[2], pelo Candomblé, pela Umbanda, por algumas igrejas evangélicas e retornado posteriormente ao Catolicismo.

Amadureceram em mim nessa trajetória o respeito às diferenças de crenças e a fé no sagrado, entendendo essa presença em cada um, trazendo em mim o entendimento e aceitação das fragilidades presentes em todo ser, tendo a leveza de também aí me incluir.

Sentindo que o acaso é para os que nele acreditam, e a estes eu também respeito, reencontrei Irmã Iracilda, após quase 50 anos: fazia eu, num domingo, uma oração na Igreja de Nossa Senhora da Conceição de Itapoã, pedindo a Deus que me apontasse um caminho, um algo mais, um sentido concreto referente a uma pesquisa que havia concluído sobre *relações entre afetividade e aprendizagem no ambiente familiar,* quando alguém tocou em meu ombro perguntando: *"Meu filho, o que você faz aos sábados entre 14h e 16h?"*

Iracilda me convidou para participar de um projeto sobre *A importância da educação e da família no enfrentamento das questões,* envolvendo jovens e familiares em condições vulneráveis. O projeto utilizava como instrumento conversas e com a frequência de um sábado por mês. A questão convergia com o que eu havia pesquisado.

Dessa forma, em um sábado por mês, troquei a cerveja do pé da amendoeira com amigos pela participação no projeto durante mais de dois anos. As atividades foram suspensas em função da situação da pandemia da Covid-19, sendo retomadas pouco a pouco, respeitando a disponibilidade dos participantes.

---

[2] Arte *Mahikari* –"luz da verdade" – é um movimento religioso moderno (*shinshūkyō*), ou uma arte espiritualista ecumênica e sem dogmas, fundado em 1959 por Yoshikazu Okada em Tóquio. Baseada no budismo e em revelações divinas de Deus (criador do céu e da Terra). Tem como objetivo a renovação espiritual e qualidade de vida elevada da humanidade com o uso da Luz Divina e uma vida centrada em Deus independentemente da religião. Disponível em: https://www.icp.com.br. Acesso em: 1 jun. 2022.

Ainda pedinte e às vezes ofertante, também me coloco na condição de gratidão a Deus por todo o meu trajeto até os dias de hoje. Nesse percurso também incluo a possibilidade de participar de diferentes grupos que flutuam sobre as tantas águas, fazendo-me entender que somos todos navegantes.

REFERÊNCIAS

ALMEIDA, Aline M.: Espiritualidade/Religiosidade/Crença: repercussões na qualidade de vida da pessoa em processo de envelhecimento. *In:* RABINOVICH, Elaine Pedreira; MOREIRA, Lúcia Vaz C.; FERREIRA, Marilene Menezes. **Envelhecimento e intergeracionalidade:** olhares interdisciplinares. Curitiba: CRV, 2020. p. 69-86.

GIOVANETTI, José Paulo. Psicologia existencial e espiritualidade. *In:* AMATUZZI, Mauro Martins (org.). **Psicologia e espiritualidade.** São Paulo: Editora Paulus, 2005. cap. 7, p. 129-45.

ROSS, L. The spiritual dimension: Its importance to patients' health, well-being and quality of life and its implications for nursing practice. **Int J Nurs Stud**, v. 32, p. 457-68, 1994.

RELIGIÃO E RELIGIOSIDADE NO CURSO DA VIDA E DA EXISTÊNCIA

Teresa Cristina Merhy Leal

Escrever, descrever religião e religiosidade enseja em mim a revivescência de caminhos percorridos desde a infância. Convida-me a revisitar o vivido, e isso implica o olhar, a escuta e o sentir cheiros, texturas, assim como tudo mais que envolve a magia da incompletude, de fragmentos de uma história de vida, que compõem um rizoma[3] de recordações significativas.

Na infância apreciei e participei de rituais religiosos, tendo a minha avó Olga, mãe da minha mãe, como referência marcante de sentimentos, sentidos e significados múltiplos. A começar por provocar a minha curiosidade nos rituais católicos como o de assistir missas e acender velas todas as segundas-feiras para as almas, pois quando estava de férias, costumava acompanhá-la a igreja Nossa Senhora da Lampadosa, localizada no centro da cidade do Rio de Janeiro.

Fui batizada, fiz primeira comunhão, com direito a bolo com uvas artesanais e doces, tudo feito com muito cuidado e capricho pela vovó, assim como o vestido longo. Tive também direito a sandálias franciscanas e véu, cobrindo os meus cabelos, tudo na cor branca. Acredito que tenha sido a primeira e única vez em que me confessei com um padre, haja vista não ter gostado desse ritual de confessar a alguém estranho as coisas que tinha feito, principalmente as que fiz de errado; naquele período da infância e até hoje gosto de sussurrar uns palavrões quando estou aborrecida. Um pecado horrível, segundo a minha avó!

Vale destacar que foi a partir dos seis anos de idade, após a separação de meus pais, que eu, mamãe e meu irmão fomos morar com meus avós por parte de mãe. Meus avós paternos, que são naturais do Espírito Santo,

---
[3] O rizoma é formado por linhas que constituem um platô, caracterizado como "região contínua de intensidades, vibrando sobre ela mesma, e que se desenvolve evitando toda orientação sobre um ponto culminante ou em direção a uma finalidade exterior" (DELEUZE; GUATTARI, 1995, p. 47).

assim como toda a família de meu pai, sempre moraram lá; praticamente não tive contato, tampouco uma referência religiosa desses parentes.

Na casa de meus avós maternos não tinha um altar, um oratório, mas alguns espaços nos quais visualizávamos imagens de santos, como, por exemplo: as mesinhas de cabeceira de meus avós, a penteadeira e a radiola. Lembro-me bem do São Judas Tadeu na mesinha de cabeceira do vovô Jorge; Nossa Senhora na mesinha de cabeceira da vovó Olga; na penteadeira uma imagem de Cristo Crucificado, envolto a um terço e na radiola que ficava no pequeno corredor, bem na entrada do apartamento. Sobre esse objeto havia de um lado uma imagem do Menino Jesus de Praga e do outro uma imagem de um índio, que se chamava Sultão das Matas.

Além das idas as igrejas também tenho na lembrança da infância as idas a terreiros e a casas de senhoras espíritas, que de acordo com tia Gilda, irmã da vovó Olga, iriam curá-las de alguns males que na época, a medicina não identificava a causa. Esse era o caso de uma dor de cabeça insuportável e frequente da vovó. Destaco que vi coisas que não ouso descrever, para estranhos, pois achariam que como eu era criança, estaria mentindo. Hoje identifico e compreendo alguns procedimentos espíritas que observei na infância, quando acompanhava minha avó. Esse era o caso dos rituais de cura e de caridade, realizados por pessoas simples, humildes, mas com o poder de curar pela oração, pela manifestação/incorporação de entidades e pelas rezas, ao benzer a pessoa com um punhado de folhas em uma das mãos.

Como passava a maior parte do tempo sendo cuidada por vovó, pois minha mãe trabalhava o dia todo, fui introjetando o que meus olhos observavam com atenção e as crenças que eu ouvia repetidamente, proferidas por vovó, cuja imagem de Deus era contemplada como um ser superior, poderoso, que tudo via, vigiava, e que se eu fizesse algo considerado errado pelo adulto, seria por Ele castigada. O Deus do castigo para a minha avó, mesmo sendo um Deus de bondade e de amor, via tudo o que era errado e punia. Por longos anos esse Deus esteve presente no meu imaginário e me acompanhou na infância, na adolescência e por um período da vida adulta.

Na fase adulta reproduzi alguns rituais religiosos apreendidos: me casei na igreja católica, fiz e paguei uma promessa pela cura de um câncer no seio de minha mãe ao Senhor do Bonfim, assim como batizei meus filhos Danielle e Alberto. Dani, feliz da vida, fez primeira comunhão juntamente aos colegas da escola, mas Beto, respeitei o seu pedido quando disse que não queria participar da primeira comunhão aos dez anos de idade. Quando lhe perguntei porque não queria fazê-lo disse que não gostava de padre.

Hoje, Alberto diz que é ateu! Um ateu que respeita o próximo, acolhe a diversidade religiosa e de gênero, é justo, generoso, honesto e trabalhador. Minha filha Danielle segue a doutrina espírita, é Reikiana e assim como o irmão tem muitos atributos que admiro. São o que costumo chamar de "lindas pessoas" para o mundo, que gostam de gente, pois praticam o bem sem preconceitos e estigmas, descobrindo e construindo de forma livre o sentido de suas religiosidades, se assim posso chamar.

Já casada e com filhos, me inquietei com a minha condição de mulher, esposa, mãe, filha, profissional, dentre outros papéis sociais. Tal inquietação emergiu logo após a formação em Psicologia Social fundamentada pelos pressupostos de Enrique José Pichón-Rivière (1907-1977), criador da Psicologia Social Operativa e da técnica de Grupos Operativos. Tal formação me possibilitou entender melhor a dinâmica dos papéis sociais, por meio da observação e da escuta mais apurada, em uma determinada circunstância histórica e social; me fez estar mais consciente dos papéis que eu representava.Dentro de mim, sentia que buscava algo mais, ansiava descobrir quem realmente eu era, a minha essência nesta existência. É como se estivesse em meio a um nevoeiro, com muitas informações, mas ainda sem identificar o caminho que realmente queria seguir.

Nesse impasse busquei uma formação de autoconhecimento e ingressei no Grupo de Estudo e Prática do *Pathwork* que constituem os fundamentos do caminho espiritual, com metodologia desenvolvida por Eva Pierrakos, trazida para o Brasil por Aidda Pustilnik como Dinâmica Energética do Psiquismo. Foram três anos de muitas reflexões, provocadas pelas leituras e discussões de 258 apostilas psicografadas por Pierrakos, cujos temas abordavam a natureza das realidades psicológica e espiritual, bem como o processo de transformação pessoal.

O primeiro texto de Pierrakos, intitulado "O Chamado", perguntava aos participantes o porquê de estarem ali. Indiscutivelmente, estava ali porque queria saber quem realmente eu era até aquele momento da minha vida e o que gostaria realmente de transformar em mim, para seguir em frente. Diante das leituras e discussões pude exercitar a observação e a escuta da minha história de vida e dos demais integrantes do grupo, compreendendo nesse processo, o quanto narrar, falar de si, tanto quanto ouvir as narrativas do(s) outro(s), tem o poder de (re)significar e transformar, valores, crenças e hábitos e promover a consciência e a "cura" de muitos medos presentes em minha vida.

Dentre os medos latentes emergiu um novo questionamento nos estudos do grupo: o que é **Deus** para você? Como a visualizar um espelho, vi refletida na memória o meu rostinho de infância, com um olhar assustado, triste, aguardando que lhe dissesse algo naquele momento de encontro íntimo entre nós – a criança e a mulher –, em que eu tinha a alternativa de manter o medo de um Deus punitivo ou transformá-lo no Deus do amor, que a todos acolhe e perdoa. Reconheci naquele momento, que quem nos pune somos nós mesmos, com nossos pensamentos, sentimentos e ações. Desconstruí o medo da infância que me abriu uma consciência mais crítica e menos vitimizada da mulher que se encontrava com suas fragilidades e que queria transformá-las.

Nesse olhar para dentro e para fora, vi também para além da minha história, pois tive a compreensão e o acolhimento da história da minha avó! Isso significou que o exercício de autoconhecimento me provocou. Assim:

> Encarar o meu itinerário de vida, os meus investimentos, os meus objetivos na base de uma auto orientação possível, que articule de uma forma consciente as minhas heranças, as minhas experiências formadoras, os meus grupos de convívio, as minhas valorizações, os meus desejos e o meu imaginário nas oportunidades socioculturais, que soube criar e explorar, para que surja um ser que aprenda a identificar e a combinar constrangimentos e margens de liberdade [...] guiada por um aumento de lucidez (JOSSO, 2004, p. 58).

Foi a partir do exercício de me conectar comigo mesma e de revisitar a minha história de vida, conjuntamente ao(s) outro(s), que fui e continuo aprendendo a me (re)ligar com mais segurança a uma energia superior.

Nessa caminhada fiz a iniciação ao Reiki, cujo propósito é de nos conectar com a Energia Vital universal, que tanto nos beneficia quanto beneficia o outro ao emanarmos essa energia por meio das mãos no ritual de alinhamento dos chacras. Registro que até então minhas mãos eram extremamente frágeis e adoecidas por um processo alérgico que nenhum médico ou exames diagnosticavam a causa. Foram anos de sofrimento e dor que hoje não faço a mínima questão de recordar, mas de registrar que na prática do Reiki me curei de um processo tido como alérgico. Acredito que daí em diante observei em mim um processo de autocura.

Mas o caminho a ser trilhado não é previsível, e conectada às boas energias do universo, fui convidada por uma querida amiga, a Carla, a conhecer um Centro Espírita. Assim que cheguei ao local me senti acolhida pelas pessoas e pela energia do ambiente. Nesse espaço me encontrei mais uma vez com a doutrina espírita e experienciei a energia de cura e caridade, quando convocada pelo mentor do centro a ministrar passes, que interrompi no período da pandemia, em razão do fechamento temporário das instituições de atendimento em geral.

Carla, posteriormente, me convidou a ingressar em um grupo de oração *online* que iniciou no período da pandemia de Covid-19, cujos integrantes já conhecia alguns; e na sua maioria são espíritas. Somos um grupo aberto a quem queira se unir a nós na energia do amor, da luz e da paz! Nesse grupo diariamente venho aprendendo a conversar com Deus, Jesus, Maria, com o meu Anjo da Guarda, assim como com meus guias espirituais e com todas as demais energias que desejam a luz, o amor e a paz. Tenho cada vez mais a consciência do livre arbítrio, e que somente eu sou responsável pelas consequências dos meus sentimentos, pensamentos e ações.

Hoje, observo, penso e sinto o mundo e as pessoas muito conectadas para o bem e/ou para o mal e invisto no fortalecimento da minha fé, no poder das orações e mentalizações individuais e coletivas que emanam amor, luz, paz, cura e caridade para todos os seres vivos e para o planeta.

Nesse processo de crescimento espiritual aprendi que aprender sobre outras religiões é fantástico e que nos aproxima cada vez mais de um outro diferente de nós. Nessa caminhada a espiritualidade tem sussurrado para mim que ela transcende as religiões e me convida a novas experiências.

REFERÊNCIAS

DELEUZE, Gilles; GUATTARI, Félix. **Mil platôs**: capitalismo e esquizofrenia. Vol.1. Rio de Janeiro: Ed. 34, 1995.

JOSSO, Marie-Christine. **Experiências de vida e formação**. São Paulo: Cortez, 2004.

PARTE III

ALTARES, NICHOS E ORATÓRIOS:
O AUTO E *O ETHOS* DO SAGRADO

23

A CAPELINHA MINIATURA DE CRISTAL E COSME E DAMIÃO: UM ALTAR BEM CATÓLICO E REGIONAL NUMA CASA JUDAICA

Elaine Pedreira Rabinovich

Tenho vários tipos de altares em casa – e até já escrevi sobre um deles, "O altar da família", no livro *Objetos* (RABINOVICH *et al.*, 2019) – mas, aqui, focalizarei apenas o altar católico. A motivação para esta escrita se deve ao documentário *A Estrela Oculta do Sertão*[1], assistido pelos membros do grupo FABEP por estarmos desenvolvendo um estudo sobre religião e família.

Esse documentário aborda marranos, cristãos novos que processam a fé judaica, bem como a permanência de rituais associados à religião judaica no sertão nordestino. Nele, há uma senhora que, além de seguir alguns desses rituais, enumera uma série de santos colocados em sua parede, ao lado de fotos de família, constituindo claramente um altar. No mesmo documentário, há um oratório presente em uma família há mais de 100 anos, que tem nele gravado uma letra do alfabeto judaico, indicando sincretismo religioso e/ou modos de ocultamento de práticas religiosas.

Esse oratório deu margem aos membros do FABEP para fotografarem e comentarem os seus próprios oratórios. Eu, mesmo sendo judia, também fotografei o meu, objeto do presente texto. A presença de um oratório católico numa casa judaica caminha no sentido inverso ao do documentário: uma pessoa bem judia, pertencente a uma família também bem judaica, que tem, com muito orgulho, um altar católico em sua casa.

A capelinha

Meu oratório é uma capelinha de vidro enfeitada por retalhos de espelho. Eu a comprei não me lembro onde, mas, de certo, encantada por

---

[1] Disponível em: https://youtube.be/zM6dRc5mrtM. Acesso em: 1 jun. 2022.

sua singeleza vinda e advinda da cultura popular brasileira que transforma e cria o velho em novo.

Cresci vendo capelinhas à margem das estradas e em ruas da cidade, sempre brancas, várias com listas azuis, várias com santos dentro delas, e isso sempre me encantou porque é belo.

Meu marido, já falecido, também judeu, tinha dois santos pequenos, Cosme e Damião, a mim presenteados dizendo que eram muito valiosos e muito antigos, de igreja. Nunca perguntei por sua origem, mas acredito serem os bens mais valiosos de minha casa, devem ser bem antigos. Têm cerca de 20 cm de altura, são de madeira e bem toscos. Estão sobre uma mesma base, também de madeira, e podem ser girados um pouco. Certamente seu valor não se deve nem à sua beleza nem à sua arte, mas à sua antiguidade e possível modo de produção. Esses são santos cultuados principalmente na Bahia, onde tem uma linda festa só para eles, em que sete crianças são convidadas para comerem um verdadeiro banquete. E eu também fui convidada a participar de tal banquete várias vezes! Faz parte da tradição ofertar uma super comilança.

Então, eu os coloquei dentro da capelinha, onde estão por mais de 35 anos. Fazem parte da casa.

Fotografia 1 – Capelinha

Fonte: acervo da autora

O interesse dessa história é a presença de um altar com santos católicos dentro de uma casa judaica, mostrando o hibridismo religioso, que Sanches (2008) tão bem descreve denominando-o sincrético.

Referências

RABINOVICH, Elaine P. O altar da família. *In:* RABINOVICH, Elaine Pedreira *et al.* **Objetos de família:** vozes, memórias. Curitiba: CRV, 2019.p. 225-230.

SANCHES, Pierre. Cultura brasileira e religião... passado e atualidade... **Cadernos CERU**, série 2, v.19, n.2, dez. p. 71-92, 2008. Disponível em: https://doi.org/10.1590/S1413-45192008000200005. Acesso em: 20 maio 2020.

24

OH DEUS SALVE O ORATÓRIO[1]

Ana Cecília S. Bastos

Nasci numa família profundamente católica, mas não havia em casa uma devoção especial a santos particulares. Fora a novena da festa de Nossa Senhora da Penha, padroeira da cidade, no Crato (onde residi dos cinco aos 17 anos), não vi meus pais fazendo outras novenas ou promessas, apegando-se a santos. Que eu saiba, minha mãe fez uma única promessa, ao Senhor do Bonfim, quando precisei passar uma ou duas noites no hospital aos cinco anos de idade (residia em Salvador até essa idade). Depois, por muitos anos, ainda havia um retratinho meu na sala de ex-votos na Basílica do Senhor do Bonfim. Eram muito devotos de Nossa Senhora, e por muitos anos rezávamos o terço em família todas as noites. Minha mãe tinha uma devoção especial a Nossa Senhora Auxiliadora, por ter estudado em colégio de salesianas, de quem esta era patrona; e São João Bosco era o santo que os inspirava como educadores. Se não havia essas práticas propriamente ditas, lembro de ter escutado muitas vezes histórias da vida dos santos, especialmente de São João Bosco, que dava o nome ao colégio que eles fundaram e dirigiram durante 11 anos, onde estudei.

A minha avó materna era devota de São José, a quem entregava todas as causas, desde as mais cotidianas até as mais graves. E esse fato era reconhecido e valorizado por toda a família.

Na casa de meus avós paternos havia, em um lugar de destaque, os quadros do Sagrado Coração de Jesus e do Sagrado Coração de Maria – tão presentes nas casas nordestinas. E havia, no Natal, um belíssimo presépio!

Em casa, havia uma única imagem de Cristo (ainda está em casa de meu pai, já por cerca de 60 anos), além de crucifixos, a Santa Ceia talhada em madeira, e imagens de Maria e da Sagrada Família. Lembro-me também de um quadrinho do Anjo da Guarda protegendo as crianças. Numa

---

[1] Trecho da Canção Cálix Bento – autoria de Milton Nascimento. Disponível em:https://www.youtube.com/watch?v=OTjh8rnNfbk. Acesso em: 1 jun. 2022.

casa com nove filhos, de professores que trabalhavam muito, não havia de um modo geral tantos objetos de veneração nem de decoração. Não havia espaço nem tempo para isso. Mas havia muitos livros, inclusive a Bíblia e muitos livros de vidas de santos, com ilustrações.

Quando meus avós maternos morreram, pela primeira vez tivemos em nossa casa um Oratório – que chamamos Santuário, herdado por minha mãe. Esse Santuário foi encomendado por meu avô ao tio de meu pai (quando meus pais sequer se conheciam nem imaginavam casar-se um dia), que era um marceneiro e um artista. Construiu belos altares em madeira, inclusive para igrejas da cidade. É feito em madeira de lei. Quando chegou em nossa casa já morávamos em Salvador, eu já era universitária, e é como se de repente tivéssemos um lugar sagrado cheio de santos – alguns, que pertenceram aos pais e aos tios de minha mãe. Embora eu tenha em casa imagens de santos, e em certo momento da vida tenha destinado um espaço para fazer um altar, quando penso em um oratório de família é no Santuário da casa de meus pais que penso e, um dia, gostaria de trazê-lo para minha casa.

O Santuário de meus pais

Fotografias 1 e 2 – Santuário de meus pais

Fonte: acervo da autora

É possível notar nas Fotografias 1 e 2 a Sagrada Família na área externa, inclusive na prateleira inferior. Há um quadro da Igreja de São Francisco, vista do Terreiro de Jesus. Um pequeno aparelho de som está ali a nos lembrar a coexistência entre altares e tecnologia.

Fotografias 3 e 4 – Virgem Santíssima e São José

Fonte: acervo da autora

As Fotografias 3 e 4 apresentam closes por trás do vidro. Minha mãe tinha grande apreço pela imagem de Maria grávida. Vê-se de perfil a imagem de São José que pertenceu à minha avó materna, aquela que era devota dele.

Olha lá vai passando a procissão[2]

Ao evocar santos e imagens, não posso deixar de mencionar a profunda impressão que me causavam as imagens religiosas na minha infância e adolescência quando eram trazidas nas procissões. Ainda quando morava em Salvador, devia ter uns quatro ou cinco anos, ficava impressionada ao ver passarem as imagens nas procissões da Semana Santa. Sentia bastante medo! Tenho uma lembrança muito vívida da Mãe Dolorosa, vestida de roxo e com cabelos de verdade, assustadores, e de Jesus carregando a cruz,

---

[2] Verso da canção Procissão – autoria de Gilberto Gil. Disponível em: https://www.youtube.com/watch?v=NplX__giPXM. Acesso em: 1 jun. 2022.

a coroa de espinhos sobre os cabelos também de verdade, o rosto ensanguentado. Era a Procissão do Encontro, na Rua da Ajuda. Eu vivia aquilo como se estivesse acontecendo ali, e não como uma encenação da Paixão.

Essa experiência, por sua profundidade, guarda continuidade com o que senti, em muitos momentos da vida adulta, ao visitar igrejas e catedrais.

Tenho lembranças marcantes também das procissões no Crato. Em algumas delas havia muitos andores, imagens de Cristo, de Maria e de diversos santos. Lembro-me do São Sebastião, com o corpo crivado de flechas, que me impressionava, mas não conseguia concorrer com o sofrimento da procissão do Encontro. E me lembro da grande surpresa e do encantamento que nos tomavam quando aparecia o andor principal, ornamentado de flores e cetim. Havia os cantos e as velas acesas, com um papel de apoio para a cera não pingar na mão. A criançada gostava de fazer bolinhas com os restos de vela; eu gostava até do cheiro característico.

Toda essa ambiência de cidades em momentos em que se tornam, coletivamente, santuários, era inseparável da ambiência religiosa em casa, pois os eventos religiosos, a festa da padroeira, as procissões, eram um acontecimento familiar. Todos íamos com grande prazer, sem questionar. Era um acontecimento sobretudo festivo para crianças e adolescentes – lembro-me das paqueras! E havia oração, sentimento e fé.

Os presépios

O presépio da casa de minha avó paterna, vovó Sinhá, é o mais bonito de que tenho lembrança. Vi outros maiores, belíssimos e até chiques (como os dos shopping centers, e que não combinam com a cena da Natividade de forma alguma...). Mas nenhum me trouxe o mesmo encantamento, a mesma oportunidade de contemplação. Ocupava quase todo o piso da sala da frente – a mais importante da casa. Espalhava-se pelo chão. Minha querida tia Nilza era a responsável por construí-lo, por vários dias, mas certamente outras pessoas ajudavam, pois havia toda uma elaboração. Havia uma gruta em papel, imitando rocha; eram vários planos. Havia areia fazendo os caminhozinhos; plantinhas, pedrinhas; e luzes, havia alguma instalação elétrica interna à gruta. As muitas imagens, tão bonitas: a Sagrada Família, o anjo, os reis magos, a estrela, os animais, o boi, o burro, carneirinhos, um galo. Não temos fotos desse presépio único. Mas... precisa?

Em casa de meus pais tivemos um presépio bem completo, sempre as mesmas peças, que acompanharam a família por cidades e casas diferentes por pelo menos 50 anos. Demorou muito para acontecer das imagens, muito bonitas, se quebrarem e se desgastarem, mas isso inevitavelmente aconteceu.

Na minha casa, hoje, temos inúmeros presépios. No início, tínhamos apenas o Menino Jesus, preto e dourado, presente de meus pais. Depois fomos adquirindo presépios pequenos, por não haver espaço para guardar um maior; a cena da Natividade numa pequena casinha iluminada, por exemplo, fascinava meus filhos quando crianças. Nunca tivemos um grande presépio como meus avós e meus pais; mas chegamos a contar uma vez 14 presépios todos dispostos pela casa durante o Natal. Meu marido e eu somos fascinados por eles. Assim, vemos presépios quando viajamos e não resistimos a comprá-los. Acho isso uma loucura, mas é o que nos aconteceu. E não tenho coragem de me desfazer deles. Pareceria sacrilégio. Misto de apego, estima e devoção.

Quando nasceu seu quinto neto, Alexandre, no mês de dezembro, minha mãe resolveu encenar um presépio vivo com as crianças, sendo o bebê o Menino Jesus. Criou-se uma tradição que persiste até hoje, já por 28 anos. Depois de Alexandre, nasceram mais 11 netos. Quando não havia um bebê com menos de um ano, minha mãe convidava sobrinhos e filhos de amigos. Ela ainda chegou a ver quando sua primeira bisneta, Mariana, minha netinha, foi o Menino Jesus. Seguimos a tradição e ali, a cada Natal, parece que D. Ruth continua também ali conosco, celebrando a festa que ela tanto amava[3].

Sem dúvida é arte de minha mãe – lá do céu, onde acho que ela está – que meu netinho caçula, Pedro, tenha nascido no dia de Natal. Talvez para nos alegrar, sendo Pedro o Menino Jesus justamente no ano da pandemia, quando o nosso Natal foi diferente, estranho, mas inesquecível. Estávamos isolados em nossa casa na ilha de Itaparica, uma pequena parte da família somente – que, nas festas natalinas, costuma somar cerca de 40 pessoas. Mas tivemos a visita simbólica das pastorinhas, representadas por minhas três netinhas, numa evocação dos pastoris e "dramas" que tenho registrados em algum lugar da memória, certamente na seção magia e fé da infância no Crato[4].

---

[3] Quando li esse texto em reunião do grupo de pesquisa, ao comentar sobre a transmissão familiar de práticas religiosas e devocionais, falamos das mudanças que observamos hoje, em um mundo secularizado. Diana colocou uma questão: e o que colocamos no lugar de tudo isso para as nossas crianças? Fica a pergunta.

[4] Essa memória foi evocada por um vídeo do Baile do Menino Deus–essa bela realização de Ronaldo Correia de Brito e Assis Lima, com o músico Antônio José Madureira.

Lá vai São Francisco pelo caminho...[5]

Depois de adulta, ao longo de minha própria jornada espiritual, passei a ter predileção por São Francisco, acentuada após visitar, por duas vezes, a cidade de Assis.

Quando criança, no Crato, via passar peregrinos que iam para a cidade de Canindé, onde há uma grande devoção a São Francisco das Chagas (outro nome pelo qual ele é conhecido, numa referência aos estigmas que recebeu quando passando por uma experiência mística de transfiguração).

Foi uma grande emoção quando o nosso extraordinário Papa adotou o nome de Francisco, dom e esperança imensos. Pouco antes do anúncio, eu cheguei a falar com amigos – e fiz até uma postagem no Facebook – dizendo que precisávamos de um Francisco!

Para falar de Francisco, copio aqui uma página de diário da primeira visita que fiz, sozinha, à cidade de Assis, em 2001.

Agora estou no ônibus para Orvietto e Assis. Que emoção ver os lugares onde viveu Francisco. Estamos na Úmbria, saídos da região do Lazzio. Este é o "coração verde da Itália", conta-nos a guia. Também é a "Itália mística", pela quantidade de santos que viveram aqui (Santa Rita de Cássia, São Bento, Santa Clara, São Francisco), e pela paz, tranquilidade, beleza do lugar; concentra ainda sítios arqueológicos e importante patrimônio artístico.

Francisco é uma nudez, um abraço amoroso ao essencial, em contraste com a exuberância de sua cultura (e origem), mas imerso nela no modo intenso e radical (eternidade e perfeição) com que se move e marca sua presença de um modo que nos chega quase violentamente.

Vejo o lugar onde morreu e seu túmulo, mas, sobretudo (impressionantes!), os lugares onde viveu.

Certamente há algo em comum entre Assis, na Itália e Juazeiro do Norte, no Ceará.

O mesmo modo de enfileirar os souvenirs nas muitas lojinhas que vivem disso.

O mesmo tipo de peregrino que perambula pelas ruas – pessoas com deformidades, andando de muletas. Mesmo aqui na Europa, nada de cadeiras de roda modernas ou dispositivos para pessoas com deficiências. Não; aqui a pobreza é um signo, cruamente exibida ao lado dos monumentos, alinhada com eles.

---

[5] Poema "São Francisco"– autoria de Vinicius de Moraes / Sergio Bardotti / Paulo Valente Soledade. Disponível em: https://www.youtube.com/watch?v=-d7f9sbYA10. Acesso em: 1 jun. 2022.

> Claro que não são muitos os pobres – isto é, se não incluo entre eles os "pobres nossos irmãos" que fazem esse turismo a jato, vazio e fotográfico, apenas aparência. Há duas brasileiras oxigenadas aqui ao lado, de uma lamentável pobreza. Tenho que me esforçar para interagir com elas – tipo que dá vergonha de ser brasileiro, este sim, e não os nossos nordestinos, ou os romeiros do Juazeiro ou do Canindé e que tanto me impressionavam ao passar, quando eu era menina, no Crato: famílias inteiras, crianças inclusive, com aquela túnica marrom dos frades franciscanos, de tecido grosseiro, pesado, sob o sol inclemente.
>
> Mas são, de todo modo, os daqui, pobres assim: instalados nessa condição, em um absoluto desamparo; alguns, drogados, aquele olhar ausente, etéreo e, em Assis, em busca de abrigo, cura ou redenção. Também, do mesmo modo, busco redenção.
>
> Que emoção ver o lugar onde nasceu Francisco. Onde está sepultado. E sobretudo, em Santa Maria dos Anjos, a Porciúncula, onde vivia e rezava, e todos os sinais de seu trabalho ali em torno. Sem palavras.
>
> Francisco em sua cela.
>
> Francisco e os animais, ternura de Deus para conosco.
>
> Francisco e sua túnica, rude; cheia de remendos e rasgões a lã grosseira.
>
> "Il Poverello" e a força de sua vida. Até hoje.

Para concluir, trago as fotos do altar que temos em casa há uns 20 anos. As imagens têm uma história e seu valor é da ordem do afetivo e do sagrado. O Coração de Jesus, em gesso (já foi restaurado duas vezes), pertenceu à minha avó materna, vovó Pia. O São Francisco foi um presente recente de uma aluna querida, Renata. Há pequenas imagens que trouxemos de viagens ou nos foram dadas também de presente.

Na parede, temos o Espírito Santo, presente de uma amiga, um quadrinho da Santíssima Trindade de Rublev, também um presente, e pinturas religiosas dispostas em um crucifixo. O outro quadro veio do México, presente da colega Cristina Gomes, e representa Nossa Senhora de Guadalupe, patrona da América Latina. Há um retábulo de madeira, precioso presente do querido amigo José Eduardo (Dinho).

Havia também um oratório do mesmo tipo, que pertenceu à família de uma amiga por 200 anos; não sendo ela mesma religiosa, ela me deu, após o falecimento de sua mãe. Infelizmente, para meu desconsolo, essa peça – a única valiosa como antiguidade, além de vir de alguém que muito estimo – se extraviou numa mudança.

Os santuários nos acompanham na vida. Que a procissão de santos (lembrando também aqui o belíssimo Black Spiritual "When the saints go marching in"⁶), liderada por Francisco, nos inspire a seguir pelo caminho da Paz e do Bem!

Fotografias 5, 6 e 7 –Santuário

Fonte: acervo da autora

---

⁶ Com Louis Armstrong aqui: https://www.youtube.com/watch?v=17nXsv7o64k. Letra: https://www.google.com/search?q=when+ the+saints+go+marching+in+louis+armstrong+lyrics&oq= &aqs=chrome.0.35i19i39i362j35i39i362l4j35i19i39i362j35i39i362l2... 8.7414696j0j15&sourceid=chrome&ie=UTF-8. Acesso em: 1 jun. 2022.

O NICHO

Cinthia Barreto Santos Souza

O nicho é uma memória eternizada. Diante dele, aprendi a reza, o louvor, a reverência, a fé. O nicho era casa de madeira e porta de vidro, tinha uma pequena chave que protegia as imagens, o terço, as relíquias católicas, os costumes religiosos, o amor Divino sobre aquela morada misericordiosa. Era Deus. O Majestoso que habitava os espaços de um lar edificado sobre a crença, a religiosidade, o serviço, o amor ao próximo, a igreja comunidade.

O nicho era alusão na casa. Todas as coisas estavam ao redor dele. Era o mesmo nicho para o qual o personagem Lobinho da história mais contada e pedida, buscava flores, enquanto perdia-se no bosque. As flores eram para enfeitar o nicho e salvar Lobinho de algumas palmadas que poderiam crepitar sobre o traseiro do bichinho. Nenhuma mãe castigaria um filho que saiu sozinho e sem avisar, perdeu-se e causou aflição em toda família até ser encontrado, se não fosse Lobinho a colher flores para o nicho. Foram tantas floreiras que toda a casa ficou enfeitada e perfumada, além, do próprio nicho. Se fosse a menina a perder-se, seria ela salva pela santidade e poder do nicho? Ela acreditava, como hoje acredita a mulher avó.

O nicho feito memorial da casa, semanalmente recebia as flores arejadas da feira livre dos sábados. Isso era como oração no folheto do domingo, como ladainha escrita no missal. A senhora descia até a praça da feira e trazia as flores. Elas floriam além do nicho a casa inteira. Tinha até hora marcada para preparar os jarros de flores. Durante o descanso do almoço. No turno seguinte ao primeiro, o nicho já estava adornado de beleza e exalava o perfume das pequenas e artistas mãos de Odete.

O nicho recebia o primeiro jarro. O santuário ocupava a sala de costura. Posso vê-lo a qualquer instante: o castiçal, a vela acesa e a caixa de velas coloridas para o gasto. A imaculada Conceição no Centro, o Menino Jesus... O nicho ficava sobre o cofre como se ambos guardassem o sustento das senhoras. O corpo e a alma. No canto, escondido, depois da fileira de armários socados de camisolas de noivas e camisolas de nenês: o nicho. Próximo ao nicho, o rádio de pilhas: as notícias de longe. *"– Atenção, Sr. José, sua filha, dona Maria, avisa que esteve doente, mas já está recuperada, passa bem".* Isso até que as máquinas começassem a produzir os costumeiros e prósperos sons. Diante do nicho, todas as costureiras faziam o sinal da cruz, antes de tomarem seus lugares.

A primeira visita diária ao nicho era de dona Vetúria, a mãe, a bisa. Era um ritual ao nascer do sol e ao deitarem-se, ela e o sol. As visitas ao nicho eram silenciosas, rotineiras, santificadas. Todos em algum momento aproximavam-se dele e rezavam de mãos juntas, olhos fechados, joelhos dobrados, ao de pé. À noite, era possível colocar uma cadeira e rezar um terço, repetir uma reza, tocar o vidro, receber a unção e sentir-se abençoada.

A menina achava a casinha muito linda, daria uma bela casa de bonecas. Mas era lugar santo. Guardava imagens e vidas devotadas a Deus e ao bem. O nicho, o cofre, o lugar de entrada, o canto escondido e próprio para uma caixa-forte talvez. Sobre o cofre um pano bordado e o nicho. O cofre só era aberto quando não havia mais gente em casa, até a menina devia ficar longe do cofre. Era preciso fazer contas, passar dinheiro de papel, sacar os pacotes arrumados como trouxas e amarrados com borrachas para pagar as compras de tecidos, aviamentos, pagamentos a fazer. Tudo feito diante do nicho e das imagens santas que miravam as senhoras providas de passadio e de fé. Vez em quando, a velhinha chamava atenção do lugar escolhido para o cofre que parecia conjugado com o nicho. Ele estava à vista e ao canto do quarto de costura. Estavam seguras?

Dia de limpar o nicho, sempre um ritual, desde o calendário até a medição das forças para o trabalho em dia de descanso. Só a dirigente da família podia fazer. Ela saia silenciosamente da presença da família e quando era percebida, o trabalho já estava terminado. Nicho limpo, flores frescas "barrufavam[1]" o cheiro doce das enfloras. Aliás, ela comandava tudo com tanta serenidade que a menina sobrinha nunca percebeu que era ela a mantenedora do lar. Do material à necessidade mais humana de cada mulher da casa, em tudo o amor dela permanecia cuidadoso. Hoje entendo porque foi a última a sair da vida e morreu durante um sono profundo. Como sempre foi, sem avisar. Levou no califom relíquias santas na forma de medalhas. Vestida de azul, no dia da assunção de Nossa Senhora aos céus, subiu ao céu para todo o sempre.

---

[1] Termo utilizado na época, como sinônimo de borrifar, na comunidade em questão.

E o nicho? Não sei por onde e como o santuário desapareceu. Não me lembro de ter visto o oratório, nos últimos anos de vida dela ou depois que elas abrigaram-se perto da sobrinha para até seus últimos dias. Como fui displicente. Não procurei pelo nicho. Não percebi sua ausência? Como assim? Quero a herança do memorial como imagem afetiva, esse escrito traz o nicho para minha posse. Agora posso ter o que de direito fora meu, em pretérito mais-que-perfeito, apodero-me da abstração. Desejei tanto a casa de boneca, o nicho para enfeitá-lo de flores e me perdi dele como o Lobo no bosque, mas sem perdão e sem palmadas. Lembro que contei sobre ele ao meu esposo que mandou fazer um nicho para mim.

Nosso nicho ou nosso oratório ocupa o lugar que nos parece nobre pela possibilidade de acesso a ele. A parede onde ele está fixado é a mesma da cabeceira de nossa cama. Do outro lado da muralha, descansamos o corpo e o espírito. Olho para o oratório e vejo o nicho que me convoca a acreditar todos os dias na providência de Deus sobre mim e em favor de nós, família. Costumeiramente, cuido de adorná-lo, acendo velas, coloco flores e não perco o caminho da fé mesmo quando estou perdida existindo como gente de carne e de ossos. Minha alma? Essa está sempre sedenta por uma oração. Caminho até o oratório e agradeço por esse escrito. Diante dele, faço silêncio e imagino o arremate desse instante poético.

26

O ALICERCE DO MEU ALTAR

Diana Léia Alencar da Silva

*Dizem que o que procuramos é um sentido para a vida.
Penso que o que procuramos são experiências
que nos fazem sentir que estamos vivos.
(Joseph Campbel, 1991)*

Na antiga cidade onde nasci tudo parecia girar em torno do altar-mor da imponente Catedral de São Francisco das Chagas, e dos vários oratórios, comuns tanto nas casas mais suntuosas quanto nas mais humildes. Não é, assim, sem razão que para a meninada que percorria e corria comigo as ruas, praças e antigas casas daquela cidade, altar e oratório eram elementos conhecidos. Tal centralidade é explicada porque ali, à época, como em muitas cidades do interior brasileiro, era comum ser católico – ou pelo menos assim se declarar.

A Catedral de São Francisco das Chagas, onde está localizado o altar aqui em pauta, foi idealizada por religiosos franciscanos, por volta do século XVII. Em sua primeira construção testemunhou o nascimento da cidade, inicialmente como vila. Ainda hoje, a catedral é considerada igreja matriz, referência da parte central da localidade, além de patrimônio cultural e arquitetônico de valor histórico e de importância religiosa para os católicos.

O altar-mor dessa catedral era, para mim, e acredito que também para as crianças que se faziam presentes nas missas dominicais realizadas nas frescas horas da manhã, um palco imponente, no qual as cenas da santa missa ocorriam. Ricamente adornado com entalhes esculpidos por mãos anônimas, era visto de qualquer parte da igreja e possibilitava uma visão ampla do ritual que nele ocorria, para qualquer um sentado em um dos vários bancos de madeiras, ordeiramente enfileirados na nave da igreja. Nas laterais da nave, havia outros altares menos suntuosos, além de uma pia de água benta e outra batismal. Tal construção e organização parecem atender as normas que, de acordo com Flexor (2016), multiplicaram-se pelo mundo ibérico, fundamentadas no Concílio de Trento, também presentes nas Constituições Primeiras do Arcebispado da Bahia. Nessas orientações, ainda de acordo com Flexor (2016), eram estabelecidas as exigências para a construção e o uso de apetrechos necessários para dizer a missa, em se tratando do altar-mor, fundamentadas no uso da arte para divulgar as ideologias e a fé cristã, ao propiciar, também pela estética, o envolvimento dos católicos no ato litúrgico.

Relembro que, longe do prazer estético, o conjunto emanava para mim uma tristeza, por pecados denunciados na pregação do padre, que eu não entendia. Tal sentimento era reforçado pelo cheiro marcante do incenso e pelos rostos esculpidos dos santos, nas várias imagens expostas. Era ali, entre as missas, que a vida da cidade passava, do nascimento à morte, em rituais que iam do batismo de crianças, primeira comunhão, crismas e casamentos às exéquias fúnebres para encomendar os mortos. Era ali também que eu fervorosamente rezava, repetindo, por vezes sem muito entender, palavras decoradas, desejando que a fumaça do incenso levasse ao céu o arrependimento por pecados que o meu coração de criança temia ter cometido.

As reverências demonstradas no altar-mor eram repetidas, ainda que com menor intensidade, nos oratórios das famílias da cidade, que abrigavam imagens de santos, de acordo com a devoção dos donos da casa. Diante deles, vi, muitas vezes, as rezas da tarde serem desfiadas, em um modelo de rezar o terço, bem tradicional, vivo ainda em minha memória: sinal da cruz para começar, seguido do Credo; na primeira conta grande, rezar O Pai Nosso; nas três contas pequenas que seguem, rezar uma Ave Maria para cada; na sequência, rezar um Glória. Anunciar, então o primeiro mistério e rezar um Pai Nosso, seguido por dez Ave Marias e um Glória. Depois repetir a reza, da mesma forma: anunciar o correspondente mistério, recitar um Pai Nosso, rezar dez Ave Marias e um Glória e meditar sobre o mistério. Ao fim do quinto mistério, concluir com a reza do Salve Rainha. Não era assim, sem razão, que para os meus olhos de criança a fé parecia estar guardada nesses nichos de madeira. Talvez por isso, diante deles, eu sempre fazia o sinal da cruz, ainda que sem saber muito bem a razão.

Na casa da minha avó paterna também tinha um oratório, que é retratado na fotografia a seguir. Simples, sem acabamento luxuoso, abrigava três santas da devoção dela, assim como a sagrada família, na cena clássica da natividade, que ela colocava em seu sempre ornamentado e visitado presépio natalino, ao lado das esculturas em barro de três reis magos, de ovelhas e bois. O oratório ficava em uma parede lateral do seu quarto, logo acima de uma pequena mesa de madeira. Talvez pela dureza da sua lida diária em uma pequena pensão, via o olhar de "vó" Joaninha, nas muitas ocasiões que desfrutei do aconchego do seu quarto, voltar-se para o oratório apenas em orações rápidas, no início da manhã e no adiantado da noite, quando ela se recolhia para dormir. Hoje sou guardiã desse oratório, exposto em minha casa na cidade onde nasci. É lá que rememoro, durante as férias, com a família que da minha avó descendeu, recordações, entrelaçadas a esse singular objeto.

Fotografia 1 – Oratório de "vó" Joaninha

Fonte: acervo da autora (2021)

Olhando agora para a casa onde resido, vejo a força dessas vivências de criança em símbolos que estão presentes na relação que escolhi ter com o divino: minha casa também tem um altar, despido de adornos luxuosos e imagens. Nele há apenas uma mesinha e um banco, de onde posso ver um céu que nunca é igual. Nesse lugar especial, nas primeiras horas da manhã, sinto a força plena da vida, como anuncia a epígrafe que abre este texto, ao ler a Bíblia, um livro sagrado para mim, e dialogar com um Deus, que é, sobretudo, amor.

As imagens que conheci nos altares e nos oratórios, todavia, não estão ausentes: espalhados pela casa tenho santos, anjos e figuras de proteção em todos os espaços do meu lar. Muitos deles eu recebi como presente, a exemplo do Santo Antônio de Pádua, do São Francisco de Assis e da Nossa Senhora; outros foram adquiridos, como é o caso das imagens dos três arcanjos, expostos na entrada da casa, seguidos de quadro de dois guerreiros africanos, na sala principal. De cada uma dessas figuras, não emana tristeza, mas a alegria de me sentir querida e protegida, já que cada um deles representa, para mim, exemplos de amor ao próximo, de pessoas que sempre demonstraram querer fazer o bem. Esse é o caso das imagens de São Francisco de Assis e de Santo Antônio de Pádua, exemplos de fé e de amor aos desvalidos.

É também em um altar que fortaleço a minha relação com os vizinhos na capital onde hoje resido. Isso porque, durante os 13 primeiros dias do mês de junho, nos encontramos, sem convites formais ou obrigação, para organizar um altar e rezar a trezena de Santo Antônio. No espaço aberto de uma área comum do condomínio, o altar é ornamentado com os clássicos lírios brancos de Santo Antônio, que deixam um alegre perfume no ar e por outras flores, características da época. Distanciando-se das regras rígidas do altar-mor, não há regras ali para a ornamentação: a cada dia um grupo organiza o espaço, com os ornamentos, tecidos e velas que lhes tocam o coração. Outra dessemelhança é que as mãos que organizam esse altar não são anônimas, já que a cada noite os artistas que tecem a arte são identificados e aplaudidos pelos presentes. Diante desse altar, tendo à frente a imagem de Santo Antônio com o menino Jesus e embalados pelas músicas misturadas ao latim, compartilhamos tudo, em encontros que abrem espaço para uma memória afetiva, forjada também em comemorações ao final da reza, regadas a comidas e bebidas preparadas pelo grupo e compartilhadas com todos, em prazerosas rodas de conversa, que prosseguem até altas horas da noite.

Na trilha percorrida até aqui para viver a minha religiosidade e espiritualidade, percebo o quanto recebi da família que me ajudou a tecer e tornou mais suave o caminho que dificilmente teria percorrido sozinha para alicerçar as minhas crenças. Vejo também que na trajetória amadureci e me fortaleci para, a partir de um determinado momento, exercer a autonomia e o livre arbítrio para ressignificar práticas e símbolos apreendidos, em um processo no qual as crenças vividas em família longe de aprisionar, libertam. É esse o caso do altar e do oratório: sem depreciar as crenças que deram estrutura as minhas vivências religiosas na infância, reconheço a importância de cada uma delas para o caminho que escolhi trilhar e os símbolos que escolhi acreditar, ao me conectar com o que considero sagrado.

REFERÊNCIAS

FLEXOR, Maria Helena Ochi. O Concílio de Trento e as Constituições Primeiras do Arcebispado da Bahia: "programa" da arte sacra no Brasil. *In:* HERNÁNDEZ, Maria Herminia Olivera.; LINS, Eugênio Ávila (org.). **Iconografia:** pesquisa e aplicação em estudos de Artes Visuais, Arquitetura e Design. Salvador: EDUFBA, 2016. Disponível em:https://books.scielo.org/id/56qxh/pdf/hernandez-9788523218614-13.pdf. Acesso em: 25 nov.2021.

DO DESLUMBRAMENTO E DO ALUMBRAMENTO[1]

Elaine Pedreira Rabinovich

Estava eu há alguns anos fazendo minha pesquisa no quilombo do Carmo. Essa consistia em ir e voltar quando podia ao local. As idas e vindas perduraram por cinco anos.

Esse quilombo se constituiu em torno de uma santa, a do Carmo – mas sem o menino, conforme era dito –, encontrada no rio quando os escravos se deslocavam da Fazenda do Carmo, para a Fazenda do Bananal, onde foram trabalhar para conseguir sua alforria. No trajeto encontraram a santa no rio, que foi carregada no lombo de uma mula na ida e na volta ao Carmo. Acreditaram ser Nossa Senhora do Carmo, já que a ela eram devotados.

Tempos depois foi construída uma capela no centro do que ficou sendo o quilombo do Carmo. Não sei a história da capela, mas a atual está associada aos Focolares, organização católica poderosa que se apoderou do Carmo e construiu, no meio da praça redonda que é o centro da localidade – chamada atualmente de Bairro do Carmo –, um conjunto, composto por uma capela, por uma padaria e por um armazém – todos de uso comunitário. Faz parte também do conjunto uma espécie de escritório.

Eu nunca havia entrado na capela, mas estava entrevistando pessoas idosas, lá moradoras, e uma delas me contou que era a guardiã da capela e que tinha a chave. Perguntei se poderia ir vê-la, com o que consentiu.

O contexto anterior a essa visita é muito importante. Esses moradores do quilombo entrevistados habitavam em casas pequenas um pouco escuras e eu estava possuída por suas histórias.

---

[1] Alumbramento: conjunto de experiências que passamos e que parecem não ser "deste mundo". Momentos singulares, impregnados de algo maravilhoso que nos toca e encanta. Uma espécie de encantamento nos faz sentir "estrangeiros" e, ao mesmo tempo, totalmente protegidos em algo familiar. Nesses instantes, desembaraçados dos podres cotidianos, experimentamos uma impressão de extraordinária liberdade. Disponível em:https://www.dicionarioinformal.com.br/diferença-entre/alumbramento/deslumbramento/ecisar. Acesso em: 1 jun. 2022.
Texto disponível *In*: ALMEIDA, C.V.A; SILVA, D.L.A; RABINOVICH, E. P. (org.). **Religião e Religiosidade:** o *relegere* e o *religare* em família. (No prelo).

Ao entrar na capela – que estava sendo pintada de branco e reformado o telhado – fui logo ofuscada pelo branco, que me tocou de modo esplendoroso. Entrei num quartinho ao lado do altar, e fiquei encantada com os andores e suas mil flores de plástico muito coloridas e de muitas cores. Tudo brilhava incandescente.

Daí fui olhar a santa que estava num pequeno altar na parede lateral: Nossa Senhora de Aparecida. Uma santa pequena. Ao olhá-la, fiquei deslumbrada: que roupa mais linda! Um manto que abrigava o mundo da terra e do céu. Ela toda brilhava!

Fotografia 1 – Igreja Santo Antônio de São Luiz de Paraitinga

Fonte: acervo da autora (2021)

Tive claramente a sensação de estar vendo o que existia nos olhos dos escravos; eu via pelos olhos dos escravos, tanto a santa quanto a capela –

que se me afigura enorme, e enormemente bela –, em todo o seu esplendor que as maiores catedrais por mim visitadas não tinham: porque essa estava plena e brilhava.

Posteriormente me indaguei porque acontecera o deslumbramento. Minha explicação foi que eu me juntara espiritualmente aos meus entrevistados e vira o que vi pelos olhos de seus ancestrais, ou por eles mesmos antigamente.

Eu tive uma viagem no tempo. A Santa Padroeira eu a vi com a força de sua beleza e riqueza que existiam pela força dada a ela pelos habitantes do Brasil.

Incorporei uma religiosidade esplendorosa – presente nos nossos carnavais, no exagero, no dionisíaco – e fui transportada a ela por estar em comunhão com meus entrevistados.

28

ALTAR: MEU, NOSSO OU DELAS?

Sumaia Midlej Pimentel Sá

Não tenho altar, tenho sim lembranças e locais onde vivenciei e vivencio um contato maior com o divino, com o sagrado. Talvez denomine de nicho. Local que de certa forma me dá uma paz e a certeza de que sou cuidada e amada por algo ou alguém que transcende o meu entendimento.

Esse local traz muitas lembranças da infância e da adolescência e hoje é um local só meu. Ao parar em frente a ele, embora não o considere um altar, faço orações e peço proteção, sempre! Proteção para os meus e para mim, não sei sair de casa para ir a outro local que não seja em Salvador, sem parar em frente a ele e fazer uma oração. Saio sempre com a sensação de que estou protegida dos perigos, males e maldades.

Meu nicho/altar é um local pequeno, apenas uma prateleira de vidro, com as imagens, e um Divino Espírito Santo acima, na parede. Antes, as imagens ficavam no meu quarto na mesa de cabeceira ao lado da cama de casal, acessível somente a mim. Atualmente fica em um local da casa que todos transitam, como se efetivamente eu quisesse mostrar que o sagrado se faz presente para todos e não somente para mim.

Fotografia 1 – Nicho/Altar

Fonte: acervo da autora

Ao me colocar em frente às imagens, muitas são as recordações que me veem à memória: o "quarto dos santos" na casa da minha avó materna, referência de religiosidade na família, era ela quem fazia e nos ensinava as orações, ela se colocava junto à nossa cama quando crianças e nos ensinava a rezar a oração do "Santo Anjo", ensinou a todos os netos e aos bisnetos também. Sua devoção à Nossa Senhora do Perpétuo Socorro era visível, e fez com que ela prometesse que se a minha mãe se casasse, sua primeira filha se chamaria Maria do Socorro, o que não ocorreu, pois minha mãe se recusou a colocar esse nome na minha irmã, o que fez com que minha avó colocasse o nome na segunda neta, filha de um filho.

O "quarto dos santos" tem um significado especial para mim, pois era lá que dormiam os netos mais novos da minha avó todas as vezes que íamos passar o final de semana e as férias com ela (e isso era sempre!). O seu altar ficava em cima de uma cômoda grande e escura, com gavetas onde eram guardadas as toalhas e lençóis. Vários eram os santos que ali estavam, mas o que me chamava atenção enquanto criança não era nenhum deles, e sim a vela acessa diariamente às 18h. Nesse horário, minha avó entrava no quarto, acendia uma vela e rezava. Era uma vela por dia, e aquela vela era o sinal de que a noite e sua escuridão estavam se aproximando (afinal, ela morava em uma casa de praia, afastada da cidade, como se fosse em sítio, não havia luz fora da casa, e quando se apagavam as luzes da casa para que todos fossem dormir, mal conseguíamos enxergar o local onde iríamos deitar, era um breu só). Lembro que ficava prestando atenção no tamanho da vela, e quando ela estava quase terminando de queimar, eu rapidamente ia para o quarto e me deitava, para dormir antes que a vela se apagasse totalmente. Sempre tive medo de escuro.

Em um outro escrito falei da minha avó e o quanto a "reza dela é mais forte", tínhamos a segurança de que a oração que ela fazia nos protegia, e para mim, era também a certeza de que havia um Deus e seus santos me protegendo. Sinto tristeza pelo fato de ela ter falecido antes do nascimento dos meus filhos, penso que talvez ela conseguisse o que eu não consegui: aproximá-los de uma religiosidade, qualquer que seja.

Voltando ao altar, várias eram as imagens dos santos da minha avó, mas o que me chamava atenção não era a imagem de nenhum santo, e sim a que representava o Menino Jesus de Praga, que era uma imagem para mim pouco conhecida, mas que tinha naquele altar um lugar especial, junto a Santo Antônio. Não me recordo quando a imagem do menino Jesus de Praga me foi dada e a de Santo Antônio foi dada ao meu irmão (que ela havia consagrado a ele). Depois de adulta, já com meu altar/nicho, descobri que eu nasci no dia de Nossa Sr.ª do Perpétuo Socorro, a Santa de devoção da minha avó, e fiquei muito feliz com essa descoberta.

Parte do altar da minha avó foi para a casa da minha mãe, que tinha uma predileção especial por São Judas Tadeu (era consagrada a ele). O altar da minha mãe tinha uma imagem (na realidade, uma fotografia) de um religioso que ela e muitos na nossa região consideram santo: D. Eduardo. Este havia sido bispo de Ilhéus e lhe tem sido atribuído muitos milagres, sendo a catedral da cidade muitas vezes denominada pela população de Igreja de D. Eduardo e não de São Sebastião, como de fato é o nome da catedral. Minha mãe era uma devota de D. Eduardo, no sentido de que ela rezava e pedia proteção a ele em todas as situações da vida da família. Há inclusive um acontecimento de um acidente com toda a nossa família em que ele avisou a uma espírita, amiga da minha mãe, que o acidente iria acontecer e pediu que ela avisasse a minha mãe que rezasse para que nada de mais sério acontecesse com a família. De fato, esse acidente aconteceu, e embora grave, todos sobrevivemos. Esses e outros fatos com D. Eduardo povoaram minha infância e vida adulta, pois episódios de doenças mais sérias com meus filhos sempre levavam minha mãe à Igreja de D. Eduardo para fazer orações e promessas a ele.

Do altar da minha mãe, uma parte após sua morte veio para o meu altar/nicho: Sant'Ana (eu havia dado a ela por ser a protetora das avós); mais um Menino Jesus de Praga (agora tenho dois), assim como tenho dois Santo Antônio (herdei por ser católica o que seria de meu irmão, que é espírita). Todos esses vieram e juntaram-se aos que eu já possuía.

Na vida ganhei algumas imagens, mas também adquiri outras, a Maria Grávida, ou seja, Nossa Sr.ª do Ó; O São José dormindo (representando o sonho que teve quando ao pensar em deixar Maria, o anjo o visitou e disse para não ter medo de se casar com Maria e falou do nascimento de Jesus); os São Francisco e as Nossa Sr.ª de Fátima. E fico me perguntando: o que eles representam? Mais recentemente, ganhei de uma prima querida a Santa Luzia, segundo ela, para abençoar e curar os olhos do meu marido. Todas as que adquiri, comprei em viagens a locais sagrados, como Assis, Fátima e Aparecida. Locais que me conectaram com o divino que há em mim e que fizeram com que eu quisesse trazer algo de lá que perpetuasse essa sensação de proximidade.

No meu altar/nicho não há velas acesas, embora as velas lá estejam. E agora me ponho a refletir sobre isso: porque não acendo velas, se na minha vivência elas sempre foram acesas para os santos, e fizeram com que eu não tivesse "medo do escuro"?

NOSSO CANTO, NOSSO ALTAR

Elmar Silva de Abreu

Canto de confidências, de conversas coletivas
Canto meu, seus e nosso...
Peço, agradeço, entrego
A quem conheço e até desconheço
Do coração: Sorrio, choro, sinto; lágrimas e sorrisos
Santa Dulce, Maria das Graças, Jesus em Chagas
Sinais de fé de conexão com o divino.
Canto de confidências e conversas coletivas
Canto que fica e me acompanha...
Meu canto, seu canto, nosso canto.

30

SANTUÁRIO DE OGVALDA

Ogvalda Devay de Sousa Tôrres

Em minha residência, o santuário não está em um único lugar. Atualmente somos um casal de idosos no "ninho vazio", embora estejamos enriquecidos de quatro netos, presentes das três filhas. Mas tivemos o privilégio da companhia da matriarca, minha mãe, depois de ter enviuvado por trágico acidente de carro que interrompeu a vida do meu pai. Longeva, faleceu com 102 anos e 8 meses, e o quarto que ocupava continua sendo nomeado como "o quarto de minha mãe". Ela era devota de Nossa Senhora do Perpétuo Socorro, que permanece no quarto que foi dela. Outras imagens lhe foram presenteadas: a de Nossa Senhora Aparecida, a de Santa Bárbara e a de São Jorge. Recentemente, "troquei" a Santa Dulce dos Pobres, depois da cerimônia de canonização da Irmã Dulce que tanto conheci. Estive presente nessa celebração magnífica e inesquecível. Depois dessa cerimônia, Santa Dulce não poderia faltar em meu altar, e o local mais adequado seria o "quarto da minha mãe".

Fotografia 1 – Representação do Altar – Quarto da minha Mãe

Fonte: acervo da autora

Nesse mesmo quarto está um presente que recebi de um estimado casal de amigos de Belém do Pará, Dr. Habib Fraiha Neto, e a esposa, Suely, que transportaram a imagem por via aérea e capricharam na confecção da capa de Nossa Senhora de Nazaré.

O santuário principal fica no meu quarto de casal e reúne muita história. Lá estão São José, que pertenceu à minha avó paterna, Amanda, carinhosamente tratada por Yayá, Nossa Senhora da Conceição, que foi da tia paterna Edla, Santo Antonio, Coração de Jesus, Jesus Crucificado, três imagens de tamanhos distintos de Nossa Senhora de Fátima, Nossa Senhora Aparecida, e pequenas lembranças trazidas de visitas a Igrejas durante viagens, ou lembranças de amigas.

Fotografia 2 – Representação do Santuário – Quarto do casal

Fonte: acervo da autora

Cada peça do santuário representa um histórico, um momento importante a relembrar, um acréscimo à experiência de fé e de religiosidade.

31

VIVO EM ALTARES!

Aline Mota de Almeida

O grupo Família (Auto)Biografia e Poética (FAPEB) leva seus participantes a mergulhos em águas profundas e, muitas vezes, a locais inexplorados. Quando ouvi a proposta de escrever sobre altares logo pensei: "Não participarei dessa produção. Ficarei contemplando, mas do lado de fora". Criada na religião evangélica, em que toda a família materna frequentava, e grande parte ainda frequenta, a igreja Presbiteriana, logo pensei que nada teria para compartilhar sobre altares. Ainda mais quando comecei a ouvir e a ler a escrita primorosa, amorosa e permeada pela religiosidade, espiritualidade e fé que as colegas compartilharam sobre suas vivências com altares. Alguns relatos trazendo altares herdados, cultuados intergeracionalmente, e outros, elaborados a partir de seus altares, resultantes da própria definição e vivência da religiosidade.

Assim, com o avançar das discussões e compartilhamentos dos textos, fui me inquietando e pensei: já tive experiência com altares? Não tenho altar(es) ou tenho? Onde sinto a presença de Deus? E passei a despertar as vivências nas memórias.

Àquele momento me recordei de uma situação envolvendo altar que foi vivenciada por meus dois irmãos na casa da minha avó paterna, que era Católica e possuía um altar com a imagem da Virgem Maria, diante da qual rezava, fazia pedidos, agradecia as bênçãos e a beijava fervorosamente. Por outro lado, meus irmãos haviam sido criados na linhagem religiosa materna, na igreja Presbiteriana, onde não possuía altar, não cultuava, nem adorava imagens.

Em um dia de visita à casa da avó paterna, enquanto minha mãe acompanhava meu pai que estava hospitalizado, meus irmãos foram orientados pela nossa avó paterna a ajoelhar e a beijar a imagem da Virgem Maria, o que gerou uma situação desagradável. O irmão do meio – 5 anos – beijou a imagem e saiu sorrindo e cochichou para o outro: "Beijei barro", já o outro – 6 anos – se recusou e argumentou: "É errado adorar imagens". Diante da recusa, minha avó pegou a imagem e tentou obrigá-lo a beijá-la. Nessa confusão a imagem caiu e quebrou em vários pedaços. Enfim, minha avó sentiu-se mal e meu irmão apanhou do nosso tio e foi colocado de castigo. Quando minha mãe retornou e ficou sabendo do que havia ocorrido, conversou com nossa avó, não entraram em um acordo e saímos de lá imediatamente. A minha mãe já não era bem acolhida pela família paterna por ser negra e, após esse episódio, o distanciamento entre as famílias aumentou.

Outra memória despertada refere-se aos altares para São Cosme e São Damião que víamos nas casas de pessoas vizinhas e amigos. E no mês de setembro éramos convidados a participar do caruru dos sete meninos. Mamãe explicava que as pessoas ofereciam esse caruru como oferenda a São Cosme e São Damião por meio da fé, como sinal de fartura, prosperidade, saúde e felicidade compartilhada entre os parentes e amigos. Assim, como éramos amigos, devíamos nos sentir honrados com o convite e podíamos ir, mas não devíamos participar do ato de comer no mesmo prato junto a outras crianças, já que não cultuávamos os santos.

Da memória também emergiu nossas visitas na infância a Igreja Católica de Muritiba, onde contemplava-mos os altares com imagens lindas que ficavam protegidas por caixas de vidro, verdadeiras obras de arte, que não podíamos tocar, apenas admirar. As imagens, para mim, representavam símbolo de riqueza, figuras distantes e pouco acolhedoras. Mas me lembro de algumas amigas que se ajoelhavam, choravam e demonstravam sentirem-se acolhidas pelas imagens dos santos. Àquele momento, não entendia essas diferenças, mas respeitava, seguindo os ensinamentos familiares.

Mas voltando à busca por vivências pessoais sobre altares, meu mergulho foi se aprofundando e tentei identificar situações e momentos que me fortaleciam, recarregavam minhas energias e despertam meus sentidos para a contemplação do bem, do belo e do amor. Então, descobri que também tenho altares.

Vivo em altares! Mas ao me referir a altares não me refiro a locais de sacrifício, e sim altares de adoração e de revelação da manifestação do poder, da grandiosidade, da força, da benevolência e do amor de Deus. Locais onde os sentidos são despertados e a presença e o encontro pessoal com Deus podem ser vivenciados.

Desde a infância, a proximidade e o respeito à natureza foram cultivados e incentivados pelas gerações que me antecederam. A bisavó índia e o bisavô fazendeiro, os avós que plantavam e viviam da terra, as(os) tias(os) que permaneceram ligados à natureza, seja pelo trabalho, seja pela moradia, e, finalmente, pela herança da "roça" de vovô.

Na adolescência recorria a lugares da fazenda onde podia encontrar a paz e recarregar minhas energias diante das adversidades impostas pela vida cotidiana. Lembro-me de uma árvore, especificamente uma jaqueira, bem frondosa, folhas verdes, muitos frutos... onde encontrava uma brisa suave, um silêncio intenso e uma solidão bem acompanhada que, após momentos de oração (discussão e conversa), me sentia repleta de forças para permanecer na caminhada. Momento mágico. Meu altar de adoração, de prostração e de bênçãos diante do meu Deus. Outro local onde sentia-me acolhida pela natureza e na presença de Deus era na fonte. Fonte onde minha mãe e tias pegavam água para beber, carregavam em latas e subiam uma íngreme ladeira para abastecer os potes da fazenda. Fonte onde usávamos um córrego lateral para lavar roupas e para minha avó enterrar a mandioca e esperar apodrecer para fazer a massa puba ou carimã que era usada para deliciosos bolos e beijus. Fonte de água límpida, transparente, protegida por árvores frondosas e onde não podíamos entrar para não sujar a água, mas como toda criança... entrávamos às escondidas de vez em quando. Lembro que ao lado da fonte havia pés de jasmim que exalavam uma deliciosa fragrância e naquele local mágico podia sentir a proteção divina.

Assim, o olhar voltado para a busca por altares me fez reconhecer locais e momentos que despertavam, e outros que despertam, sentimentos profundos em mim. Locais sempre ligados à natureza e à beleza da criação divina. "Os céus proclamam a glória de Deus e o firmamento anuncia as obras das suas mãos" (Salmos 19:1–BÍBLIA, 1969).

Atualmente, em minhas caminhadas (pena que esporádicas) matinais pela orla, sentindo a maresia entranhar em minhas narinas e pele, contemplando o ascender do sol e as ondas quebrando na areia, ouvindo o murmulho do oceano, percebi que ali está um altar. Local de manifestação da máxima beleza, contemplação da magnitude das obras de Deus. Ali eu oro, agradeço, peço, reclamo, cobro e me desculpo pela fraqueza, impaciência e pequena fé. O caminhar parece leve e o tempo voa. Pensando bem, devo até conversar em voz alta, parecendo "louca" para os outros passeantes – se é que eles não têm sentimento semelhante.

REFERÊNCIAS

BÍBLIA. Português. **Bíblia Sagrada**: antigo e novo testamento. Tradução de João Ferreira de Almeida. Brasília: Sociedade Bíblica do Brasil, 1969.

TRÊS ALTARES

Rita da Cruz Amorim

Cresci encantada com os altares, mas três, em particular, são marcantes em minha memória: o de minha avó materna, mãe Rosa, e de Faustina, tia materna, ambas falecidas; o de Zizi e as suas irmãs, Otacília e Erenita, primas e vizinhas falecidas de minha mãe, e por fim, o de D. Benta, uma vizinha querida, viva, com mais de 90 anos. Todas possuíam/possuem um pé no catolicismo e outro no candomblé, um lugar de resistência para essas mulheres negras e para outros e outras tantas, um lugar de preconceito. Tais altares possuíam não somente imagens de Santos e Santas, mas retratos de familiares em pequenos porta-retratos, pedras, folhetos com orações que extrapolavam o oratório.

É indescritível a sensação que me invadia naquela época de criança quando estava diante de tais altares. Em época de festa de santos católicos ficavam ainda mais encantadores, pois eram acrescidos de flores, e luz de velas à noite, e também eram incensados, processo extensivo a todos os cantos da casa, uma espécie de limpeza das possíveis energias negativas para assim dar passagem às energias positivas, as boas energias. Eu ficava encantada. Agora adulta, rumo à velhice, sinto esse mesmo encantamento diante de um altar.

Hoje, me pergunto sobre o motivo do meu encantamento e não possuo resposta. Será que era porque eu não podia pegar e brincar com aquelas imagens ou teria/tem outros motivos? Confesso que apesar de não possuir uma resposta, sei que não era por isso, pois ainda fico encantada frente ao meu e a outros altares.

D. Luzia, a minha mãe e D. Fia, a minha tia, mulheres responsáveis por muito da minha educação, não possuem altares em suas casas. Na pandemia da Covid-19, em uma conversa com a minha tia, a partir de uma observação sobre a sua postura na novena de Santo Antônio em minha casa (ela riu e disse: Rita mantem a tradição), perguntei a ela porque não gostava de imagens, ela respondeu: "Frei Monteiro disse que não era pra gente cultuar imagens". Naquele momento compreendi que tanto a minha mãe quanto a minha tia são vítimas de um silenciamento promovido por aqueles que desejam manter o domínio sobre o outro.

De algum modo sempre soube que teria um altar na minha casa, de fato e de direito, pois nas minhas andanças por diversas casas, para fins de estudo, carregava comigo uma imagem e montava um discreto altar. Interessante que quando fui morar em São Paulo, a minha mãe me presenteou com Santo Expedito. Perguntei-me, em silêncio: "porque será que mãe me deu esse Santo?" Não perguntei para ela, entendi.

Outro encanto que em certa medida também é um altar é pelos andores de procissão festiva na igreja católica. Na minha infância e adolescência, sempre participava da procissão de Nossa Senhora da Conceição, padroeira da minha cidade natal, Conceição da Feira. Para mim era um acontecimento fantástico.

O altar da minha casa se iniciou com uma mini procissão quando eu, a minha mãe e o meu irmão trouxemos Santa Rita, presente do padre Áureo, pároco da minha cidade. Quando recebi Santa Rita de presente, levei para restauração e o restaurador demorou muito tempo para concluir o trabalho, finalizou e entregou à minha mãe, Santa Rita ficou muito tempo na casa dela. Ela cuidava. Durante a viagem, ela foi segurando a santa no colo e num certo momento disse: "Santa Rita está indo embora". Tive a sensação de que ela desejava que a santa ficasse na casa dela, então, a provoquei, e disse: "A senhora não gosta de imagem mesmo"; e ela respondeu: "Mas eu cuidei dela...". Naquele instante compreendi que a ausência de um altar na sua casa era o retrato de um silenciamento.

Santa Rita chegou à minha casa. Inicialmente montei o meu altar na sala, mas não fiquei satisfeita, mudei para o meu quarto e estou contente. Acertei o local. É um altar que professa diversas fés ou nenhuma fé. Fico com Conceição Evaristo (2020, p. 3), no conto intitulado "Não me deixe dormir o profundo do sono", quando diz: "Quem é de muita fé tem várias[...]". Aprendera todas com quem viera, antes de ela nascer, para essas terras. Por isso, búzios, rosários, velas, ramos, sementes, conchas, cuia... Tudo de pertença dela.

Também habitam em minha casa mais dois altares referentes a minha profissão e ocupação, um com as homenagens que venho recebendo de colegas de trabalho, órgão associativo e alunos e alunas, e outro que nasceu a partir do presente de um querido amigo de plantões na emergência do

Hospital Geral Clériston Andrade que me presenteou com uma enfermeira com mamas volumosas iguais às minhas. Quando estou diante desses altares, me engravido de criatividade, em larga medida, fico encantada.

Referências

EVARISTO, Conceição. Não me deixe dormir o profundo sono: se a mocinha e a tetravó não cuidassem uma da outra, quem cuidaria? Ed. 167, ficção. **Rev. Piauí**, p. 1-11, 2020. Disponível em: https://piaui.folha.uol.com.br/material/não-me--deixe-dormir-o-profundo-d--sono/. Acesso em: 20 nov. 2021.

MEU ORATÓRIO

Sinara Dantas Neves

Eu cresci achando que esse tipo de espaço em casa era coisa que só gente velha tinha.

Sem perceber, minha casa passou a ter um. Não notei que envelheci, ou deixei de pensar que ter um lugar reservado aos santos era coisa de velho?

Não dá para saber, ao certo...

Na casa dos meus pais tinha um espaço reservado aos santos, junto a um monte de porta-retratos da família e uma Bíblia. Mas o mais marcante símbolo religioso que acompanhou minha história de infância foi uma santa, que eles passaram a vida ostentando, dizendo que a compra dela fez parte do enxoval de casamento, que colocaram no imóvel onde foram viver. A santa representa Nossa Senhora da Conceição da Praia, já que escolheram se casar na Igreja que leva o nome da Santa.

Hoje, olho pro meu "espaço de Deus", era assim que minha diarista se referia, e vejo que reproduzi a questão do porta-retrato com foto dos meus filhos comigo, mesmo sendo apenas um, que coloquei espontaneamente, mas enxerguei essa relação: de crer na proteção divina para a família!

Eu ganhei uma boneca, trajando roupas de cigana, de herança do padrinho de minha filha. Sem saber, fui orientada por um amigo espiritualista a lavar com Alfazema, antes de levá-la para minha casa. Ele também comentou comigo que o ideal seria encontrar um lugar especial para ela, semelhante ao local onde ele a guardava: no quarto, num lugar alto. Assim fiz. E, perto dela, umas 20 "imagens" (era assim que minha mãe chamava os santos) de uma forma que expressa meu sincretismo: santos católicos e orixás.

Vim de uma família essencialmente católica, mas não tenho definida uma religião. Sou uma pessoa da fé! Ela é quem me move. E com ela me permito estar em igrejas, centros, templos ou terreiros. Nunca vi o que vem da fé fazer mal a ninguém!

Convide-me para o que é de luz, que eu vou. E, assim, pude conhecer o Espiritismo, a Umbanda e o Candomblé. Gosto de entender um pouco de todos eles. Esse meu jeito "aberto" foi o responsável por até hoje ouvir críticas familiares, como se eu fosse alguém que não acredita em Deus. É interessante que, para algumas pessoas, não ter religião definida é como não ter Deus no coração. "Seu Deus é qualquer um", costumo escutar...

Minha fé não se limita a nenhum dogma religioso. Apenas isso. Ou isso tudo!

Então, no meu quarto, de frente para o lugar em que me deito, está tudo o que preciso enxergar e sentir, quando recorro à proteção da espiritualidade.

Minha cigana, que representa minha intuição; meu São Jorge, que me lembra de uma fase difícil... em que entreguei minha gravidez de risco em suas mãos. Minha cunhada me ofertou uma Santa Rita de Cássia, na época da gravidez, que fez com que eu começasse e terminasse meus corridos dias, rezando!

Em destaque, tenho um São Judas Tadeu, que representa minha infância e o único lugar que minha mãe autorizava que eu fosse sozinha, andando: na igreja de São Judas Tadeu, que era em frente ao prédio em que morava, e que eu passei a vida inteira indo, porque me sentia moça, atravessando a rua. Tinha dias que assistia a duas missas, só para ter meu momento só: eu e meus pensamentos...

Meus pais me ofertaram uma Nossa Senhora de Fátima, lembrança da viagem que fizeram pra Fátima, em Portugal.

Também tem duas Santas Bárbara, que ganhei da sogra da minha irmã, que é devota; 4 Cosme e Damião, que ganho dos carurus de setembro; uma Nossa Senhora Aparecida, que atualmente é a santa que estou mais apegada, nesse momento da minha vida; 2 imagens de menino Jesus deitado; e, junto a eles, em destaque, os orixás das águas, que me representam: Yemanjá e Oxum.

A cigana é a peça mais alta, e sinto como se estivesse protegendo todas as outras imagens!

No centro, por ser um local em que existem duas tomadas, tem um rádio- relógio, todo amarelado de tão antigo, de quando eu tinha 13 anos de idade e só dormia com ele embaixo do travesseiro. Não sei se inconscientemente também coloquei minha infância e adolescência para serem abençoadas, em forma de honrar quem fui, e proteger quem sou.

Curiosamente, ao escrever este texto, também identifiquei mais uma relação interessante entre minha religiosidade de agora e da infância. Repeti o padrão dos meus pais em deixar separado, no aparador da sala de estar, uma imagem de barro, de uma Nossa Senhora, juntamente à imagem da Santa que pude sentar no colo, tomar a benção por 2 vezes, falar meu nome e receber um cafuné: a santa dos baianos, Irmã Dulce dos Pobres. De 40cm, exatamente da altura da cigana, mas que, curiosamente, estão num lugar separado. Como se protegessem a casa das visitas, e não denunciam meu sincretismo, escondido no meu templo, num espaço que tem uma porta de correr, em que só deixo ter acesso quem eu confio. Caso contrário, deixo a porta de correr fechada, e ninguém consegue visualizar o oratório.

Meu Deus mora em mim, não tem religião definida, é uma mistura de tudo que sou: uma mulher de fé, que acredita em tudo que me traz paz.

Amém! Que assim seja!

Fotografias 1 e 2: Representação do Altar

Fonte: acervo da autora

O ALTAR, O QUARTO E O MUNDO COMO LUGARES DE ENCONTRO

Fernanda Priscila Alves da Silva

Na casa de meus pais tem um altar no quarto e um outro na sala.

Na sala é permitido a todas as pessoas se aproximarem, mirar e ali fazer suas orações.

No quarto, o altar carrega sussurros, agradecimentos e pedidos. No silêncio do quarto as orações são também segredos contados ao Divino. Com a luz acesa, invocamos a Deus, à Deusa que em nossa família é símbolo de Vida e cuidado.

Quando menina, presenciei nossa casa atual se erguendo aos poucos. Não me recordo do processo de construção da primeira casa em que moramos. Nesse tempo, a princípio não eram todos os quartos que tinha portas e por isso havia uma regra muito clara: todas as vezes que a gente quisesse ficar em silêncio e rezar poderíamos fechar as portas e ficar no quarto de meus pais. Aquilo era mágico para nós. Fiz bom uso desse direito estabelecido pelos meus pais. Meu pai dizia: se você quiser ficar um tempo só, se quiser rezar, se quiser estar consigo mesmo, entre para o quarto e reze.

E assim, de portas fechadas diante do altar a gente podia rezar e se conectar. Muitas e muitas vezes aproveitava dessa possibilidade para aquietar mente, coração e sentidos. Estar diante de nosso altar no quarto de meus pais significava silenciar, adentrar em mim e conectar-me com o Divino. De portas fechadas tinha oportunidade de chorar, respirar, agradecer e dizer palavras sem conexão em busca de encontrar conexão. Portas fechadas. Espaço interior aberto ao Mistério, à experiência do Amor e da paz.

O quarto de meus pais foi durante muitos anos o lugar de refúgio em momentos de aflição. Lá estava a bíblia aberta, a vela, os santos e santas. Na maioria das vezes a vela estava acesa e, caso não estivesse, quando adentrávamos aquele recinto era necessário acendê-la. Até hoje em nossa família acender vela significa atitude de fé e confiança. Junto da bíblia e da vela acesa também estava o terço, a imagem de Nossa Senhora Aparecida e a do Menino Jesus. Com o tempo, a casa foi ganhando forma e surgiu a necessidade de ter um altar fora do quarto. E assim passamos a ter um altar também na sala.

Atualmente, na casa de meus pais, o altar do quarto permanece o mesmo com a bíblia, vela, Nossa Senhora Aparecida, Menino Jesus e terço. Do lado de fora, na sala, nosso altar cresceu. Tem outros personagens. Além das imagens de Nossa Senhora: do Carmo, Perpétuo Socorro e Aparecida, temos também Santa Clara, Madre Antônia, Padre Serra, Santa Terezinha do Menino Jesus, além de anjos da guarda, São Jorge e São Miguel. Junto às imagens um repertório de fotos de pessoas de nossa família, algumas que já partiram e de certa maneira nos recorda a presença dessas pessoas em nossas vidas. Aprendi menina que podia conversar com meus antepassados. Era necessário apenas silenciar e me conectar. Hoje, entendo que talvez seja por isso que em casa as imagens dos santos e santas se misturam às nossas próprias imagens. Minha mãe tem o zelo e cuidado de sempre colocar flores em nosso altar familiar.

Da casa de meus pais trouxe comigo a experiência do altar no quarto. E por isso em minhas andanças pela vida sempre procurei cultivar em meu quarto um espaço para um altar. Olhar para o altar me faz lembrar o tempo que preciso para me conectar comigo mesma, com outros e com o Divino. Hoje, em minha casa, compartilhando a vida com o companheiro e meus filhos, mantemos em nosso quarto um pequeno altar com a vela (que quase sempre também está acesa), bíblia aberta, um jarro de flores, Nossa Senhora Aparecida, Madre Antônia, Padre Serra e Padre Cícero. Quando nos casamos fizemos um acordo de que em nossa casa sempre haveria um altar. Quando hoje fecho a porta do quarto, à noite, por alguns instantes escuto meus filhos correndo do lado de fora dizendo: *"mamãe tá rezando, mamãe tá rezando"*. Às vezes ouço alguns poucos sussurros e pedidos de um ao outro para que fale baixo, pois mamãe está rezando. Meu companheiro também tem cultivado esse tempo e vez por outra entra no quarto para meditar. Esse lugar nos permite o encontro e o suspiro.

Pelas andanças da vida e possibilidades de conhecer outros mundos, vou aprendendo que o altar de cada povo e cada cultura se constrói de modos singulares e diversos. A oportunidade que a vida tem me ofertado em sair e romper as fronteiras de meus mundos tem mostrado o quanto essa diversidade embeleza o sentido de viver. Da casa dos meus pais para o mundo. De minha casa interior ao mundo que me cerca. De nossa casa à possibilidade de adentrar outras realidades. E assim tem sido, movimentos e tessituras de uma vida que se faz hoje, esta ancorada nos passos de quem nos antecede e se fia na esperança de dias melhores.

Antes, adentrávamos o quarto e no silêncio aquietávamos nossas buscas. Com o passar do tempo, construímos nossos altares e posso afirmar que esses audaciosos movimentos nos prepararam para correr o mundo e ver com os próprios olhos os coloridos das culturas: da Mãe Terra que é contemplada à sombra do rio, das canções e danças de corpos em transe, conexão com os antepassados e divindades que ancoram as lutas e resistências, rezas e procissões, corpos em evangelização, o sábado guardado como dia de quietude, o domingo trazendo a memória de quem pertence o "dia santo". O altar é o chão nosso de cada dia. Cada gente. Cada rosto. Sonhos e desejos, passos e compassos da lida diária. Por causa daquele altar que conheci menina, aprendi a importância da reverência ao altar de cada um, de cada uma.

As portas fechadas nesse caso são experiências e possibilidades para abertura! Olhar para dentro e olhar para fora, todos os dias, a todo momento. Transcender é real, vivo e encarnado. Transcender é viver hoje a plenitude da vida de onde viemos e para onde vamos. É um ciclo maior, contínuo, profundo. A Transcendência nos conecta com o mais humano em nós e por isso nos impulsiona ao movimento e ao encontro com os outros, com as outras pessoas, gentes, culturas. Fechar as portas é, sobretudo, abrir-se à Vida.

Das portas fechadas e cerradas a possibilidade do encontro.

O altar. O quarto. O mundo. Lugares de afeto, amor e conexão.

Quando a porta se fecha, um tempo em silêncio para aquietar medos, angústias e agitação.

Quando a porta se fecha existe possibilidade de encontro com o Divino, consigo, com a Vida, com os outros.

A reza, a oração, o pranto, as preces e agradecimentos são singelos suspiros de sentido para quem tem fé.

Quando a porta se abre a certeza de que a Esperança nos mantêm e de que o Divino nos acalenta e nos sustenta. Deus Amor nos impulsiona. As portas abertas nos lançam ao mundo. As portas fechadas nos reconectam com o Sentido.

ORATÓRIO DA MINHA AVÓ

Péricles Palmeira

Desde a primeira infância, por muitas vezes era deportado para a casa dos meus avós maternos. A alegria se instalava visto que eu, lá, me sentia acolhido e visto na minha essência. Com a minha avó, a minha liberdade existia e, claro, eu tinha também minhas pequenas obrigações e uma delas era diária: após a cozinha ficar arrumada por todos, cada um com seu possível – veja bem, o meu avô a essa hora já havia se recolhido –, íamos rezar ao pé do Oratório da minha voinha Nina, que sempre ficava em um dos quartos da casa.

Ao lado do quarto dedicado ao Oratório, ficava o quarto da minha bisavó, mãe de meu avô Fontes. Dona Martinha (como todos a chamavam), ou "minha vó Martinha" (como só eu a chamava), não saía do quarto designado pela minha voinha Nina, pois, beata como era, mesmo em dia de chuva não perdia a missa. Veja bem, num começo de noite indo para a igreja levou um escorregão na poça de lama, quebrou o fêmur e lá ficou, por anos a fio, em cima da cama. Não perdera sua fé e ali seguiu rezando como lhe foi ensinado, todos os dias, até a sua passagem, sempre com seu terço de pedras de cristal e prata na mão.

Bem no quarto dedicado ao oratório, eu e voinha nos ajoelhávamos em frente àquele monte de imagens: Santo Antônio, Jesus Crucificado, Santana Mestra, Nossa senhora, São Jorge Menino Jesus, diversos anjos e outras imagens. Eles compunham e preenchiam todo o espaço do quarto e, ao fim do ano, eram reorganizados e vistos na composição do presépio que ela sempre montava. Presépios lindos que viravam atração, pois que todos da cidade apareciam para apreciar. Observando as imagens ou de olhos fechados, ficávamos a rezar o terço e depois, a dormir. Esse ritual se repetia diariamente, menos em ocasiões especiais. Em dias santos, era dia de trazer flores para o oratório e eu e a minha voinha éramos responsáveis pela limpeza dos santos. Uma grande responsabilidade.

Os costumes de quem realiza a limpeza de santos se baseia nele, em João, e na lavagem de pé do próprio Jesus, e os dias de limpeza dos santos eram sagrados, uma representação da chegada do santo daquele dia como hóspede em nossa casa, no quarto do Oratório. Ah, e eu já sabia como seria com cada dia de cada um dos nossos visitantes: se hoje recebemos Rosário, ou seja, se hoje oramos quatro vezes o terço e lavamos o santo, eu até sentia um forte frio na barriga: *"Hoje vai ser demorado e vou precisar de bastante concentração, valei-me Santo Antônio, me ajude!"*

Minha voinha Nina, de olhos fechados, iniciava a puxar o Pai Nosso e as Aves Marias. Os Salve a Rainha e por aí se ouvia um som além dos cantos: os murmúrios de minha Bisa que vazavam por cima da meia parede da casa de telha van e, quando já estávamos, eu e minha avó, lá pelo meio do segundo para o terceiro terço, minha bisa indagava alto e com sua voz cansada: *"Niiiinaaaa, eu já acabei o Rosário, e você?"*

Previsível como as próprias orações cristãs, a minha avó suspirava: *"Acabei o quinto mistério e creio em Deus Pai!"* Por fim, a Bisa dava boa noite e, quando acabávamos, íamos todos dormir.

É de se imaginar que para cada santo exista a sua reza, os seus ritos e a sua quantidade de Pai Nosso considerando que a lavagem de pés seja um voto de humildade perante a eles. Desde cada verso dos cantos ao processo de recebimento dessas ilustres visitas e limpeza constante do oratório, fui percebendo aos poucos que naquela casa existiam mais ritos e mais costumes do que os estabelecidos pela igreja. E eu adorava isso.

Sempre, no café da manhã do dia seguinte, o comentário à mesa era como Dona Martinha conseguia fazer o rosário na metade do tempo, mas, veja bem, isso não é possível. E com essa indagação, ficávamos até o próximo dia santo. Até que resolvi, como todo menino não comportado da minha idade que era despachado para a casa dos avós, é claro, que eu descobriria a verdade.

Em um dia santo, estava comigo a minha irmã, um pouco mais velha do que eu, observando todos os ritos ensinados pelo padre e pela cultura: limpa todos os santos, limpa todo o oratório, troca a água, traz flores, se ajoelha, inicia a reza. Nesse momento, minha voinha Nina fechava os olhos e começava a puxar: *"Creio em Deus Pai, todo poderoso; Criador do Céu e da Terra [...]"* e por aí íamos.

Íamos, claro, até que cutuquei minha irmã, fiz sinal de licença (aquele que só ela entendia) e um outro sinal para que ela não parasse de rezar junto à minha avó. Deixei-a de olhos arregalados, seguindo a oração, e lá me fui arrastando pelas paredes da casa em penumbra, sob a única luz do candeeiro que ficava na sala, contornando a cristaleira e toda a parede até chegar na porta do quarto de Dona Martinha.

Coloquei minha cabeça lá dentro, com o corpo bem encostado no chão para ouvir sua reza e depois, na mesma modalidade lagartixa, voltei. Minha voinha Nina nem deu falta. *Ufa*!

Lembra-se dos ritos da casa? Pois no café da manhã, a mesma conversa, ninguém sabia como é que Dona Martinha fazia o rosário na metade do tempo. A frase se repetia: *"Isso não é possível"*. Mas eu, orgulhoso e agora sabido, saltei da minha cadeira gritando: *"EU SEI!"*

É claro que o rito falado foi interrompido com a nova frase e o meu vô Fontes, logo indagou como poderia acontecer. Foi então que descrevi a minha aventura digna de uma surra. Cada detalhe da minha missão foi descrita e eu contei que custei e demorei a entender o que era cantado por Dona Martinha até que me aproximei um pouco mais da cama dela e entendi.

Ora–eu disse–, ela reza: *"como antes, como antes, como antes, como antes, como antes, como antes...."*.

36

ALTAR/ALTARES, OBJETOS SAGRADOS: HERDADOS, CONCEBIDOS E RESSIGNIFICADOS

Mariza Carla Monteiro Souza

Estudar o universo religião/religiosidade e espiritualidade na família junto ao grupo de pesquisa FABEP me levou a observar as relações com os arquétipos de fé e ir além do olhar (auto)etnográfico. Isso se deu de maneira despretensiosa, fruto da ocupação do tempo no período pandêmico, cujo isolamento me permitiu ficar mais atenta às coisas da casa e do viver a casa. Logo, o meu apreço à temática decoração, sobretudo na perspectiva que imprime pessoalidade na organização e composição dos espaços, com a utilização de objetos que contam histórias e afetos no jeito de morar, conduzindo-me a esse mergulho.

Motivada por esse estudo passei a espreitar o meu olhar na busca e identificação de objetos sagrados e altares em vários contextos. Seja em minha residência, de pessoas de meu convívio, e até nas de personalidades famosas e outras desconhecidas, apresentadas em canais da internet.

Pude então ampliar as minhas lentes e percepções ao notar as diferentes razões e influências que se estabelece com os objetos e as concepções de sagrado. Na vênia dessas exposições, inferi que pouco importa o gosto ou a ordem de sentidos para quem passa ou convive com tais elementos nesses ambientes, pois são sustentadas por significações em suas aquisições que são próprias das histórias de vida de seus proprietários.

A chegada dos objetos sagrados pode se dar de maneira intencional, noutras por acaso, ou mesmo imposta como presente ou herança. Sendo a peça nova ou usada, do agrado ou não do sujeito contemplado, ela é acomodada. Adentra o viés dos sentimentos a alguém que muito se estima, ou pela representação simbólica de conexão com a divindade, expressa pelo sentido de espiritualidade intrínseco em cada ser.

Assim surge o altar, um espaço dedicado à acomodação das peças sagradas perto de nós, em nossos lares. Certamente despontando uma forma de reproduzir o modelo cultural, desejo consciente/inconsciente de enraizamento, pertencimento familiar e honra à ancestralidade perpetuando seus hábitos, ou a partir da admiração a simbologia que os elementos lhes trazem. A conexão estabelecida por uma situação e/ou dificuldade particular encontrada ao longo do curso de vida do sujeito, e/ou da família ou mesmo acidental, por um presente recebido.

Outros são frutos de uma lógica de ornamentação, em que os elementos sagrados são incorporados como acervos de memórias de viagens ou investimento. Dado o referencial de valor econômico atribuído a obras sacras e outras expressões artísticas.

Contudo, tomo a compreensão de altar pelo significante: "está diante de" – visto como instrumento de cunho subjetivo e simbólico das representações religiosas, que se caracteriza por um conjunto de signos semióticos que ligam os sujeitos à sua compreensão de religiosidade/espiritualidade, expressa de diferentes formas, sentidos e significados.

Embora o altar seja multifacetado e formatado conforme as identificações com os arquétipos de fé, as crenças, heranças e lealdades conscientes ou não, ele perpassa pelo simbolismo no âmbito intrapsíquico. E este lhe confere a dimensão de lugar, espaço sagrado que se torna materializado objetivamente e/ou em instância imaginária. Tais dimensões remetem à ideia de território, de relação, ligação, conexão e proteção, unindo a esfera humana ao universo das divindades, a partir das experiências sensoriais vivenciadas, das concepções filosóficas, doutrinárias e espirituais interpretadas por cada sujeito, e na sua interação com uma, com múltiplas, ou nenhuma religião especificamente. Haja vista que ao longo da história da humanidade o homem sempre se voltou às divindades para entender os fenômenos naturais e a própria existência e responder ao vazio relacionado às questões existenciais: de onde vim e para onde vou.

Conectar-me ao sagrado talvez seja essa tentativa de nomear o indizível e por meio da fé me colocar crendo em algo maior que a compreensão da dimensão tridimensional que vivemos. O que muito influencia a minha estreita relação de intimidade com a sacralidade e reverbera no modo de expressar minhas crenças e composições imagéticas dos meus altares.

Geralmente os altares aparecem adornados por imagens, símbolos, amuletos e objetos de valor material, mas não posso deixar de considerar o lugar e apreço imaterial que eles trazem, como tudo que apreendi nos princípios religiosos e códigos morais que cercam a cultura, a família e o imaginário humano. A transgeracionalidade desempenhou um papel importante nesse processo, transmitindo-me por meio dos seus atos o sentido de reverência, de ponto de encontro e reunião entre os familiares diante do sagrado. Ensinando-nos que era um lugar de confidências introspectivas, ambiência de solitude e quietude, estado de presença comigo mesma, e/ou com guias/mentores e o meu próprio "Deus" interior.

Em minha família os altares sempre ocuparam espaço material, um cantinho dentro e/ou fora da casa (assim fez tia Anésia), variando estilos e estruturas conforme os próprios padrões de crenças, ritos religiosos, motivações e poder aquisitivo de cada um de nós. Com o tempo foram se personalizando, assim como os meus, tornando-se único/pessoal, porque não é algo copiável, cada pessoa personaliza, personifica o seu.

Alguns altares podem ser discretos, secretos, exibidos e até exuberantes, mas isso pouco importa, mesmo porque, de qualquer maneira, eles são/estão correlacionados ao nosso processo de individuação e experiências vivenciadas pela fé, apreendidas dentro ou fora de nossa família. Isso porque sofremos influências de outras culturas familiares e sociais, conforme interagimos com as manifestações de fé, do profano e do sagrado.

Ainda que o altar possa ser configurado no sentido orgânico quando ele é palpável, servindo de elo para conexão com o mundo metafísico e de transcendência, costuma conter representações simbólicas encontradas nos elementos da natureza, tanto no reino mineral quanto vegetal e animal (SETZER, 2011). Podem ser decodificados por meio de pedras, cristais, água, flores, folhas, cereais, incensos, velas, alimentos, búzios, imagens (fotos e réplicas) de pessoas e/ou de animais de poder com sentido espiritual.

Esse entendimento se clarifica quando me aproprio da concepção de sagrado na obra *O homem e seus símbolos* de Jung *et al.* (2016), na qual Jaffé (2016) discorre sobre tais interpretações, intitulando o capítulo "Símbolos sagrados: a pedra e o animal". Tais símbolos são retratados na história da humanidade para ilustrar a necessidade de o homem imprimir a ideia das figuras de divindade. Isso porque eles esculpiam nas pedras as características humanas e dos animais como forma de registrar os conteúdos psicológicos do inconsciente e das projeções nos sonhos como Jung defendeu.

Segundo Jaffé (2016, p. 312), "com a propensão de criar símbolos, o homem transforma inconscientemente objetos ou formas em símbolos (conferindo-lhes assim enorme importância psicológica), e lhes dá expressão, tanto na religião quanto nas artes visuais".

Bem verdade que a relação com os elementos de poder e as ofertas para as divindades no altar e/ou em outros espaços sagrados variam conforme os hábitos, as sociedades e as culturas monoteísta/politeísta. Diferenciam-se também quanto aos atributos de fé do sujeito, estando fundamentado em base cristã, hinduísta, islâmica, budista, judaica, taoísta, de matriz africana, Santo Daime, etc. Esta última é considerada uma religião brasileira em desenvolvimento (OLIVEIRA, 2009) e integra aspectos de outras práticas sagradas, inclusive do xamanismo.

No tocante aos altares inorgânicos ou imaginários, assim como os tangíveis, eles podem ser clamados e formatados conforme os registros mnemônicos, sobretudo os vivenciados na infância e adolescência, tornando-se fontes de reafirmação do desejo de conexão, a partir dos registros simbólicos e significantes de fé que se fazem conscientes. Isso ocorre quer seja pela necessidade de manutenção, resgate e/ou relação com a ancestralidade, ou mesmo a divindade e transcendência, como aconteceu comigo.

Ainda que existisse um altar permanente em minha casa, outros surgiram temporariamente ou paralelamente em razão de uma devoção, compromisso, e não como promessa e por festa cristã/católica, culturalmente comemorada, como o mês de Maria e a trezena de Santo Antônio. Ou simplesmente por um trabalho pontual com determinado arquétipo de fé, no meu caso anjos, arcanjos, santos. Mas há quem faça para orixás, entidade e elementos de poder espiritual e também por práticas compartilhadas.

Na religião católica, por exemplo, algumas famílias participam do movimento de peregrinação da Mãe Rainha ou Mãe Peregrina três vezes admirável de Schoentatt (Alemanha). O padrão do altar e capela da igreja matriz, nesse caso, foi replicado na construção de outros santuários e na réplica utilizada para percorrer os lares pelo mundo, tornando as famílias guardiãs da imagem por um dia da semana.

No mesmo espírito coletivo circulava desde 1945 a imagem Peregrina de Nossa Senhora de Fátima, entre cidades no mundo. Essa prática foi iniciada em Berlin (Alemanha), após a segunda guerra mundial, e interrompida no período pandêmico da Covid-19.

Como a relação sujeito-religiosidade-espiritualidade é burilável, é possível inferir que as práticas religiosas e relacionais com seres, objetos e altares sagrados também podem ser ressignificadas, como aconteceu comigo. Isso pode se dá na formatação, função ou momento, conforme as reflexões de espiritualidade são vivenciadas em nós, independentemente de sermos ou não agnósticos, devotos e/ou guardiões.

Algumas pessoas podem se colocar espontaneamente como guardiãs; outras são escolhidas por algum membro da família para que seja o representante do legado espiritual de uma determinada devoção e/ou prática religiosa na família. Cria-se dessa forma a expectativa de que seja dada a continuidade de hábitos e costumes devocionais em nome de um dos seus ou do clã.

Em minha família foi tia Alice quem se colocou nesse lugar de delegada; ela comprou e doou a minha irmã caçula uma imagem de Nossa Senhora de Fátima, a qual circulava entre os lares dos familiares. De vez em quando minha irmã aparecia na casa de alguém e deixava a santa por um tempo. Também repassou para outra sobrinha a imagem de Nossa de Senhora da Conceição que foi de minha avó e que lhe coube no sorteio da herança. O curioso é que ela ainda está na ativa, inclusive na igreja e não delegou essa tarefa aos filhos.

Observando as distintas perspectivas de conexão com a divindade em mim, reparei os objetos sagrados e altares em minha casa. Vi que eles ocupam diferentes espaços, intenções e ambientes em momentos distintos, e foram acomodados à medida que chegaram em minha vida como presentes ou herança. À exceção das pequenas imagens de São Pedro, de Nossa Senhora Desatadora de Nós e a de Ganesha que comprei, as duas imagens/adornos em pedra-sabão, lembrança da cidade de Poços de Caldas que peguei com minha mãe para montar o meu altar (paralelo) de telarina[1], e do altarzinho de Ogum que adotei. Esse foi dado como brinde de final do ano ao departamento que trabalhava, estava jogado num armário e seria descartado, mas quando li o cartão explicando a correlação do orixá a Santo Antônio, da qual sou devota, me apropriei. Confesso que por um tempo o mantive guardado e na pandemia tentei colocá-lo como adorno na sala e meu esposo interpelou. Lembrou que se minha mãe visse falaria.

De fato não foi possível incorporar o altarzinho de Ogum como objeto de decoração e dei espaço para a sua morada como elemento sagrado. Hoje ele fica junto aos livros em meu *home office*. Essa reflexão me levou a ressignificar o conceito de tolerância religiosa em mim, certamente produto das provocações que este estudo me causou e que me levou a repensá-la depois de ouvir representantes de outras religiões no grupo de pesquisa,

---

[1] Integrante do movimento do Tear dos Sonhos.

sobretudo os pesquisadores e integrantes das religiões de matrizes africanas. Identifiquei ao longo de suas narrativas o quanto eu e a minha família de origem os ignoramos. Senti sua falta nos diálogos inter-religiosos que sempre presenciei entre minha mãe, os protestantes e os evangélicos que batiam a nossa porta. Onde eles estavam?

Reconheço que não podemos dizer que somos tolerantes à liberdade de credos se ainda consciente ou inconscientemente fazemos distinções e ignoramos certos arquétipos sagrados e religiões, com tamanho distanciamento em nossa ordem de sentidos. O que revela o quanto nos colocamos de maneira velada, diferenciando-nos de outros, por julgarmos "silenciosamente" suas crenças e práticas religiosas sem ao menos conhecê-las.

Diante disso, notei que os demais objetos e arquétipos de fé que possuímos estão correlacionados à nossa religião de base familiar, a católica. Dentre eles: o nicho/oratório em formato de igreja, duas bíblias (uma foi presente de casamento, e a outra, cheia de ilustrações, veio como herança da minha sogra), uma flâmula artesanal com a padroeira do Brasil, imagens de Nossas Senhoras de Fátima e Aparecida e de Santo Antônio, anjos e uma cruz de prata com o Cristo Crucificado. Ele também representado na obra de Djalma Barroso que fica acima do altar.

Trata-se de uma pintura a óleo, datada de 1976. No verso há a descrição da cena no ambiente arquitetônico do corredor do claustro no Convento do Desterro, Salvador/BA. Essa foi a parte que me coube da herança de terceiros (SOUZA, 2019). Tinha pensado em entregar ao convento, mas me apropriei depois do estudo de objetos de família realizado pela FABEP, cuja provocação me levou a admiti-lo e incorporá-lo ao meu acervo, a partir da ressignificação que fiz da representação do Cristo Crucificado. Uma desconstrução e reconstrução de sentidos de religiosidade e espiritualidade em mim, diferente do que aprendi na família sobre a luz do sofrimento com a sua paixão.

Como esse tombamento dos arquétipos de fé em minha casa, verifiquei que tínhamos até santo de papel. Um era o recorte da imagem de Santo Expedito que chegou como herança, e a outra era uma figura do Arcanjo Miguel recebido numa panfletagem na rua, que peguei por educação. Pensei que fosse algum devoto pagando promessa e coloquei na bolsa, só depois descobri que era propaganda de cartomante e, mais uma vez, ressignifiquei o meu olhar.

Afinal eu acredito na força desse arquétipo, achei a imagem bonita, me chamou atenção por carregar a balança da justiça, e naquele momento eu estava com um processo judicial em curso. Então coloquei a imagem junto à notificação da audiência e pus no oratório. Na pandemia a figura ganhou outra função, aproveitei-a na montagem do meu altar para rezar a quaresma do Arcanjo Miguel, que vai de 15 de agosto a 29 de setembro, mantendo uma vela de sete dias acesa e as orações diárias nesse período.

Esse se tornou o meu segundo altar temporário, o primeiro foi/é montado anualmente para rezarmos a trezena de Santo Antônio aqui em casa. Quando no primeiro dia do mês de junho trago para sala a imagem do santo que fica no oratório num ambiente mais reservado. Ele ganha flores, vela, e diariamente um incenso no momento que cantamos o hino do incenso: *subi precioso incenso...* Esse é um rito cultural que observo em minha cidade, entre os rezadores da trezena que encontro na casa de uma amiga no prédio onde moro, em minha família, no Forte São Diogo (Farol da Barra), e nas missas dedicadas a Santo Antônio ao longo do ano, sempre às terças-feiras em algumas igrejas de Salvador.

Agora me dou conta de que mesmo trazendo o santo para a sala não ficamos diante da imagem ao rezar. Certamente por não ser um hábito em minha família, pois a paterna é evangélica; já na materna aprendi (não sei com qual geração, pois fazia parte do discurso de minha mãe e minha avó) que elas representavam uma reprodução fotográfica, técnica de registro possível do passado. Tal instrução talvez fosse uma forma de nos blindar contra as acusações dos protestantes de que nós, católicos, adoramos imagens.

Curiosamente noto que no dia do fechamento da trezena de Santo Antônio na casa de Tia Anésia há uma prática devocional cultuada por ela há 52 anos, e que meus pais se juntaram e hoje reúnem boa parte da família extensa. Trata-se de um ritual na hora em que se canta o hino da benção de Santo Antônio. Ali, alguns membros se aproximam do altar em ato de contrição e fé, se ajoelham e/ou se benzem diante da imagem.

Essas recordações me emocionam por me lembrar do meu pai e do preço pago pelo choro contido há mais de 30 anos com o seu desencarne. Sinto também que o rito sela em nós o respeito e a grandiosidade da fé depositada no santo por nossa tia, e que nos confere a sensação de intimidade e proximidade com a divindade. Isso ocorre ainda que muitos de nós já estejam desconectados das práticas religiosas nos moldes aprendidos na família, como fizeram as gerações que nos antecedem.

Aqui identifico que a minha reza do mês de Maria já se diferencia, pois monto o meu altar imaginário e oro em alguns dias do mês de maio do meu jeito, mas sem seguir o *script* cultural e da família com a repetição das orações e ladainha. Deduzo que talvez seja uma forma de me conectar ao passado sem reproduzi-lo, diferenciando-me no modo de fazer, de uma nova posição e relação com a fé e a religiosidade, agora ressignificadas.

Na infância rezar o mês de Maria tinha um sentido especial em mim, pois além do altar com Nossa Senhora das Graças que havia na escola e que rezávamos nessa época, lembro com afeto da cerimônia de coroação de Nossa Senhora no último dia do mês. Alguns alunos eram selecionados para se vestirem de anjos; nunca fui escolhida ali, mas em outro contexto, pois além da escola, à noite rezávamos na igreja da minha paróquia, e certa vez tive o privilégio de ser escolhida para coroá-la.

De fato, as imagens e altares sempre foram para mim reproduções fotográficas, cenários que contam atos e crenças. Ouvi recentemente da Monja Coen numa *live* que as imagens são colocadas no altar para nos lembrar que somos parecidos, como humanos que somos. Tal afirmação corrobora o pensamento de Padre Sadoc que em certa homilia no Santuário da Mãe Rainha, nos lembrou de que somos povo santo e santa de Deus.

Penso que o sentido de espiritualidade é muito acessível, é algo alcançável como seres que somos e do homem que vive no agora e não como disseminado por outros religiosos e até mesmo na minha família, como algo inatingível por meros mortais, possível apenas aos humildes e puros de coração, aos superdotados imageticamente de poderes e às divindades espirituais superiores que tinham permissão de serem santificadas.

O meu entendimento com este estudo é que os rituais e as relações com os objetos e arquétipos sagrados são simbólicos, retratam hábitos e costumes devocionais que são próprios a cada ser e não necessariamente uma repetição fiel do que foi aprendido na família ou fora dela, mas o que se encontra na essência de cada um. E que não é possível identificar com precisão como começa e termina, porque envolve subjetividades na forma e modos como cada pessoa constrói e interioriza o conceito de sagrado dentro de si.

Por enquanto vou testemunhando as mudanças e os atravessamentos de histórias familiares tão peculiares e aproximadas. Permito-me também observar a intemporalidade que nos conecta aos arquétipos de fé e das religiões, assim como as marcas que as relações culturais e devocionais imprimiram na história da humanidade. Nessas observações constato o entrelaçamento de gerações em certos momentos, principalmente ao me voltar para os ritos de espiritualidade e religiosidade no seio da minha família nuclear, de origem e extensa.

REFERÊNCIAS

A IMAGEM peregrina de nossa Senhora de Fátima. Disponível em: https://www.fatima.pt/pt/pages/imagem-peregrina. Acesso em: 25 set. 2021.

CAMPANHA da Mãe Peregrina de Schoenstatt. Disponível em: https://www.maeperegrina.org.br/movimento-de-schoenstatt/. Acesso em: 25 set. 2021.

COEN, Monja. **Live** – A arte do agora. Disponível em: https://www.youtube.com/watch?v=95E0gZssDwI&t=651s. Acesso em: 20 mar. 2022.

COEN. Monja. **Palestra:** Altos e baixos da vida e a mente Buda. Disponível em: https://www.youtube.com/watch?v=1EgjUWT4UzY&t=28s. Acesso em: 20 mar. 2022.

JUNG, Carl Gustav. **O homem e seus símbolos.** Concepção e organização Carl G. Jung *et al.* Tradução de Pinto, M. L. 3. ed. esp. Rio de Janeiro: Harper Collins, 2016.

MOVIMENTO Apostólico de Schoenstatt. Disponível em: https://schoenstatt.org.br/ Acesso em: 25 set. 2021.

OLIVEIRA, Isabela. Santo Daime: um sacramento vivo, uma religião em formação. **Revista Brasileira de História das Religiões**, ano I, n. 3, jan. 2009. Dossiê Tolerância e Intolerância nas manifestações religiosas. Disponível em: https://cetadobserva.ufba.br/pt-br/publicacoes/santo-daime-um-sacramento-vivo-uma-religiao-em-formacao. Acesso em: 25 set. 2021.

SOUZA, Mariza Carla Monteiro. Da cerâmica ao crochê, de herdeira a guardiã: a parte que me coube na herança. *In:* RABINOVICH, Elaine Pedreira; SOUZA, Cinthia Barreto S.; BARBOSA, Júlio C.; AMORIM, Rita de Cássia; ALMEIDA, Carla Verônica A.; NEVES, Sinara Dantas (org.). **Objetos de família**: vozes e memórias. Curitiba: CRV, 2019.

SETZER, Valdemar W. **Os reinos da natureza segundo Allan Kardec e Rudolf Steiner.** Inep, 2011. Disponível em: https://www.ime.usp.br/~vwsetzer/Kardec-Steiner-reinos.html. Acesso em: 7 ago. 2021.

PARTE IV

TRAVESSIAS DO MÉTODO

ROTAS METODOLÓGICAS: DA AUTOBIOGRAFIA À AUTOETNOGRAFIA COLABORATIVA

Carla Verônica Albuquerque Almeida
Diana Leia Alencar da Silva
Lorena Márcia Nascimento Souza
Maria Angélica Vitoriano da Silva
Teresa Cristina Merhy Leal

> *A jangada é capaz de atravessar ventos e intempéries, antes de tomar o rumo de um ponto longínquo. Assim são os inícios do escrever: precários e incertos, como os inícios das andanças em terras inexploradas. Em qualquer lugar haviam, é certo, desde antes, os caminhos por mares, abertos para navegar*
> (MARQUES, 2011, p. 35, grifo nosso)

Certamente tudo tem um começo. Ou não? Reatar algumas "pontas da história" do Grupo de Pesquisa Família, (Auto) Biografia e Poética – FABEP– para rememorar aspectos da trajetória percorrida nos mares que se abriam a navegação, entrecruzados por subjetividades, atravessando ventos e intempéries, explorando terras e nos aventurando a novas descobertas, implica lembrar e retomar o "passado que aflora à consciência na forma de imagens-lembrança" (BOSI, 1999, p. 53). Tudo tem um começo, tecido em tantos outros, que vão se perfilando de "nós", de rupturas e entrelaces, de redes e fios que dialogam entre si. São vários começos, de pontos diversos que transitam por terras inexploradas, como nos sinaliza a epígrafe deste texto.

A viagem se inicia em 1997, no encontro entre as comandantes do barco, na Reunião Anual da Sociedade Brasileira de Psicologia. As professoras Ana Cecília Bastos, residente em Salvador, e Elaine Rabinovich, residente em São Paulo, se conhecem, identificam campos de interesses de pesquisa em comum, bem como"[...] a poética como estruturante de seu modo de ver o mundo, um olhar nem sempre presente nem apreciado nas lidas acadêmicas" (BASTOS; RABINOVICH, 2016, p. 15). Alguns anos seguintes, a professora

Elaine passa a integrar o corpo docente do programa de pós-graduação em Família na Sociedade Contemporânea (Ucsal), intensificando o contato, fortalecendo a amizade entre ambas, a parceria em pesquisa, a produção acadêmica, científica e poética. Um acervo de histórias e afetos amalgamados constitui a poética "[...] entendida como uma dimensão humana onde ocorre a vida humana em sua transitividade: o instante *con*-sagrado, e o instante que transcende por meio de um compartilhar, que carrega e é a própria humanidade" (RABINOVICH; BASTOS, 2012, p. 29). A dimensão poética enfoca a família em temporalidades e historicidades, possibilitando sua inclusão na cadeia de vínculos atemporais.

Nesse contexto, motivada pela poética e incitada a mergulhar em águas mais profundas, a professora Elaine organizou e assumiu a liderança do Grupo FABEP em 2010, integrando pesquisadoras e pesquisadores do Programa de Família na sociedade Contemporânea e de outras instituições, que manifestavam interesse em içar as velas para os estudos sobre a "(auto)biografia, que remete à escrita da própria vida; os relatos orais, que seria considerar o que se escreve sobre a vida do outro, como uma espécie de 'intriga'; e as histórias de vida, que envolve um conhecimento de si na inter-relação indivíduo/coletivo" (SILVA; MENDES, 2009, p. 8). Ao entrelaçar-se com a memória, a (auto)biografia possibilita conexões com as reminiscências e esquecimentos do sujeito em diferentes tempos e espaços da sua existência, remetendo-o a um estado de experiência afetiva e/ou conflitiva, que pode ser individual ou corresponder a uma fusão desse individual com o social, com o outro.

Destarte, o método autobiográfico presente nas pesquisas iniciais, ao dialogar com a Poética Familiar e suas nuances, possibilitou às(aos) integrantes do grupo navegarem pelas correntezas da memória, como podemos constatar nos estudos publicados. Imersas(os) nas águas submersas e por vezes emersas, o estudo inaugural buscou explorar narrativas familiares a partir de álbuns de fotografias da família. Um movimento que trouxe à tona reminiscências de uma época carregada de emoções e permitiu vivificar o passado inscrito em fotos, dando origem ao texto "Álbum de Família: relatos de um passado compartilhado", o qual compôs um dos capítulos do livro *Poética da família e da Comunidade* (2012).

Ávido por aprofundar-se em águas mais densas e sob o balanço das ondas que embalavam o corpo em uma perspectiva interdisciplinar, em suas múltiplas formas expressivas e contextuais, a investigação que deu origem à obra *Poética do Corpo* (2012) descortinou interconexões com o afeto, o erótico, a identidade, a arte, a individualidade, a deficiência, a moradia, o sagrado e outras matizes. Alicerçadas(os) por pressupostos filosóficos, teológicos, psicológicos e sociológicos, as pesquisadoras e os pesquisadores fazem um convite ao leitor para aprofundar o conhecimento sobre a corporeidade no tempo histórico e na contemporaneidade, em diferentes contextos relacionais: pessoal, conjugal, familiar, social e religioso.

Em 2013, movidas(os) por ondas mais intensas, ousamos a imersão em mais três estudos: sexualidade, nomes de família e poéticas da infância. Resultado da experiência de investigação de docentes e discentes em um componente curricular da pós-graduação *stricto sensu*, em que a sexualidade é vista sob óticas distantes e complementares, a pesquisa que deu origem ao livro *Para além do sexo: a sexualidade por um enfoque interdisciplinar* fez insurgir em cada autora e cada autor o sentido e o significado da sexualidade para além das suas implicações com o sexo. Já o estudo que deu origem à publicação intitulada *Nomes de famílias: subjetividade, genealogia, juridicidade e historicidade* (2013) possibilitou conexões entre o interior e o exterior, entrelaçando o eu e o nós na trama da rede sobre os sobrenomes, por meio das histórias de vida e nomeação de suas autoras e seus autores, relacionando-os com conceitos teóricos, ao tempo em que promoveu reflexões sobre a família na dimensão intergeracional.

A *Família e Poéticas da Infância: relatos autobiográficos* (2013) ocupou lugar de destaque na proa do barco, prestes a ancorar nesse porto. Por meio da dialogicidade, as autoras de forma singular elegeram marcadores da vida para literalizar experiências vividas no cotidiano familiar, especificamente na fase da infância. Um horizonte que proporcionou um olhar retrospectivo e prospectivo, frente à (re)leitura da trajetória de vida e de formação alicerçada nas narrativas.

Ancorar no porto nos despertou revivescências de outras memórias da infância por meio de narrativas recheadas de sabores e gostos, ao aproximar gerações, reforçar laços e atualizar a convivência mediante rituais de preparação e partilhamento de encontros inesquecíveis em família. A "entrada", o "prato principal" e a "sobremesa" deram o "toque" à coletânea de textos do livro *Do fogão ao coração: receitas de família* (2014), permitindo a todas e a todos degustarem imagens, expressões e costumes, cheiros e sabores, reveladores de identidades culturais e regionais, o que provocou mais uma vez a eclosão de práticas, sentimentos e emoções.

Cabe salientar que esse exercício autobiográfico por meio de diferentes narrativas constituiu-se como uma maneira de produzir conhecimento individual e social, ao provocar e promover

> [...] a reflexão sobre seus próprios percursos e experiências, [...] ao privilegiar subjetividades presentificadas nas histórias dos sujeitos que falam sobre sua vida, escrevem e narram, caminham para dentro de si, em um movimento de introspecção na busca de lembranças e nesta tessitura se reinventam (ALMEIDA; ORNELLAS, 2019, p. 962).

Dessa forma, na medida em que cada narrativa ia sendo compartilhada no grupo, ocorria uma análise e discussão com a participação de todas(os) as(os) pesquisadoras(es) participantes.

Outrossim, envolvidas(os) por ondas revoltas de emoções e pelo curso das águas, as rotas percorridas foram abrindo espaço para acolher e identificar o diálogo entre a autobiografia e a etnografia, para instaurar a autoetnografia. A subjetividade e a intersubjetividade também se fazem presentes nesse método, uma vez que possibilitam ao(à) pesquisador(a) refletir sobre as consequências do seu trabalho e das suas experiências não só para os outros, mas para si mesmo. Nesse sentido:

> a) usa a experiência pessoal de um pesquisador para descrever e criticar as crenças culturais, práticas e experiências; b) reconhece e valoriza as relações de um pesquisador com os "outros" (sujeitos da pesquisa) e c) visa a uma profunda e cuidadosa autorreflexão, entendida aqui como reflexividade, para citar e interrogar as interseções entre o pessoal e o político, o sujeito e o social, o micro e o macro (SANTOS, 2017, p. 221).

Ao se integrar à perspectiva autobiográfica, a autoetnografia torna-se relevante e traz uma contribuição significativa em termos culturais, por meio de narrativas orais e escritas que possibilitaram autorreflexões e reflexões partilhadas, ao tempo que provocaram mudanças pessoais e sociais.

A ancoragem na Autoetnografia Colaborativa

Entre "[...] rimas de ventos e velas, Vida que vem e que vai [...]" (Zeca Bahia e Gincko, 1980)[1], o grupo de pesquisa ao longo de 12 anos vem

---
[1] Versos da canção Porto Solidão, interpretada por Jessé.

navegando por rotas investigativas inicialmente à deriva, ou seja, um motor propulsor que dá encadeamento à navegação, quando não há ainda uma rota definida, mas sim uma mobilização que parte do desejo investigativo do eu e do nós, de forma singular e poética. Essa rota, a princípio indefinida, foi intitulada pelo próprio grupo em 2015, inserindo suas e seus integrantes que se permitiram então serem "dirigidos pelas correntes, portam remos e coletes salva-vidas, porque não lhes interessa 'morrer na praia', mas experimentar os encontros e desencontros com as margens" (SOUZA *et al.*, 2016, p. 26). Nesse movimento, se entregaram à investigação criteriosa e imersiva em diferentes mergulhos nos estudos e na própria evolução do método dentro do grupo FABEP.

Imbuídas(os) na abordagem autoetnográfica colaborativa, as(os) tripulantes imbricam-se nas "redes de histórias que consideram processos de rememorar a centralidade da experiência vivida e compartilhada e os limites da intersubjetividade" (ALLEN-COLLINSON, 2016, p. 292), sobre questões pessoais, rompendo por vezes com silenciamentos que fizeram emergir interpretações, discussões e reflexões, ao rememorarem o passado, reinventando o presente que se reorganiza. Nesse cenário, prosseguiram a viagem mergulhando em outros estudos e produções em um itinerário de investigação que revelava os múltiplos olhares de apreender o mundo numa dimensão poética da criação de si e do pertencimento, circunscritos pela sociocultura.

Nos liames desse percurso, as fronteiras se abriram, acionaram mais uma vez a memória da infância, e foi permitida a travessia por meio da pesquisa que evidenciou tensões entre o silenciamento e a pertença. As narrativas da identidade cultural pessoal e familiar puderam ser vislumbradas. Pensar o silêncio é pensar na nossa história, nas fissuras, nos interstícios que se "[...] revelam por si só e ecoam no interior, no exterior, na casa, no quintal, no rural, no urbano, no espaço, em um país, em nossas origens e raízes", em um movimento que implicou "um retornar a si mesmo, visitar o passado, dar voz aos não ditos, para que não nos tornemos naturalmente invisíveis a nós próprios, aos outros e ao mundo" (AVENA, 2016). Outrossim, um silêncio que transpôs as margens que se encontraram nos textos publicados no livro *Autoetnografia Colaborativa e Investigação Autobiográfica: a casa, os silêncios e os pertencimentos familiares* (2016).

Um convite às irmãs e aos irmãos abriu novos horizontes de estudo e pesquisa, vertendo um olhar para as múltiplas relações no âmbito da família, as quais nos perpassam, nos atravessam. "[...] Um entre nós que é um entre-dois, mediação das alianças e da transmissão reunidas [...]" (PIERRON, 2009, p. 326), carregadas de sentidos, emoções e, por vezes, estranhamentos que emergiram frente ao que parecia familiar. *Irmãos–O outro em mim: uma autoetnografia colaborativa* (2019) reuniu narrativas escritas, conduzidas por meio de reflexões, descortinamentos e, em algumas situações, a compreensão das relações de fratria vivenciadas nas famílias de cada um(a) dos(as) autores(as) navegantes.

No porão do barco, a memória individual e coletiva ativou a escuta a uma das integrantes do grupo ao compartilhar com riqueza de detalhes as lembranças de um objeto herdado da sua irmã. Nesse cenário, reflexões, sentimentos e sensações insurgiram em reminiscências de heranças de objetos de família, como lampejos no horizonte da memória para além do tempo, como uma "[...] força subjetiva ao mesmo tempo profunda e ativa, latente e penetrante, oculta e invasora" (BOSI, 1994, p. 9). Ao sinal da comandante, outra pesquisa descortinava-se em escritas sobre a herança material ou imaterial, reafirmando um pertencimento potencializado pelas lembranças simbólicas de objetos que mobilizam a memória familiar de cada pesquisador(a) e ecoam nas narrativas do livro *Objetos de família: vozes e memória* (2019), presentes e incorporadas em nossos corpos e em nossas vidas.

A bordo da embarcação, a tripulação se prepara para mais uma viagem pelos afluentes da memória e adentra nas raízes da família, em meio a um cenário de isolamento social provocado pela pandemia da Covid-19, que assolou toda a humanidade e exigiu mudanças drásticas na vida de todas e todos nós. Mas, mesmo navegando em águas turbulentas pelo imenso maremoto, as(os) tripulantes lançaram as redes por meio de plataformas virtuais na busca de aprofundamento da própria existência, das marcas e acervos que foram se constituindo a partir de diversos acontecimentos, da pluralidade das relações gestadas e de formas de convivência. A contribuição interdisciplinar deste estudo materializou-se em um emaranhado de emoções e de fios que se ramificaram e teceram narrativas que constituíram o livro *Raízes da família extensa no Brasil: (re)conexões colaborativas* (2020). Um percurso que tomou como referência a família extensa e se consolidou a partir de cinco eixos temáticos: raizamento, linhagem, pertencimento, distanciamento e reconhecimento.

As diferentes narrativas autobiográficas e autoetnográficas trazem a memória (res)guardada de cada experiência vivenciada em tempos e espaços distintos e se entrelaçam por meio de sentidos e significados quer de forma explícita, quer subentendida, os quais se (des)velam em redes tecidas e urdidas do eu e do nós que estampam a poética familiar.

Autoetnografia na fluidez da vida: o exercício sensível de desatar "NÓS"

Desnudar-se, em um processo de escrita autoetnográfica, não é tarefa fácil, pois implica no acesso de experiências muitas vezes silenciadas ou não privilegiadas. A lógica que direciona, não por poucas vezes, o nosso sentir e pensar sobre essas vivências parece delinear a desvalorização e o não reconhecimento do lugar do vivido em nossas histórias de vida, que são, inegavelmente, individuais e coletivas (HALBWALCHS, 1990).

É certo que a memória individual não é somente um ponto de vista da memória coletiva (HALBWALCHS, 1990). Ela é um constructo ativo, que damos sentido e significado na vivência e atualizamos na palavra compartilhada. Nesse caminho, reflete e modifica a memória e a própria história coletiva dos grupos nos quais nos inserimos. Assim, há uma análise, uma reflexão e a transformação necessárias para a sua atualização. Esse processo de aprendizado emergiu fortemente nos estudos de RELIGIÃO E RELIGIOSIDADE realizados no grupo de pesquisa Família, (Auto)biografia e Poética (FABEP).

O caminho, que nos pareceu, a princípio, despido de obstáculos, revelou na trajetória silêncios, afastamentos, rupturas, quiçá receios de exposição, que retardaram os registros em tinta, assim como a partilha dos textos, normalmente feita no grupo. O exercício autobiográfico sensível denunciou ambivalências de fragilidades e forças de um grupo que se faz no movimento investigativo do eu e do nós. A cada palavra compartilhada, elucidou-se o quanto afetamos e somos afetados pelo outro em nossa trajetória de vida.

À medida que caminhávamos, percebemos também os muitos véus da racionalidade que ainda encobrem as reflexões sobre religião e religiosidade, assim como o distanciamento de tais discussões do ambiente acadêmico. Sob o signo do preconceito e de uma pretensa racionalidade, há ainda a tentativa de silenciar a totalidade das dimensões da pessoa humana, como se fosse possível fragmentá-la.

É certo que desatamos, aos poucos, os "nós", que por vezes impossibilitam a fluidez da vida,certamente revestidos pela luz e graça de forças celestes como a de Nossa Senhora Desatadora dos Nós. Nesse sentido, ousamos despir os pés para enfrentar as pedras que iam sendo iluminadas no caminho percorrido. Nossas escritas, pouco a pouco, foram sendo delineadas, transcendendo as angústias que as lembranças, por vezes resgatadas da infância,provocaram. À medida que as amarras se afrouxaram, os lírios do caminho foram revelados e os "nós" transformados em revivescências e aprendizados, em um processo no qual o nosso olhar sobre as experiências vividas, hoje em uma fase madura, nos possibilitou achados significativos na trajetória percorrida, e, por que não dizer, da ciência e consciência do vivido.

Para a imersão inicial na proposta do estudo, utilizamos a Roda de Conversa como técnica de pesquisa, uma vez que possibilita, segundo Deleuze e Guattari (2011), que as conversas tecidas enredem os sujeitos envolvidos, como em um rizoma, no qual as ideias se expandem, nos expandem e nos movimentam para várias linhas de fuga, mas que por vezes se reencontram e reconstituem o sujeito. As rodas de conversas proporcionaram não apenas levantar reflexões relevantes sobre religião e religiosidade, como também possibilitaram a emersão de lembranças, carregadas de emoções, por meio das trocas efetuadas.

O processo foi alimentado pela generosidade de convidados que trataram sobre as religiões que eram deles também. Conhecemos, graças a essa partilha, um pouco mais sobre as religiões Católica, Evangélica, Candomblecista e Espírita. Nos aproximamos também do Judaísmo, por meio de um estudo proposto pela professora doutora Elaine Pedreira Rabinovich, sobre um documentário nacional intitulado "A Estrela Oculta do Sertão",que aborda a presença do judaísmo no sertão brasileiro.

Os estudos foram iniciados pelo professor convidado Dr. Marlon Marcos Vieira Passos, que nos fez apurar a escuta e o olhar para os silenciamentos, perseguições e exclusões sofridos pelas religiões de matrizes africanas no Brasil. O aprendizado nos legou não somente conhecimento do outro, mas de nós mesmos, em processos do reconhecimento de trajetórias que passamos a identificar, reclamar e acolher também como nossas. Após essa exposição, fomos instigados a refletir sobre o compartilhado, mobilizados pela seguinte indagação: como reverberou a escuta, o dito e o refletido em nós e em nossas historicidades?

No segundo encontro a roda de conversa versou sobre famílias, religiões e religiosidade, com foco nas invisibilidades e silenciamentos, na perspectiva da diversidade inter-religiosa. A professora Cleidiana Ramos, jornalista e doutora em Antropologia, dialogou sobre Inter-religiosidades na diversidade étnica brasileira e alimentou as reflexões que se seguiram no debate que sucedeu ao encontro.

O professor doutor Miguel Mahfoud participou do nosso terceiro encontro, promovendo um convite ao exercício autoetnográfico, que nos fez mergulhar um pouco mais na religião e na religiosidade. No encontro nos conectamos para pensar sobre nós e nossos processos dentro e fora da religião. Após, impactados pelo percurso percorrido, voltamos a refletir juntos(as) sobre os reflexos da escuta na nossa trajetória em construção.

No movimento dialógico possibilitado pela roda de conversa, recebemos na sequência o pastor e filósofo Joel Zeferino. Fomos conduzidos por meio do seu relato a percorrer os caminhos do cristianismo, dos primórdios aos tempos atuais. Revelando ditos e não ditos, conhecemos um pouco mais sobre as religiões cristãs e sobre a abertura ao diálogo e proximidade com outras religiões.

O encontro seguinte nos aproximou da doutrina Espírita, a partir da exposição das professoras doutoras Selma Reis Magalhães, Teresa Cristina Merhy Leal e Carla Verônica Albuquerque Almeida. Sensíveis, abertas ao outro, elas nos mostraram a trajetória de encontros e desencontros de uma doutrina que tem o amor e a caridade como norteadores da aprendizagem e do desenvolvimento individual e coletivo da humanidade.

As rodas nos possibilitaram também um encontro com um "Zé" que se intitula "Ninguém": trata-se do médico e professor doutor José Américo Silva Fontes, que se descreve sem religião, mas também como "instrumento de força e fé, em benefício da Felicidade do homem" (FONTES, 2021, p. 15). Sua história de vida revela não somente o percurso de uma inteligência criativa voltada à produção de equipamentos médicos para a assistência humanizada dos mais necessitados, mas a inquietação de um homem que experienciou fenômenos paranormais. Ele nos retrata a busca de sentido em sua existência, como pessoa humana.

Como não nos furtamos no grupo de navegar à deriva, os estudos nos levaram a outros rumos, ao sabor dos ventos: instigados pela história da conversão dos pioneiros judeus que aqui chegaram ao Brasil, nos percebemos como guardiãs de nichos, oratórios e altares, preservados, atualizados e construídos na história que escolhemos trilhar em nossas vivências religiosas. Tais rumos nos levaram a compartilhar fotos e, posteriormente, textos, nos quais a razão não silenciou o sentir.

É certo que, a cada encontro, o "auto" e o "etno", concomitantes e simultâneos, relacionavam-se nos momentos de partilha de grupo, ora em rodas de conversa, ora na escuta dos registros em tinta, definido por cada autoetnógrafo(a). Vivenciamos um processo criativo de produção do conhecimento possibilitado pela autoetnografia, sem dicotomias entre a racionalidade e o sentir, entrelaçando e interligando o eu e o outro. No processo de encontros, discussões e produções emergiram sentidos e significados reportados nas palavras Sagrado e Ritual, Inter-religiosidades, Sincretismo e Intergeracionalidade. Tais termos possibilitaram a análise das falas, escritas e imagens, reveladoras de marcadores sociais e que norteiam diferentes relações dos(as) autoetnografrados(as) com as religiões e a religiosidade nas quais foram inscritos ou que escolheram se inscrever.

É válido registrar, nos rumos seguidos no processo de estudos, que os impactos das revivescências imprimiram ritmos que não interromperam a navegação, mas a tornaram mais lenta, na reflexividade reclamada por silêncios, choros e suspiros, nem sempre contidos. Falávamos de nós, da nossa história, da nossa família e do contexto social, por vezes excludente às nossas escolhas religiosas. Nessa perspectiva, a princípio, partimos num rumo sem saber o que iríamos encontrar, como permitido pelo percurso à deriva. Alguns, inclusive, abandonaram o barco, mas retornaram.

Essa constatação nos faz pensar que ao revisitarmos o nosso percurso na religião e/ou na religiosidade, somos desafiados(as) a romper com uma barreira temporal de silenciamento, negações e julgamentos preconceituosos que por vezes nos impactam e nos paralisam, uma vez que ao refletirmos sobre a nossa história, (des)velamos e trazemos à tona imagens e sensações de um tempo vivido que se presentifica de forma reveladora no presente.

As experiências religiosas balizaram situações marcantes no âmbito pessoal e relacional, em contextos históricos e culturais, vivenciados pelos(as) integrantes do grupo. Ao estabelecerem relação com a dimensão transcendental, vivenciada desde a infância, os(as) navegantes atribuíram sentidos e significados por meio de simbologias, devoções e crenças que os(as) aproximaram dos rituais herdados ou não da família. Nesse cenário, tornou-se evidente as diferentes práticas singulares e próprias de afastamentos e de aproximações com a religião e/ou religiosidade em conexões com o que está ou não está presente, mas que se faz sentir.

Nessa dimensão, o método autoetnográfico colaborativo à deriva é um convite aberto aos(às) pesquisadores(as) do grupo FABEP que desafia a todos(as) a ousarem experimentar outras rotas para a navegação, sabendo que:

Iremos juntos sozinhos pela areia
Embalados no dia
Colhendo as algas roxas e os corais
Que na praia deixou a maré cheia.
Virás comigo [...] como vêm as ondas com o vento.

O belo dia liso como um linho
Interminável será sem um defeito
Cheio de imagens e conhecimento.
(Andresen, No tempo dividido, 2005)

Ao desembarcarmos temporariamente, seguiremos juntos(as) pisando na areia firme e embaladas(os) pelo dia por vezes ensolarado e por vezes nublado ou chuvoso, mas certos(as) de que colhemos algas roxas e corais repletos de reflexões e conhecimentos que transbordaram na maré cheia. A cada novo estudo realizado, o método vem se edificando em suas particularidades e se mostrando eficaz para se apreender os diversos contextos, objetos e objetivos que são investigados no grupo de pesquisa. Por hora, como um movimento interminável, reforçamos o convite para que outros(as) tripulantes tomem o leme e conduzam os caminhos metodológicos do barco à deriva em outros estudos e pesquisas.

REFERÊNCIAS

ALLEN-COLLINSON, J. Autoethnography as the engagement of the self/other, self culture, self/politics, and selves/futures. *In:* JONES, S. H.; ADAMS, T. E.; ELLIS, C. (ed.). **Handbook of autoetnography**. New York; London: Routledge, 2016. p. 281- 299.

ALMEIDA, Carla Verônica A.; ORNELLAS, Maria de Lourdes S. Narrativas de amor e dor em narrativas no cárcere. **Revista Brasileira de Pesquisa (Auto) Biográfica**, Salvador, v. 4, n. 12, p. 959-975, set./dez. 2019.

ANDRESEN, Sophia de Mello Breyner. **No tempo dividido**. Lisboa: Caminho, 2005.

AVENA, Maura Espinheira. Trechos extraídos da quarta capa. **Autoetnografia Colaborativa e Investigação Autobiográfica**: A casa, os silêncios e os pertencimentos familiares. Curitiba: Juruá, 2016.

BASTOS, Ana Cecília S.; RABINOVICH, Elaine Pedreira. Percurso. *In:* RABINOVICH, Elaine Pedreira *et al.*(org.). **Autoetnografia Colaborativa e Investigação Autobiográfica**: A casa, os silêncios e os pertencimentos familiares. Curitiba: Juruá, 2016.

BASTOS, Ana Cecília S.; RABINOVICH, Elaine Pedreira. Sobre a Poética: uma historicidade compartilhada. *In:* BASTOS, Ana Cecília S.; RABINOVICH, Elaine Pedreira (org.). **Poética da Família e da Comunidade**. São Paulo: AnnaBlume, 2012. p. 26-36.

BOSI, Ecleia. **Memória e Sociedade**: Lembranças de velhos. São Paulo: Companhia das Letras, 1999.

DELEUZE, Gilles; GUATTARI, Félix. **Mil Platôs**. São Paulo: Editora 34, 2011.

FONTES, José Américo Silva. O Zé Qualquer: fenômenos espirituais/paranormais na vida de um médico brasileiro. Salvador, eBook Kindle, 2021.

HALBWACHS, Maurice. A Memória coletiva. Tradução de Laurent Léon Schaffter. **Revista dos Tribunais**, São Paulo: Vértice,1990.

MARQUES, Mário Osorio. **Escrever é preciso**: o princípio da pesquisa. Petrópolis: Vozes, 2008.

PIERRON, Jean-Philippe. **Le climat familial**. Une poétique de la fammille. Paris: Les Éditions du CERF, 2009.

SANTOS, Silvio Matheus Alves. O método da autoetnografia na pesquisa sociológica: atores, perspectivas e desafios. **PLURAL** – Revista de Ciências Sociais, v. 24, n. 1, p. 214-241, 30 ago. 2017.

SILVA, Francisco Chagas R.; MENDES, Bárbara Maria M. (Auto)biográfico, pesquisa e formação: aproximações epistemológicos. **Encontro de Pesquisa em Educação** – GT 2. Coordenação do Programa de Pós-Graduação em Educação. Universidade Federal do Piauí (UFPI), 2009.

SOUZA, Cinthia Barreto Santos *et al.* Rotas Metodológicas à deriva. *In:* RABINOVICH, Elaine Pedreira *et al.*(org.). **Autoetnografia Colaborativa e Investigação Autobiográfica**: A casa, os silêncios e os pertencimentos familiares. Curitiba: Juruá, 2016.

PARTE V

RELIGIÃO, RELIGIOSIDADE E FAMÍLIA: SENTIDOS EMERGENTES EM NÚCLEOS

SAGRADO E RITUAIS: SUBJETIVIDADES E TEMPORALIDADES QUE NÃO SE CIRCUNSCREVEM

Mariza Carla Monteiro Souza
Diana Léia Alencar da Silva
Elaine Pedreira Rabinovich
Ogvalda Devay de Sousa Tôrres

O movimento da areia que acompanha delicadamente as águas do mar nos provoca por vezes a desafios inusitados: quem já não tentou segurar entre as mãos um punhado de areia que pouco a pouco escapa entre os dedos? Assim também são os sentidos e significados que se relacionam as palavras sagrado e rituais.

"O sagrado une as coisas e os valores que dão vida a uma comunidade" (HAN, 2021, p. 73). Essa sentença parece sumarizar não apenas parte do pensamento de Han, mas o nosso também. Como ele entendemos que o sagrado, assim como os rituais, implica em algo comum a cada pessoa humana, que a une às demais.

Sagrado e rituais são expressões apreendidas dentro e fora da família, que transcendem à lógica cartesiana e escapam à delimitação de um conceito. Forjados por cada subjetividade e vivenciados por meio de diferentes experiências, podem assumir múltiplas formas e conceitos, em temporalidades que se refazem à medida que transcorre o tempo.

Refletir sobre os sentidos que envolvem esses termos é importante porque como lembra Han (2021, p. 13-14) "no âmbito ritual, as coisas não são consumidas ou exauridas, mas usadas, de modo que podem também envelhecer". Em um tempo como o atual, em que tudo é fugaz e transformado em objeto de consumo, tal estabilidade é mais do que bem-vinda. Por outro lado, o sagrado nos remete ao encantamento, à conexão com forças e energias que nem a lógica nem as ciências explicam (SIMAS; RUFFINO,

2020). A princípio, é assim, entre tentativas de definição, que sagrado e ritual parecem se interligar.

Os rituais estão a serviço de um tempo aparentemente parado, que remete à eternidade. Em tal tempo Han (2021, p. 9) explica que os "rituais são ações simbólicas" que transmitem e representam todos os valores e ordenamentos característicos de uma comunidade. Podem, neste sentido, traduzir "a maneira de estar em contato direto com a divindade" (AZEVEDO, 2010, p. 91).

Como ação simbólica cada ritual reconhece o que já conheceu, percebendo o permanente e estabilizando a vida. Nesse caminho "transforma o estar-no-mundo em um estar-em-casa" (HAN, 2021, p. 10), sendo no tempo o que uma habitação é no espaço. Mais ainda: "faz o tempo se tornar habitável" (HAN, 2021, p. 11), enquanto o tempo que se esvai não é habitável.

Rituais, assim, estão ligados à temporalidade, apontando para um tempo longo. Estão também relacionados às repetições em trajetórias e percursos que parecem se cruzar e entrecruzar a outras trajetórias de vida e significados. Pela mesmidade, por sua repetição, "estabilizam a vida. Tornam a vida suportável" (HAN, 2021, p. 12).

Quanto ao sagrado seus sentidos transcendem, pois se atualizam ao longo da vida, à medida que interagimos com outras percepções dentro e fora de nós. Talvez por essa razão não se reduza a um único conceito, até porque se relaciona a sentidos e sentimentos individuais, que dificilmente são traduzidos totalmente em palavras.

O sagrado se manifesta de formas diversas e parece traduzir, por exemplo, a atribuição de poder às energias e às forças consideradas superiores, que muitos escolhem acreditar. Esse é o caso do amor que muitos de nós atribuem ou relacionam a Deus.Em tal contexto os "rituais não se prestam à interiorização narcísica. Reproduzem uma distância de si, uma transcendência de si" (HAN, 2021, p. 18). É uma dimensão além, que parece proporcionar acolhimento, quando nos sentimos desamparados; alento à dor, nos momentos de desesperança e sofrimento; refúgio quando nos sentimos sós ou questionamentos a nossa razão de ser humano, quando a ciência parece não dar conta da realidade.

A experiência com o Sagrado, dessa forma, aparenta ser única, já que parece se relacionar às relações e às escolhas de cada pessoa. Não sem razão Magaldi Filho (2009, p. 52) resgata em Godelier (2001) o pensamento na perspectiva antropológica marxista para evidenciar a aproximação do sagrado com as relações de troca entre os homens, com a natureza, e com eles mesmos, assim destacando: "o sagrado é uma relação dos homens com as origens, origens deles mesmos, assim como tudo que os cercam, e uma relação tal que os homens reais nela estão ao mesmo tempo presentes e ausentes" (GODELIER, 2001, p. 270).

Na análise que realizamos emergiram sentidos e associações diversos relacionados ao sagrado e aos rituais, assim como semelhanças nas experiências vivenciadas e nos sentimentos registrados pelos autoetnografados. Tal evidência não é estranha, diante das afinidades que parecem fortalecer as relações entre os componentes do grupo FABEP. Somos, no grupo, diversos e plurais; no entanto, mesmo comungando crenças diferentes, prepondera entre nós como princípio a abertura ao outro. Foi isso que percebemos na escuta e leitura dos textos nas rodas de conversa, no decorrer do estudo sobre religiões e religiosidade.

Para fins de análise, detalhamos o núcleo de sentido *sagrado e rituais* em três subgrupos. O primeiro subgrupo é denominado de **Os múltiplos sentidos e instâncias do sagrado**. Nesse subgrupo são agrupados os sentidos; os símbolos; as ligações; os lugares: natureza, beleza e arte; e os valores. O segundo subgrupo, identificado por **Rituais** traz os sentidos percurso de vida; as aproximações e distanciamento; as orações; e as funções e intenções diferenciadas. O último subgrupo é intitulado **Sagrado e família**.

OS MÚLTIPLOS SENTIDOS E INSTÂNCIAS DO SAGRADO

Sentidos

Quais sentidos são atribuídos ao sagrado? Em quais instâncias se manifesta? Na análise das narrativas esses questionamentos emergiram fortemente e nos conduziram ao encontro de vidas, traduzidas em cada texto, que ora preservaram e ora transformaram sentidos em emoções e belezas, e em encontros de cada autor consigo e com o outro:

> *Sagrado dá uma paz e a certeza de que sou cuidada e amada e transcende o meu entendimento.* (Sumaia).
>
> *A incessante busca pelo aprofundamento e/ou ampliação de uma consciência espiritual é comparada a uma onda que emerge e quebra no mar... Momentos em que somos "tocados", nos conduzem em direção ao infinito, em direção a Deus, são lampejos ou momentos de iluminação.* (Maura).

> *Escolhi acreditar, ao me conectar com o que considero sagrado.* (Diana).
>
> *Primeira eucaristia: sensação de unidade com Deus, de lua de mel.* (Angélica).
>
> *[...] acreditar na providência de Deus sobre mim e em favor de nós, família.* (Cinthia).
>
> *Me conectar ao sagrado crendo em algo maior que vivemos.* (Mariza).
>
> *Minha fé não se limita a nenhum dogma religioso. Apenas isso. Ou isso tudo!* (Sinara).

Desse modo observamos diferentes percepções que vão de sensações a conexões com divindades, que independem das crenças e práticas religiosas. São processos de escolhas e buscas que fortalecem a identidade e parecem preencher espaços que a racionalidade não consegue alcançar.

Símbolos

Conforme Eliade (1991, p. 177), "a função de um símbolo é justamente revelar uma realidade total, inacessível a outros meios de conhecimento", enquanto para Han (2021, p. 16) "os rituais são uma práxis simbólica, uma práxis do *symbállein* que, ao reunirem as pessoas, produzem aliança, uma totalidade, uma comunidade" (HAN, 2021, p. 16). Nos textos analisados a força dos símbolos como *práxis* aparece como elos de conexão que possibilitam o reconhecimento do sagrado em vivências cotidianas, acessadas por outros meios de conhecimento e revelando uma realidade total:

> *Assis, Fátima e Aparecida me conectaram com o divino. São locais que perpetuam essa sensação de proximidade.* (Sumaia).
>
> *Altar de adoração, de prostração e de bênçãos.* (Aline).
>
> *Lugar especial, força plena da vida, onde dialogo com um Deus, que é amor.* (Diana).
>
> *Altar significava silenciar, adentrar em mim e conectar-me com o Divino.* (Fernanda Priscila).
>
> *Quando vivi um momento de profunda introspecção, recolhimento, fui por ela (madrinha) cuidada com banhos de limpeza. Então, a minha madrinha, que nunca antes me havia proposto fazer qualquer trabalho na linha do candomblé, jogou os búzios* (Angélica).

Ligações

Verifica-se, nos trechos apresentados a seguir, que o sagrado aparece em instâncias diversas, ressoando sentimentos, sensações e ações individuais, que aparentam não isolar a pessoa em face das experiências vividas. Criam laços, e não nós, pois estreitam ligações que, longe de prender ou sufocar, libertam e transcendem:

> *Na missa sentia uma alegria indescritível.* (Angélica).
>
> *A religação é a dádiva de poder enxergar além de um universo de aparências.* (Lorena).
>
> *Alumbramento: Experiências que passamos e que parecem não ser "deste mundo".* (Elaine).
>
> *A letra que escreve a grandeza de Deus. A imagem do Pai que protege de todo mal e ama com poder de salvação, cura. Ele, Aquele que nos fez para nascer em família... Deus acudiu-me, amparou-nos. Deu-nos dons, pertencimentos, imagens poéticas, abonou-me a palavra insensata e silenciosa.* (Cinthia).
>
> *Transcender é real, vivo e encarnado. É viver a plenitude da vida de onde viemos e para onde vamos.* (Fernanda Priscila).
>
> *Religião é re-ligar ao Deus...* (Angélica).

Considerando que o termo religião aparece em muitos trechos apresentados anteriormente é válido registrar que a palavra tem sido traduzida com o *re-ligare*, ou seja, ligar de novo. Han (2021) refere-se ao termo religião não apenas como *religare* – que ele, muito apropriadamente, designa como vínculo –, mas também *relegere*, ou seja, prestar atenção; um tipo de atenção que se aproxima de contemplação devido à duração do tempo nela implicada, de um tempo parado, o oposto do tempo no capitalismo e no neoliberalismo. Dessa forma, "toda práxis *religiosa* é um exercício de atenção" (HAN, 2021, p. 19). A atenção seria a reza natural da alma. Já Azevedo (2010, p. 95), a partir de Derrida (2000), assimila as duas acepções – *re-ligare* e *re-legere* – ao "vínculo que se faz presente através de uma reponsabilidade em relação ao divino".

Lugares do sagrado: Natureza, beleza, arte e música

O sagrado como caminho da Beleza, que é revelado nos relatos a seguir, pode ocorrer em vários lugares: na natureza, na arte e na música. Para Dostoiévski, a Beleza salvará o mundo.

O Papa Bento XVI apontou a *via pulchritudinis* como o caminho da contemplação da beleza. *"Pulchri* é um termo de origem incerta, referindo-se às vezes à bondade e às vezes ao poder, quer divinos quer humanos" (BODEI, 2005, p. 19 *apud* SANTOS, 2021, p. 205). Tal recomendação foi aceita pela Assembleia Plenária do Pontifício Conselho para a Cultura (2016), em cujo documento pode-se ler: "Começando com a experiência simples do encontro maravilhoso com a beleza, *a via pulchritudinis* pode abrir o caminho para a busca de Deus, e dispõe o coração a encontrar Cristo, que é a beleza da santidade encarnada".

Como temos enfatizado, nossos depoentes pertencem a diversas religiões; alguns também se declaram ateus e outros não pertencentes a denominações religiosas. No entanto, seus escritos concordam e revelam como "a arte é capaz de expressar e de tornar visível a necessidade que o homem tem de ir além do que vê, pois manifesta a sede e a busca do infinito" (PAPA BENTO XI, 2011).

A proximidade e o encantamento com o sagrado foram revelados e sentidos em belezas naturais ou motivados pelo esplendor artístico, em diferentes espaços pessoais, familiares e da vida em comunidade. A beleza emociona e abre um caminho para o sentimento do sagrado:

> *Desfrutar da beleza da natureza era sentir a presença de Deus, o que nunca me faltou.* (Ogvalda).
>
> *Na adolescência recorria a lugares da fazenda onde podia encontrar a paz e recarregar minhas energias diante das adversidades Era acolhida pela natureza e na presença de Deus era na fonte... Em minhas caminhadas matinais pela orla, local de manifestação da máxima beleza, contemplação da magnitude das obras de Deus.* (Aline).
>
> *No meio da natureza, já experimentei como se estivesse dentro de uma grande catedral.* (Elaine).
>
> *(O Santuário da Mãe Rainha) é lugar que me conduz à conexão com Deus pelos olhos, no verde da floresta nativa no entorno, que adentra as janelas da alma, conduzindo-me para além da leitura sagrada, das orações, cânticos e do próprio ritual litúrgico.* (Mariza).
>
> *Vi beleza e riqueza pela força dada a ela (N. Sra. de Aparecida) pelos habitantes do Brasil. Incorporei uma religiosidade esplendorosa.* (Elaine).
>
> *No Natal, (fazíamos) um belíssimo presépio!* (Ana Cecília).
>
> *Presépios lindos que viravam atração.* (Péricles).

As percepções anteriores estão em sintonia com a postulação de Jaffé (2016) de que, com a propensão de criar símbolos, o homem transforma inconscientemente objetos ou formas em símbolos, conferindo-lhes importância psicológica, e lhes dá expressão, tanto na religião quanto nas artes visuais.

Dentre as expressões artísticas citadas nos textos, a música se destaca, descrevendo o sentido de encantamento diante da sacralidade:

> *Fui aprendendo o canto litúrgico e conhecendo a religião católica. [...] Passei a realizar a trezena de Santo Antônio, cantada e tocada.* (Ogvalda).
>
> *Aqueles jovens exalavam felicidade. Cantavam lindas canções, oravam e partiam cantando, tocando instrumentos, movimentando o corpo coreograficamente...eu nunca tinha experimentado a presença de Deus como naquele dia.* (texto de campo, dezembro de 2013. Narrativa de uma das irmãs. SOUZA, 2015, p. 158). (Cinthia).
>
> *De repente, o cenário transformava-se, as vestes eram saias rodadas, calças e camisas brancas para os homens, o som, a música pareciam vir de longe, de uma terra distante. Era tamanha a potência que parecia bater dentro da gente.* (Angélica).
>
> *Conduzir oração em voz alta, ler a Bíblia para os demais membros da igreja e realizar cânticos em grupo e em solo foram algumas das atividades que me auxiliaram a adquirir desenvoltura para falar em público.* (Aline).
>
> *Recorria a Santo Antônio que me deu o sinal que viabilizou a execução do plano... Ter tatuado Santo Antônio passou a ser uma espécie de identidade.* (Angélica).

As afirmações anteriores revelam o encantamento ante o mundo como forma de acesso ao sagrado. Para Simas e Rufino (2020, p. 4), "encantar vem do latim, *incantare*, canto que enfeitiça, cria outros sentidos para o mundo". Mais adiante (p. 7), diz que "o encantado é aquele que obteve a experiência de atravessar o tempo e se transmutar em diferentes expressões da natureza". Para esses autores a noção de encantamento no Brasil traz o princípio da integração entre o visível e o invisível, entre todas as formas que habitam a biosfera, assim como a conexão e relação entre diferentes espaços-tempos.

Valores

O sentido do sagrado vai na direção da alteridade por meio de valores intrínsecos às religiões, como a caridade cristã, e no judaísmo, com o conceito de justiça, como se pode observar nas citações a seguir, extraídas das comunicações dos membros do grupo FABEP. É válido lembrar que Han (2021, p. 15) aponta que "os valores servem hoje como objetos de consumo individual, sendo contabilizados na conta do ego como valores de autoestima narcisista e não referidos à comunidade".

> *Há duas palavras fortes no judaísmo: tzedaka: obrigação moral religiosa de justiça social; e mitzvá que expressa qualquer ato de boa ação.* (Elaine).
>
> *O discurso religioso orquestra os olhares familiares. O discurso ancora o desconhecimento e a expectativa de cada um sobre o futuro na Providência divina.* (Joana).
>
> *A palavra de Deus é condutora de éticas aprendidas desde a infância, constituem o alicerce do meu caminhar e sustentam minha tomada de decisão* (Aline).

Pode-se verificar que, em alguns relatos, os sentidos de sagrado e os rituais aparecem fortemente associados. Desaparece, nessa perspectiva, a linha tênue que tenta, sem sucesso, isolar o sagrado dentro das religiões com sua consequente exclusão da vida cotidiana, como focalizado, a seguir:

RITUAIS

Como se explicam os rituais? O que garante a sua continuidade? O que fica em seu lugar, quando porventura desaparecem?

O ritual é gesto ou ação de uma voz interna, aprendido na cultura da família, da religião e/ou fora delas; é caracterizado por repetição que abre para o infinito. Pode ter algo que é próprio de cada um e é, ao mesmo tempo, algo que é de grupo, relacionado ao coletivo. É uma experiência de santidade que não produz necessariamente santos, mas o sentimento de estar próximo ao sagrado presente em nós e no outro. Dá o ritmo, o sentido e a conexão a um protocolo que se repete, que tem significado e cujo sentido não é particular. O ritual recupera e é ligado ao sagrado. Em outras palavras são arquétipos sagrados e simbólicos, que possibilitam a cada pessoa construir e interiorizar o conceito de sagrado dentro de si. Assim sendo, aprofunda o sentimento de estar próximo e encanta. Sobre os rituais, assim verificamos nos textos:

> *Sou grata à minha família intergeracional, uma fonte viva de religiosidade e espiritualidade na minha formação pessoal.* (Aline).

> *Respeitar a sacralidade no mundo e nas relações com diferentes pessoas.* (Diana).
>
> *Mantinha a tradição de ter uma toalha branca, bordada, específica para o batismo das crianças, assim como as velas que compõem o ritual.* (Angélica).
>
> *Reencantamento quando me encanto com os rituais da igreja católica, nos momentos em que rezo sozinha e reúno pessoas para rezar, quando acendo velas no meu altar sou invadida por uma leveza e contentamento indescritíveis.* (Rita).

Percurso de vida

Há rituais que marcam o percurso de vida: estão em limiares de temporalidades e demarcam os tempos apropriados pelas pessoas em seus percursos de vida: nascer, casar, morrer, o dia, a noite..., como podemos observar nos relatos a seguir:

> *Todas as crianças deveriam ser "apresentadas" a Deus. Uma espécie de ritual em que os pais levam seus filhos a uma igreja evangélica, a qual frequenta e apresenta-os ao pastor. Após o culto de orações, esse faz uma oração impondo as mãos na cabeça da criança.* (Wanderlene).
>
> *Minha mãe, até a sua morte, permaneceu católica e o passar dos anos só fortaleceu a sua fé. Quando sentiu que o seu dia chegava, pediu que minha irmã levasse um Padre até o seu leito e lhe desse a Extra-Unção (era assim que ela chamava, embora hoje se chame Unção dos Enfermos).* (Angélica).
>
> *Seis horas! Hora da Ave Maria! Bença meu pai, minha mãe, avó, madrinhas, tias e tios! Este era o ritual das seis horas da tarde, Criança pedia a benção aos adultos e por eles era abençoada.* (Angélica).
>
> *Participei dos ritos de passagem (batismo, catequese, crisma, procissão, novena, coroação de Maria, missa falada, missa cantada...), mas algo me angustiava.* (Lorena).
>
> *Quando nasci, ele (pai), de imediato, me deu para ser, por esta mulher, batizada. [...] a prática fosse batizar as crianças o quanto antes para que não morressem pagãs. [...] Àquela época, as madrinhas levavam uma toalha na cor branca, geralmente bordada, colocavam-na no braço em que carregavam a criança, em seguida, após o ritual em que o Padre molha, com água benta, a cabeça da criança, a toalha era utilizada para enxugá-la.* (Angélica).

> Era ali, entre as missas, que a vida da cidade passava, do nascimento à morte. (Diana).
>
> O divino, na ausência da presença humana... reacende a esperança de que morrer é passagem. (Joana).
>
> Ao olhar a imagem de Deus, cultivo a fé e sou conduzida à resiliência. (Cinthia).

Aproximações e distanciamentos

Os rituais possibilitam aproximações e distanciamentos, relacionados em grande parte a convicções religiosas. Nos rituais devocionais encontrados nos textos, evidenciam-se aproximações e relações relacionadas às crenças e às práticas religiosas das famílias e da comunidade, assim como também afastamentos:

> A tradição de reunir com a família e vizinhos para se unir em oração (rezas e cantigas). Terminada a reza, seguia com distribuição mingau e presentes, finalizando com queima de foguetes e viva a São João, a fogueira que acendia e ficava a queimar por toda a noite. (Angélica).
>
> Há um ritual na hora que se canta o hino da benção de Santo Antônio. Ali, alguns membros se aproximam do altar em ato de contrição e fé, se ajoelham e/ou benzem-se diante da imagem. (Mariza).
>
> Era assim, entre a liturgia das missas semanais e as inúmeras procissões em homenagem aos santos, que os laços comunais na cidade em pauta pareciam ser reforçados. (Diana).
>
> Perdemos a crença nos homens, mas não em um Deus. Nossas crenças continuam intactas, ainda que discordemos de alguns dogmas mais pragmáticos... Não deixar eu participar como a "cabocla" no desfile, porque eu tinha o perfil, a descendência indígena, o que foi negado, deixando a pobre avó frustrada. (Wanderlene).
>
> Aqueles que historicamente possuíam um pé fincado no candomblé, eram orientados a não frequentarem a missa e a não receber os sacramentos da igreja católica. (Rita).

Orações

Diz Han (2021, p. 18) que "hoje a alma não reza. Ela se produz continuamente". Para esse autor, toda *práxis* religiosa é um exercício de atenção (HAN, 2021, p. 19), sendo que a atenção seria a reza natural da alma.

Nos relatos, foram observadas inúmeras referências às orações que emergiram como rituais, que tanto podem ser individuais quanto coletivas:

> *Minha alma? Sempre sedenta por uma oração. Caminho até o oratório e agradeço por esse escrito. Diante dele, faço silêncio e imagino o arremate desse instante poético.* (Rita).
>
> *Rezava, desejando que a fumaça do incenso levasse ao céu o arrependimento por pecados que o meu coração de criança temia ter cometido.* (Diana).
>
> *Orações são segredos contados ao Divino, invocamos à Deus, símbolo de Vida e cuidado.* (Fernanda Priscila).
>
> *Quarto dos santos [...] diariamente às 18h.... minha avó entrava no quarto, acendia uma vela e rezava. Era uma vela por dia.* (Sumaia).
>
> *Na casa da minha vó Mariana, nesta hora, ela parava o que estivesse fazendo e ia rezar o terço: era a hora em que o Anjo anunciou a Maria que Ela daria luz Àquele que veio ao mundo para nos Salvar (foi assim que aprendi). Era o segundo terço do dia, o primeiro ela rezava ao raiar do dia e eu estava dormindo, não acompanhava.* (Angélica).
>
> *A minha avó materna, minhas tias e mãe, frequentavam assiduamente as atividades da igreja e nós, as crianças da família, íamos sempre junto.* (Aline).
>
> *Conseguia escutar preces, rezos que eram ditos baixos, direcionados para outra atmosfera.* (Lorena).
>
> *A minha voinha Nina, pois, beata não perdia a missa. Ficou, por anos a fio, em cima da cama, sempre com seu terço de pedras de cristal e prata na mão.* (Péricles).

Funções e intenções diferenciadas

Os rituais podem ter funções e intenções diferenciadas: cultivação da família, dos antepassados, da casa; proteção; promessa; culto aos mortos e a Deus; marcação do tempo de vida; ofertas; adivinhação...

> *Observa todos os ritos ensinados pelo padre e pela cultura: limpa todos os santos, limpa todo o oratório, troca a água, traz flores, se ajoelha, inicia a reza.* (Péricles).
>
> *Ao parar em frente a um altar, faço orações e peço proteção, sempre!* (Sumaia).
>
> *Minha mãe fez uma única promessa, quando precisei passar uma ou duas noites no hospital* (Ana Cecília).

Observavam o jejum e permaneciam o dia inteiro rezando na sinagoga. Nós, minha irmã e eu, íamos no horário da reza dos mortos. (Elaine).

Como minha avó era parteira, costumava sugerir o nome das crianças que "aparava" de acordo com o Santo do dia, ali informado (folhinha do calendário). Destacava, a cada dia que iniciava, a folhinha do dia anterior: um ritual que sinalizava que um novo dia começava. Geralmente minha avó guardava os pequenos papéis destacados. (Angélica).

O nicho feito memorial da casa, semanalmente recebia as flores arejadas da feira livre dos sábados. (Cinthia).

Junto as fotos de pessoas de nossa família, algumas que já partiram. Aprendi menina que podia conversar com meus antepassados... Hoje, em minha casa mantemos em nosso quarto um pequeno altar com a vela... Até hoje em nossa família acender vela significa atitude de fé e confiança. (Fernanda Priscila).

No primeiro dia do mês de junho trago para sala, a imagem do santo que fica no oratório num ambiente mais reservado. Ele ganha flores, vela, e diariamente um incenso. (Mariza).

Este oráculo de cristais ou de pedras tinha como propósito realizar uma interpretação... Prática utilizada há muitos e muitos anos por vários povos para prever o futuro, associando as pedras a elementos da natureza, aos planetas, a divindades etc. (Maura).

SAGRADO E FAMÍLIA

Petrini (2012, p. 15) afirma que para se pensar a família sob a ótica da poética, é necessário valorizar outros olhares dirigidos à família, "diferente do olhar das disciplinas científicas, em busca de luzes que possam elucidar aspectos relevantes dessa realidade". Caminhando nessa direção, nos textos produzidos pelos participantes do grupo FABEP, pode-se observar uma proximidade muito grande entre religiosidade e vivência familiar, assim como o sentido de continuidade:

Eu e meus irmãos fomos embalados pela fé cristã. A resposta repousa na condição humana que é frágil. (Joana).

O Oratório foi encomendado por meu avô ao tio de meu pai (quando meus pais sequer se conheciam nem imaginavam casar-se um dia), que era um marceneiro e um artista... Rezávamos o terço em família... A minha avó materna entregava todas as causas, E esse fato era reconhecido e valorizado por toda a família. (Ana Cecília).

> *Judaísmo é família* (Elaine).
>
> *Minha família, muito musical, participava das novenas, trezenas, missas festivas celebradas, que as tornavam bonitas, convidativas.* (Ogvalda).
>
> *No quarto dedicado ao oratório, eu e voinha nos ajoelhávamos em frente àqueles montes de imagens.* (Péricles).
>
> *Passei a viver, ao lado da família nuclear que constituí, o que considero sagrado.* (Diana).
>
> *Da família coube a construção da minha identidade religiosa... Transmitindo-me o sentido de reverência e reunião entre os familiares diante do sagrado. Ensinando-nos que era um lugar de confidências introspectivas, ambiência de solitude e quietude.* (Mariza).
>
> *Na casa de meus pais, tinha um espaço reservado aos santos, junto com um porta retrato da família e uma Bíblia [...]. Vejo que reproduzi a questão do porta retrato com foto de meus filhos comigo, enxerguei essa relação: de crer na proteção divina para a família!* (Sinara).
>
> *A neta mais velha acompanhava a avó nesse rito usual que se tornou ensinamento, herança cultural e familiar de expressão da fé na vida... Quanto à irmã do meio, era acostumada ao ritmo diário de orações, a menina acompanhava enquanto aprendia sobre Deus e Seu exemplo de misericórdia.* (Cinthia).
>
> *Altares possuíam imagens de Santos e Santas, retratos de familiares, pedras, folhetos com orações que era acrescido de flores, e luz de velas; também eram incensados.* (Rita).

AO MODO DE CONCLUSÃO

Os rituais provêm uma força simbólica que alinha a vida a algo mais elevado e, com isso, promovem sentido e orientação (HAN, 2021), mesmo quando se diferenciam sem seguir o roteiro cultural e familiar, como o verificado na repetição das orações e ladainhas. Há assim uma nova posição e relação com a fé e a religiosidade, possíveis de serem ressignificadas. Há re-ligação e a significação da vida.

Para Han (2021), apoiando-se em Rosa (2016), os rituais criam uma espécie de ressonância capaz de um acorde, de um ritmo comum, em que se experienciam ressonâncias, sejam verticais, com Deus, o cosmos, o tempo e a eternidade, sejam horizontais na comunidade social, ou sejam diagonais, em relação às coisas.

Em se tratando especificamente da análise aqui realizada emergiram a fluidez de sentidos e associações que escapam à delimitação do que é e de como são vivenciados o sagrado e os rituais. Isso porque sagrado emerge e é associado a múltiplas instâncias, com sentidos, símbolos e ligações particulares. Nesse caminho, é também sentido em lugares e objetos nos quais se manifestam valores de respeito à própria sacralidade e à beleza da natureza ou da arte. Já os rituais são relacionados ao percurso de vida de cada pessoa, com aproximações, distanciamentos e atualizações do vivido e aprendido na família e nos vários grupos de convívio. Certo é que se fundem claramente, em um movimento que parece acompanhar as inscrições e trajetórias pessoais.

Desse modo, conectam-se os rituais ao sagrado: *"por uma ressonância que abre, por meio de uma práxis simbólica, uma re-ligação e re-leitura dos sentidos e significados de ser-humano"* (Sinara).

REFERÊNCIAS

ASSEMBLÉIA PLENÁRIA DO PONTIFÍCIO CONSELHO PARA A CULTURA, 2006. Disponível em: https://belezanaartesacrablogspot.com. Acesso em: 30 ago. 2022.

AZEVEDO, Cristiane A. A procura do conceito de *religio*: entre o *relegere* e o *religare*. **Religare**, v. 7, n. 1, p. 90-96, mar. 2010.

DERRIDA, Jacques; VATTIMO, Gianni (org.). **A Religião:** o seminário de Capri. São Paulo: Estação Liberdade, 2000.

ELIADE, Mircea. **Imagens e símbolos**. São Paulo: Martins Fontes, 1991.

HAN, Byung-Chul. **O desaparecimento dos rituais**. Petrópolis: Vozes, 2021.

JEFFE, Aniela; O simbolismo nas artes plásticas. **O homem e seus símbolos**. Concepção e organização Carl G. Jung *et al.* Tradução de Pinto, M. L. 3. ed. esp. Rio de Janeiro: Harper Collins, 2016.

MAGALDI FILHO, Waldemar. **Dinheiro, saúde e sagrado**: interfaces culturais, econômicas e religiosas à luz da psicologia analítica. 2.ed. São Paulo: Eleva Cultural, 2009.

PAPA BENTO XI. **Arte e oração.** Audiência Geral, 31 ago. 2011.

PETRINI, Gian Carlos. Poética da família. *In:* RABINOVICH, Elaine Pedreira; BASTOS, Ana Cecíli S. **Poética da família e da comunidade**. São Paulo: Annablume, 2012. p. 15-25.

SANTOS, José Eduardo. "Cadê a bonita?" A beleza das mulheres de Novos Alagados. *In:* RABINOVICH, E. P.; BASTOS, A. C. S. **Poética da família e da comunidade**. São Paulo: Annablume, 2012. p. 203-221.

SIMAS, Luiz Antonio; RUFFINO, Luiz. **Encantamento sobre política de vida**. Rio de Janeiro: Mórula Editorial, 2020. Disponível em: www.morula.com.br.Acesso em: 27 jul. 2022.

39

SINCRETISMO RELIGIOSO: UM CAMINHO DE CONEXÃO OU AUTOTRANSCENDÊNCIA?

Sinara Dantas Neves
Lorena Márcia Nascimento Souza
Maria Angélica Vitoriano da Silva
Péricles Palmeira

O caminho espiritual pode ser comunitário, porém é sempre solitário
(Mãe Stella de Oxóssi)

Inicialmente, chamamos a atenção para a complexidade que é inerente aos estudos que versam sobre religiosidade, religiões e ritos. Em particular, neste capítulo, nos debruçamos no universo do sincretismo religioso que, diante da sua "singular complexidade", traz consigo uma diversidade de entendimentos, de práticas e de conexões da natureza humana para com o divino, o sagrado, o espiritual, as forças que emergem da natureza e também as religiões.

Assim, ao entrarmos nesse território singular, nos deparamos com o seguinte questionamento: o sincretismo religioso se refere a um caminho de conexão com diferentes conceitos e ritos já estabelecidos em diferentes religiões ou representa uma busca em experienciar uma autotranscendência?

O movimento circular que engloba as experiências da mística, da abertura dos sentidos para novas possibilidades de re-ligações e conexões simbólicas, insere a pessoa diretamente no sincretismo. Permite que o indivíduo vivencie uma busca pela autotranscendência, procurando expandir a sua existência.

Nos estudos sobre religião no Brasil, proporcionando uma visão numa perspectiva mais ampla, Marinho e Ecco (2020, p. 403-404) contextualizam que:

A inserção do pentecostalismo com a vinda mítica de Gunnar Vingren e Daniel Berg ao Pará, surgimento mítico da Umbanda quando a entidade do Caboclo das Sete Encruzilhadas teria anunciado ou fundado a Umbanda, por meio de Zélio Fernandino de Moraes, ambos no início do século XX, e, por fim, o reconhecimento (pelo menos para a academia) do Candomblé, a partir da Macumba e do Calundu passam a colocar em xeque a unanimidade católica na metade do século XX. Conceitos como sincretismo, aculturação, assimilação começam a ser formulados para compreender os movimentos de mudanças que se deflagram, mas contaminados pelos paradigmas clássicos, buscam ainda valorizar as continuidades e estabilidades do sistema simbólico religioso.

Apresentando um adendo, os autores supracitados chamam a atenção para o bojo culturalista de Gilberto Freyre (2001), em que se passa a valorizar a miscigenação como sendo uma marca estrutural da formação brasileira, solidificando a ideia do sincretismo como símbolo da religiosidade desta nação. Para Marinho e Ecco (2020, p. 405), considerando como se deu a construção do conceito de sincretismo, é importante que haja o questionamento desse conceito, "uma vez que ele se pauta nesse regime de representações, e por isso, acaba elegendo a matriz católica como mais fundamental nos encontros culturais".

Analisando as narrativas autobiográficas que compõem o universo de pesquisa deste estudo, temos os indicativos desse lugar que o catolicismo ocupa como base para o entendimento do sincretismo, como foi explicitado por Marinho e Ecco, e como observamos nas falas relacionadas a seguir:

> *Venho de uma família onde a religião sempre foi pronunciada, porém poucos a vivenciavam. Ao responder à pergunta que muitos faziam, "qual a sua religião?", era dito por todos e todas as pessoas da família: católica! Porém, nem todos vivenciavam os rituais, frequentavam as missas.* <u>*Estava também presente o sincretismo religioso, era muito natural se dizer católico, mas frequentar centros espíritas.*</u> *[grifo nosso] A única coisa que ninguém deixava de fazer era batizar os filhos. O casamento, na Igreja, não era percebido por todos como sacramento, e sim como uma forma de justificar a união à sociedade.* (Sumaia).
>
> *Sem dúvida, o catolicismo teve um forte impacto como base para a minha formação moral e de valores éticos, como também para minha experiência inicial no caminho espiritual, sobretudo pela sustentação e inspiração no Cristianismo e seus princípios. Aliás,*

> *ainda hoje considero o Cristianismo uma inspiração para o caminho espiritual, mas não me considero católica e não faço parte ou pertenço a nenhuma religião. [...] Assim, também me considero mística. Símbolos, signos, santos (as), imagens, entidades, ritos, contas, rodas e mantras me interessam muito! Tudo, e todo conhecimento e amor que podem me levar (e elevar) ao sagrado.* (Maura).

Ainda com base na análise das narrativas percebemos que a religião católica aparece em duas perspectivas distintas quando relacionada ao sincretismo religioso vivenciado pelos participantes da pesquisa. Identificamos o catolicismo como uma base sólida em que se agregam novos elementos, ritos e crenças e, também, como uma base que foi enfraquecida e posta ao lado de novos elementos sem que ocorra uma relação direta nas práticas. Essa segunda perspectiva comumente está relacionada a um afastamento/distanciamento da religião católica, mas sem se desprender de uma simbologia e/ou ritos relacionados ao contexto familiar da pessoa.

> *Apesar desse afastamento, participava esporadicamente de missa e sempre estive presente nos rituais católicos, pois me encantam. Nesse tempo, por meio de amigas, conheci um pouco sobre o espiritismo, frequentei centro espírita, tomei passe, enfim... Algumas vezes fui/vou a cultos protestantes pentecostais, fui/vou a ritos de candomblé, e me aproximei do budismo, que sou simpatizante. Agora na adultez, rumo à velhice, afirmo que vivencio um reencantamento e certamente estar no grupo FABEP agudizou tal vivência, pois, tenho buscado descobrir acerca da origem do candomblé praticado na região em que nasci. [...] O meu reencantamento tem emergido fortemente quando me encanto com os rituais da igreja católica, nos momentos em que rezo sozinha e reúno pessoas para rezar, quando acendo velas no meu altar e sou invadida por uma leveza e contentamento indescritíveis. [...] possuo a sensação de que flerto com as religiões, notadamente a católica e, nos últimos tempos, o candomblé, por uma questão ancestral e cultural.* (Rita).

A partir do relato de Rita, é possível considerar que a presença do sincretismo vem de uma busca em acessar e entender as suas origens, sem exercer claras mudanças em suas práticas religiosas.

Considerado um fenômeno da Sociologia das Religiões amplamente estudado pela academia, o Sincretismo religioso tem como base comum, assentada pelas religiões, o reconhecimento do seu aspecto de caracterizar expressões religiosas cujos conceitos se cruzam, possibilitando a comunicação ou transmissão de elementos de uma religiosidade para outra. Na historiografia do termo, pensava-se, primeiramente, num paradigma que estabelecia a existência de uma religião buscando elementos de outra, como se fosse um movimento de tentar preencher lacunas, mas com estudos mais aprofundados. Teóricos das religiões contestaram essa formulação, em que uma religião absorve e outra é absorvida, passando a considerar uma troca de dados provocada pelo contato cultural. Por isso, considera-se que o conceito de sincretismo vai além da fé, ganhou espaço nas religiões, mas está presente em diversos campos, como a política, as grafias, o modo de viver. Será sempre, a junção de, no mínimo, duas culturas. Não há como existir um sincretismo religioso sem que esse seja também, cultural: isso se verifica na maneira de exprimir sentimentos e de explicar o mundo por meio de imagens e livros sagrados. As fronteiras que separam as religiões não são fechadas; interagem entre si, então, assim, todo contato supõe troca de componentes culturais.

Dessa forma se deu no Brasil, pois aqui houve uma confluência de expressões religiosas; a prática popular herdou a tolerância da miscigenação, mantendo-se até hoje. Um exemplo são os santos católicos que foram relacionados aos orixás, pelas religiões afro-brasileiras, proibidas de cultuar as divindades africanas no Brasil colônia. Ambos têm as mesmas representações simbólicas, ainda que em símbolos distintos (santos e orixás).

Mas o sincretismo religioso, seguramente, não foi um fenômeno restrito às populações africanas no Brasil. Por isso considera-se que o sincretismo entre as crenças indígenas e o sistema católico foi fruto das investidas jesuíticas em seu afã evangelizador. Comprova-se que os africanos exerceram um papel de protagonistas, ao buscarem formas de continuar o culto às suas divindades. Romão (2018) considera que eles buscaram uma espécie de meio-termo entre seu real panteão e o sistema dos santos católicos introduzido pelos padres ibéricos.

Com a presença dos africanos no Brasil Colônia, as diferentes religiões e/ou os cultos tradicionais dos diversos grupos étnicos foram-se assimilando, para num primeiro passo, paulatinamente, constituírem o que se costuma chamar de *candomblé* e, num segundo instante, estabelecerem um diálogo também com a religião católica e os cultos indígenas, adotando elementos destes (CACCIATORE, 1988 *apud* ROMÃO, 2018). Para Oliveira (2017) é o cristianismo católico que incorpora a si as benzedeiras com raminhos de arruda, alecrim e guiné. São as casas espíritas dedicadas a São Pedro e a São

Paulo, cujos médiuns incorporam padres e freiras. Não há limites para a geografia do popular, não presa às amarras da institucionalização religiosa.

Dessa forma, os terreiros de Umbanda evocam das divindades do Candomblé aos espíritos altruístas do Kardecismo. Oliveira (2017) confirma uma religiosidade popular sincrética que caminha lado a lado com a religião institucional, esta avessa à mistura, e, entre os brados de protestos, anseia a "descontaminação" e o seguimento exclusivo da sua "pureza" doutrinária, enquanto a religiosidade popular brasileira segue frouxa a paradigmas e receptiva à combinação de crenças e práticas rituais.

Vicenzo (2021) considera que as religiões de matrizes africanas não são mais como eram na África, e o cristianismo também não é mais como chega ao Brasil, na matriz europeia. Isso enriquece a construção da identidade do nosso povo e da nossa cultura. No entanto, é sabido que as raízes dessa riqueza foram regadas a sangue, pela imposição da cultura dos colonizadores aos povos originários e pela proibição dos cultos de origem africana pelos escravizados, que adaptaram parte dos seus ritos aos santos católicos, criando essa relação de sincretismo.

Para Landeira citado por Vicenzo (2021) não há culturas totalmente isoladas. No caso dos povos indígenas brasileiros, mesmo aqueles que habitam em terras mais longínquas, estabelecem contatos com outros povos indígenas. Assim, independentemente se as culturas se afinem ou lutem entre si, elas emprestam, aprendem umas com as outras.

As postulações disponibilizadas neste texto permitem assegurar que o sincretismo repousa na linha tênue que liga e une ao mesmo passo em que distingue religião-religiosidade-espiritualidade.

É preciso lembrar que o sincretismo se caracteriza pela união de elementos culturais, religiosos e ideológicos distintos, que formarão uma nova cultura, religião ou sociedade. Ou seja, não existe uma religião "pura" ou em que não tenha ocorrido uma mescla de cultos já existentes. Em todas as religiões encontramos traços de sincretismo religioso, portanto é possível dizer que o sincretismo é importante na construção da identidade cultural e religiosa de um povo, que a cada dia se reinventa e se traduz na aproximação de elementos e valores, na sua natureza, bem diferenciados.

Ao utilizar elementos do seu ambiente e de sua cultura para homenagear os seus deuses ou deus, o ser humano investe na formação de sua identidade religiosa, e, cada vez que busca em outras culturas as respostas para questões mais íntimas, incorpora uma postura de sincretismo, que, em face do pluralismo religioso da atualidade, apresenta-se como uma alternativa viável, apresentado em forma de ritual, ideia, organização, símbolos ou objetos artísticos, originários de uma religião, que são incorporados a outra.

REFERÊNCIAS

CACCIATORE, O. G. **Dicionário de cultos afro-brasileiros.** 3. ed. Rio de Janeiro: Forense Universitária, 1988.

MARINHO, Thais Alves; ECCO, Clóvis. Religião, Cultura e Sistema Simbólico. **Caminhos**: Revista de Ciências da Religião, Goiânia, v. 18, p. 62-86, maio, 2020.

OLIVEIRA, Roberto Francisco de. **Sincretismo religioso e religiosidade brasileira.** As fronteiras que separam as religiões não são fechadas e por suas porosidades uma interage com a outra. Disponível em: https://domtotal.com/noticias/index.jsp?id=1193691. Acesso em: 8 set. 2022.

ROMÃO, Tito Livio Cruz. Sincretismo religioso como estratégia de sobrevivência transnacional e translacional: divindades africanas e santos católicos em tradução. **DOSSIÊ**: Trab. linguist. apl., v. 57, jan./apr. 2018. Disponível em: https://doi.org/10.1590/010318138651758358681. Acesso em: 20 set. 2022.

VICENZO, Giácomo. **Sincretismo**: qual a relação entre santos católicos, orixás e colonialismo. Disponível em: https://www.uol.com.br/ecoa/ultimas-noticias/2021/09/01/sincretismo-qual-a-relacao-entre-santos-catolicos-orixas-e-colonialismo./. Acesso em: 20 set. 2022.

40

INTER-RELIGIOSIDADE: "A RESPOSTA REPOUSA NA CONDIÇÃO HUMANA QUE É FRÁGIL"

Elmar Silva de Abreu
Joana D'arc Silva Santos
Maura Espinheira Avena
Rita da Cruz Amorim
Wanderlene Cardoso Ferreira Reis

NOTAS INTRODUTÓRIAS

A partir dos estudos acerca das religiões no grupo de pesquisa Família, (Auto) Biografia e Poética – FABEP –, emergiu a urgência de cada integrante escrever sobre o tema da religião/religiosidade/espiritualidade na vida familiar e pessoal. Após a escrita, cada um, de modo agendado, procedeu à leitura do próprio texto no grupo, sendo posteriormente apreciada com comentários, reflexões e descobertas de novas perspectivas, anunciando aproximações e distanciamentos, na esteira do método à deriva (SOUZA et al., 2016) e da autoetnografia colaborativa (CHANG; NGUJJIRI; HERNANDEZ, 2013).

Em um segundo momento, e considerando a reunificação e o agrupamento dos textos com temáticas convergentes, foram criadas categorias, posteriormente analisadas por cada subgrupo, nesse caso, a Inter-religiosidade. Após leitura e análise dos textos, surgiram duas subcategorias: a) Transmissão familiar religiosa: aproximações e afastamentos e b) Percepção de si por meio da espiritualidade e da religiosidade.

Discorrer acerca da noção de inter-religiosidade requer caminhar por uma seara de conceitos e características que vão além do significado do termo em si. Em vista de um entendimento mais amplo, é considerar esse tema, abarcando em sua gênese as categorias religião e espiritualidade que se interconectam, complementam-se, com a inter-religiosidade e, ao mesmo tempo, a constituem. O dinamismo estabelecido entre essas categorias auxilia a pessoa a relacionar-se com o transcendente em sua busca incessante para dar sentido à própria existência.

Nesse processo dialógico e de interconexão entre religiosidade, espiritualidade e religião pode-se inferir o nascedouro da inter-religiosidade, sua complexidade e de certo modo a dificuldade para defini-la a partir do Divino, ponto de interseção entre aqueles que se propõem a dialogar inter-religiosamente. Na letra da música de autoria de Brandão, Millet e Paes, gravada por Gilberto Gil e Marisa Monte (2019), "Yambah, Oshun, Asdulai Kalah, Okut, Nyaambeh Aquaan, Akuah Jesus, Rah, Yelen-Dayeh", pode-se observar que os compositores poeticamente apresentam várias denominações para a palavra "Deus", ou como este é nomeado em diversas religiões.

Chamou-nos a atenção também que nos principais dicionários *online* (MICHAELIS; HOUAISS; AURÉLIO; DICIO), o termo *inter-religiosidade* não fora encontrado. O dicionário Priberan.org (2008) refere que é aquilo "que se estabelece entre religiões"ou "relativo a várias religiões". Nesse sentido, define-se inter-religiosidade como elo que interconecta duas ou mais religiões.

O filósofo Marciano Spica (2018), em um dos seus textos, aponta três grandes grupos de abordagem da questão religiosa, denominados de teorias exclusivistas, inclusivistas e pluralistas. De acordo com esse autor, o primeiro grupo defende uma verdade presente em uma só religião, enquanto o segundo busca a síntese de ambas (exclusivistas e pluralistas) e esta última defende a possibilidade de coexistirem diversas crenças (SPICA, 2018). Contudo, fica evidente que, quando a discussão paira sobre o pluralismo religioso, esse autor, tecendo algumas críticas, diz da impossibilidade, até o momento das teses apresentadas, de um diálogo inter-religioso de fato, pois autores como Harrison (2007) e Hick (2006), que vêm estudando o tema, apresentam discursos contrários a essa possibilidade, seja por conta de uma inacessibilidade ao real (HICK, 2006), ou caso as religiões se encontrem haja o domínio de uma "verdade" sobre a outra, o que levaria à conversão religiosa (HARRISON, 2007), e se transformaria num monólogo (SPICA, 2018).

No presente estudo, discute-se a temática da inter-religiosidade, a partir das análises dos textos escritos pelos autores do grupo FABEP, buscando corroborar ou não as hipóteses trazidas por estes, supracitados, e outros pesquisadores e estudiosos das diversas áreas do conhecimento.

APORTES TEÓRICOS E DISCUSSÃO: "[...] UM NOVO OLHAR E UMA NOVA ATITUDE DIANTE DA VIDA COTIDIANA"

Para adentrar a discussão Inter-religiosidade, reporta-se a Sanchis (2008), que tece relevantes considerações sobre o Catolicismo, religião que em certa medida faz interfaces com a maioria dos documentos analisados.

> "O Catolicismo formou a nossa nacionalidade" escrevia o Pe Julio Maria em 1900 no *Livro do Centenário*. É preciso ler nessa fusão inicial o primeiro motivo do signo "sincrético" na marca da religião brasileira. Dentro das vertentes cristãs, com efeito, a do catolicismo parece aquela que, em poucos séculos, realizou o revestimento da fé – uma ruptura inicial em princípio radical com o mundo das religiões – com todas as mediações institucionais e rituais que precisamente constituem uma religião (organização de caráter hierático, templo, sacerdócio, sacrifício, conjunto dogmático de crenças etc.). Catolicismo, uma fé em forma de religião. E é por isso que, quando se implanta num espaço dominado por anteriores instituições religiosas, ele tende a operar por meio da transmutação do que lhe parece possível assimilar e ressemantizar na sua própria síntese. Sua auto-concepção como uma "totalidade", "a católica", o predispõe a essa estratégia, pois ele tem mais vocação de fagocitose do que de exclusão. (SANCHIS, 2008, p. 82).

Conforme menciona o autor, o catolicismo medeia com as religiões existentes, o que parece ir ao encontro de alguns dos documentos analisados. Isso é identificado quando os autores não somente praticam os ritos da religião católica, mas também conhecem e participam de algum modo de rituais de outras religiões, em geral por influência da família extensa que construiu aliança com pessoas de religiões diferentes.

> Sem dúvida, o catolicismo teve um forte impacto como base para a minha formação moral e de valores éticos, como também para minha experiência inicial no caminho espiritual, sobretudo pela sustentação e inspiração no Cristianismo e seus princípios [...] Assim, também me considero mística. Símbolos, signos, santos (as), imagens, entidades, ritos, contas, rodas e mantras me interessam muito! (AVENA, 2022, texto citado nesta obra).

Ainda de acordo com Sanchis (2008), o catolicismo, mais do que outras correntes cristãs, mantém a dimensão do mito atualizada, no que se refere ao símbolo, uma ferramenta para a compreensão de diversos significados.

E dessa forma, a religião muda na sua situação real e na sua apreensão teórica, esta pretende fornecer ao ser social uma visão do mundo com representação particular, categorias próprias, visando à sua apreensão. Assim, promove a composição de um mundo particular e o organiza fazendo do mundo genérico o mundo do praticante (SANCHIS, 2008).

A religião nada mais é que uma forma de lidar com o mundo que nos cerca, atribuindo poderes a entes visíveis e não visíveis (SANCHIS, 2008). Sua organização se dá por meio de atividades institucionalizadas, valendo-se de um local (templo) e de um sistema de ofícios (SIMÃO, 2010).A religião é voltada para o aspecto institucional e doutrinário (OLIVEIRA; JUNGUES, 2012).

Na perspectiva de Frankl (2016) as religiões são comparadas com os diversos idiomas existentes, apontando que nenhuma língua pode ser superior às outras, assim também as religiões. "Assim, também por meio de qualquer religião ele pode encontrar Deus, o Deus uno" (FRANKL, 2016, p. 79). Desse modo, para o autor não existe supremacia de uma religião sobre outra, bem como uma religião única que totalize todas.

A religiosidade é entendida numa dimensão pessoal como prática do crente, sua expressividade que lhe possibilita experiências místicas, mágicas e esotéricas (GOMES; FARINA; FORNO, 2014). Ela contribuiu para lapidar a convicção de que há algo maior que controla as contingências da vida humana; capacitando o indivíduo para enfrentar os reveses da vida de um modo mais tranquilo, como salientam Fornazari e Ferreira (2010).

Por sua vez, a espiritualidade constitui-se como um aspecto peculiar e inerente ao ser humano. Ela o impulsiona para a busca pelo Sagrado e o transcendente, não sendo monopólio de nenhuma religião. Sua função é elevar o ser humano para além da objetividade de seu mundo e colocá-lo de frente com suas questões mais profundas, seus anseios, desejos, medos e o próprio sentido de sua existência, visto ser esse um aspecto fundamental para o homem contemporâneo, como salientam Zohar e Marshall (2012), Oliveira e Jungles (2012). Esse processo pode ser denominado como autotranscendência, conforme o pensamento de Viktor Frankl (2012). Ou seja, trata-se da capacidade do ser humano de superar-se, vencendo obstáculos, quebrando limites.

De acordo com alguns estudiosos acerca da espiritualidade e religiosidade, a primeira está relacionada com o sagrado ou com o transcendente, sendo uma busca de significado e sentido à vida, a segunda está relacionada com a busca por meio das crenças, práticas, símbolos e rituais com a intenção de acessar o transcendente (IENNE; FERNANDES; PUGGINA, 2018; THIENGO et al.,2019).

Atualmente com a descoberta da neurociência sabe-se que há uma Inteligência Espiritual. Esse termo é usado por Zohar e Marshall (2012), segundo Torralba (2012). Para esses autores a Inteligência Espiritual é uma capacidade interna e inata do ser humano. Inclusive esclarecem que há no cérebro humano o "ponto Deus" que estaria localizado nos lóbulos temporais do cérebro. Questiona-se: haveria diferença entre essa inteligência espiritual e espiritualidade? De que formas ela pode estar articulada ou se expressar, a partir da religiosidade, considerando as diversas tradições religiosas que povoam a cultura brasileira e a formação desse povo?

Nesse estudo, os documentos analisados evidenciam um diálogo inter-religioso, no qual experiências e religiões nutrem uma relação dialógica de aproximações e afastamentos considerando a linha do tempo autobiográfica de cada autor(a). Além disso, verifica-se o caminho da percepção de si por meio dos processos subjetivos, que conectam fé, espiritualidade e religião.

Transmissão familiar religiosa: aproximações e afastamentos

A partir dos resultados, observa-se que a inter-religiosidade, em alguma medida, atravessa a formação religiosa dos participantes do estudo, seja pela aproximação ou pelo afastamento na família de origem. Por exemplo, a herança do candomblé vinda da descendência paterna atravessada pelo silenciamento da família nuclear que adota as práticas católicas e, no processo, torna-se protestante; por fim, no âmbito pessoal passa a acreditar em Deus e praticar a sua espiritualidade.

> Assim, alguns hábitos precisaram ser modificados, como por exemplo, o do batismo com padrinhos e madrinhas ainda na primeira infância, rezar ajoelhado diante de uma imagem de santo/santa – dogmas católicos – e, também comer caruru de "santo" como é chamado a festa do candomblé, ou mesmo as balas doces que são oferecidas às crianças no dia de São Cosme e Damião. Nada disso fazia mais parte de nossas vidas. (REIS, 2022, texto citado nesta obra).

Nos fragmentos a seguir, percebe-se o caminho percorrido em práticas religiosas, tendo na família de origem o candomblé e o catolicismo, mas prevalece o segundo.

> No decorrer do tempo, buscando algumas respostas no plano espiritual, transitei mesmo que por alguns dias pelo Espiritismo, pela MahiKari, pelo Candomblé, pela Umbanda, por

> algumas igrejas evangélicas e retornando posteriormente ao Catolicismo. (ABREU, 2022, texto citado nesta obra).

> [...] possuo a sensação de que flerto com as religiões, notadamente a católica e nos últimos tempos, o candomblé, por uma questão ancestral e cultural. (AMORIM, 2022, texto citado nesta obra).

Nota-se que o entrelaçamento dos documentos analisados acontece pelo exercício da espiritualidade como inerente à condição humana pelo seu estado de busca permanente. Conforme menciona o fragmento a seguir:

> A resposta repousa na condição humana que é frágil. Somos dependentes do outro para ser e viver. Esse outro pode decidir-se ou não nos ajudar. E é, talvez, por conta dessa percepção de fragilidade que alguns colocam no divino sua dependência, esperança e sentido para existir. O divino na ausência da presença humana pode fornecer auxílio como também valer-se do humano para manifestar-se como apoio e ajuda. (SANTOS, 2022, texto citado nesta obra).

Ainda sobre a inerência do ser pela busca, os fragmentos a seguir convergem para a construção constante que impulsiona a caminhada cotidiana.

> [...] estes momentos em que somos "tocados", que muitas vezes são breves, mas potentes, nos conduzem um pouco mais em direção ao infinito, em direção a Deus, por assim dizer, ao mesmo tempo em que nos movem em direção a nós mesmos e a quem realmente somos em nossa essência. Arrisco dizer que são lampejos ou momentos de iluminação. Quando a luz do outro desperta a nossa própria luz e nos mostra outras possibilidades de enfrentar os desafios da existência. E, no momento presente, o que não faltam são desafios; desafios que envolvem e comprometem as dimensões pessoal, relacional e social, que requerem um novo olhar e uma nova atitude diante da vida cotidiana. (AVENA, 2022, texto citado nesta obra).

Pode-se, então, vislumbrar que a inter-religiosidade é um processo de alvo comum nesse coletivo, o *Sagrado*, tendo como particulares os caminhos adotados por cada indicação de prática religiosa. Os temas espiritualidade e religiosidade são discutidas por autores como Giovanetti (2005) e Ross (1994), citados por Almeida (2020), que mostram definições e diferenças entre essas dimensões.Nessa sombra, foram presentes os relatos de percepções desse fenômeno a partir das infâncias, e por meio de lembranças que foram trazidas em seus detalhes, em situações mostrando afinidades e outras resistências em suas fronteiras inter-religiosas.

Percepção de si por meio da espiritualidade e da religiosidade

Desde a era cristã se reflete a respeito da experiência humana na relação com Deus e, evidentemente, nos diversos caminhos, essa experiência pode ser originada, vivenciada, significada e representada, por isso a complexidade da análise dos textos reunidos a partir da categoria inter-religiosidade. Em tais escritos, observa-se que apesar de a religião estar na origem das crenças, ritos e práticas religiosas e religiosidade de cada pessoa, suas experiências e a forma como atribuem sentidos a elas transcendem a religião e a religiosidade, quando questionam, por assim dizer, qual seria o caminho mais autêntico e original para a busca e conexão com Deus.

A religiosidade e a espiritualidade emergem entre sujeitos históricos e sociais, inseridos em uma determinada cultura que, por sua vez, está atravessada fundamentalmente pelas tradições religiosas de base cristã e de matriz africana – o candomblé. O sentido de cultura aqui posto é o delineado por Sanchis (2008), na perspectiva historicamente fundante da Antropologia:

> [...] algo que todos os grupos de homens e mulheres têm, porque é exatamente isso que faz que eles sejam "gente". Ser gente é ser homem. Mas de certa maneira. E essa maneira particular de encarnar a humanidade constitui, para cada grupo humano, a sua "cultura". Tal é – ou era pelo menos – a noção clássica de "cultura" na Antropologia. (SANCHIS, 2008, p. 72).

Com base nas ideias do referido autor se pode estabelecer e compreender a relação entre cultura brasileira e religião e, portanto, entender o próprio conceito de religião que, segundo ele:

> [...] também pretende fornecer ao ser social uma visão do mundo – uma representação particular, com suas categorias próprias, que torna o mundo intelectual e emocionalmente apreensível (Deus, deuses, orixás, anjos, santos, criação, congregação, igreja, autoridade, verdade...). (SANCHIS, 2008, p. 77).

Outra visão sobre religião que pode ser articulada à de Sanchis tem origem no campo da filosofia e afirma que a religião é "um conjunto de ritos, símbolos, tradições e regras de comportamento, que derivam de um conjunto de doutrinas expressas de forma cultural, histórica e geograficamente determinada" (BORGHI, 2022, p. 10). Nas seguintes narrativas, pode-se ilustrar essas perspectivas:

> Pai e Mãe, fervorosos, católicos, frequentadores das missas dominicais, às vezes no São Bento, no Bonfim, no São Francisco e muito atuantes na paróquia de São José Operário, no bairro de Pernambués, desde meados da década de 60. [...] Por este tempo lembro que aos oito anos fui conduzido ao catecismo, e já batizado, caminhado para os outros ditos sacramentos entre eles o da primeira comunhão. (ABREU 2022, texto citado nesta obra).
>
> Nasci no berço de uma das religiões de matriz afrodescendente – o candomblé. Terceira filha e primogênita mulher de 13 irmãos e irmãs, marco a primeira geração de filhos de Seu Orlando e Dona Anelice. Essa herança religiosa veio do lado paterno. E como no início da formação familiar, meus pais e seus primeiros filhos foram acolhidos por essa mãe (avó e filha-de-santo), residentes numa localidade atrás da famosíssima Igreja do Bonfim, conhecida como Estaleiro do Bonfim. (REIS, 2022, texto citado nesta obra).
>
> Convivi com os ensinamentos das rezas oriundas do catolicismo: Pai Nosso, Ave Maria, Santa Maria [...] Aliados a um altar na sala que abrigava santos católicos, orixás, pedras preciosas e retratos de familiares e amigos, onde rezávamos, acendíamos velas e incensávamos... Era uma fase de encantamento e interrogações que, somente agora, adulta, possuo algumas respostas, não todas, pois os meus ancestrais foram duramente violentados em sua fé/religião. (AMORIM, 2022, texto citado nesta obra).
>
> A crença cristã também lança o olhar dos fiéis para a eternidade, acalentando as saudades por aqueles que já se foram com a doce garantia de que se possa revê-los. Ela também reacende em cada crente a viva esperança de que morrer é passagem, e que tudo passa, inclusive os ressentimentos. (SANTOS 2022, texto citado nesta obra).
>
> Sem dúvida, o catolicismo teve um forte impacto como base para a minha formação moral e de valores éticos, como também para minha experiência inicial no caminho espiritual, sobretudo pela sustentação e inspiração no Cristianismo e seus princípios. (AVENA, 2022, texto citado nesta obra).

Como já pontuado, as tradições religiosas emergentes originam-se das e nas relações familiares, sendo herança de pai, mãe ou de ambos, ou ainda de outros antepassados situando a família como esfera primordial não apenas para a transmissão cultural e, portanto, de formas de ver e interpretar o mundo, mas também para a transmissão de uma determinada religião ou base religiosa, de conexão com a religiosidade ou espiritualidade. Contudo, embora a família permaneça como o *lócus* primeiro da experiência de transmissão cultural e religiosa, notam-se expressivas mudanças na trajetória de cada pessoa quando se vislumbra o horizonte da experiência pessoal associada à vivência religiosa, mística ou de busca espiritual, que traduzem o ser humano em seus processos subjetivos e de consciência de si e do mundo.

As experiências retratam, pois, conexões entre o processo de autoconhecimento, amadurecimento pessoal e reposicionamento quanto às práticas tradicionais religiosas de origem familiar e a relação com a transcendência por meio da fé, buscando a espiritualidade ou experiência espiritual para o enfrentamento dos desafios da vida. Essa espiritualidade pode ou não estar atrelada a uma prática religiosa ou a uma religião, dito de outro modo, pode-se buscar a espiritualidade ou ter uma experiência espiritual sem pertencer a nenhuma religião, mas por força do *Mistério* (BORGHI, 2022).

Para Borghi (2022, p. 10), mais cedo ou mais tarde, todos nós iremos nos defrontar com o *Mistério da vida* e existência.

> Todos querem ser livres, mas o que significa ser realmente livre? Todos querem ser felizes, mas como ser realmente feliz? Qual o sentido da dor, da alegria, do amor, da vida, da morte? São perguntas das quais ninguém escapa e que, confrontando-nos com o mistério da nossa existência, nos provocam a posicionarmo-nos frente a esse Mistério. (BORGHI, 2022, p. 10).

Em relação aos reposicionamentos relativos às práticas religiosas familiares, pode-se utilizar a expressão do autor supracitado "itinerário não religioso de busca espiritual" (BORGHI, 2022, p. 9) para descrever alguns caminhos assim transpostos:

> Por isso me considero uma buscadora, porque acredito no mistério, e que a fé é aberta à dimensão do mistério. Assim, também me considero mística. Símbolos, signos, santos (as), imagens, entidades, ritos, contas, rodas e mantras me interessam muito! Tudo, e todo conhecimento e amor que podem me levar (e elevar) ao sagrado. (AVENA, 2022, texto citado nesta obra).

Assim, observa-se que a pessoa no processo de viver a religiosidade e a espiritualidade está em constante aprendizagem, validando ou buscando sentido da sua existência.

Desse modo, vivenciar o processo da inter-religiosidade, como discutido neste capítulo, permitiu aos participantes uma abertura para a novidade, para um diálogo mais autêntico com seu próprio *self* bem como outros *selves* que vão ao encontro com a espiritualidade como uma busca. Essa busca revelada por uma dinâmica presente, que transpassa a própria existência, inere-se à própria vida que, quando contida em sentido, decifra o que é ser transcendente, vindo a entender e sentir o Sagrado.

NOTAS FINAIS

Discute-se neste estudo as raízes tradicionais religiosas diferentes das crenças e/ou religiões atuais em nossas famílias–extensa, nuclear, atual, como e porque aconteceu/acontece no Brasil, bem como ocorreu a transmissão familiar religiosa ou a ancestralidade cultural e de que modo os participantes se auto percebem como pessoas espiritualizadas e/ou religiosas, bem como o processo inter-religioso em suas vidas.

Percebe-se que, como apontou Sanchis (2008, p. 90), "os dois pólos antagônicos da ruptura e da continuidade" na verdade nem são tão contraditórios assim quando se analisa a questão da cultura brasileira. Os cultos inter-religiosos, o uso de símbolos ou ritos de uma religião por outra são as marcas indeléveis dessa convivência supostamente antagônica para qualquer estrangeiro desavisado. Mas vê-se também que é essa marca que nos torna tão únicos em nossa cultura e que se torna interessante para os não nativos, como alguns que por aqui estiveram, como o sociólogo Roger Bastide, que aportou por essas bandas em 1938, e o antropólogo Pierre Verger em 1945.

Se o pluralismo religioso é inacessível, como afirmaram Harrison (2007, p. 17) e Hick (2006), porque vai culminar na busca por uma única "verdade", o qual seria a da "religião mais dominante", ou a total impossibilidade de uma inter-religiosidade "por não aceitar que haja algo comum a todas as instâncias de fé" (SPICA, 2018, p. 145),não percebe-se isso, pois os participantes apontaram para uma dimensão no nível da transitoriedade, reconhecendo em suas narrativas a iminente busca pela espiritualidade, transcendendo, portanto, a dimensão mais pragmática da religião.

Nesse sentido, a inter-religiosidade aponta, portanto, não apenas para a tolerância religiosa proposta por Harrison, como também para a possibilidade de uma verdadeira interconexão entre os ritos e símbolos de várias religiões.

REFERÊNCIAS

ALMEIDA, Aline Mota. Espiritualidade/Religiosidade/Crença: repercussões na qualidade de vida da pessoa em processo de envelhecimento. *In:* RABINOVICH, Elaine P.; MOREIRA, Lúcia Vaz Campos; FERREIRA, Marilaine Menezes. **Envelhecimento e intergeracionalidade:** olhares interdisciplinares. Curitiba: CRV, 2020. p. 69-86.

BRANDÃO, Arnaldo; MILLET, Mônica; PAES, Tavinho. Life Gods. *In:* GIL, Gilberto; MONTE, Marisa. **Obatalá** – Uma homenagem a Mãe Carmen, Salvador, 2019.

BORGHI, G.Giorgio. **Nos braços do Mistério**–Itinerário não religioso de busca espiritual. Salvador: UCSal Press, 2020.

CHANG, Heewon; NGUJJIRI, Faith Wambura; HERNANDEZ, Kathy-Ann C. **COLLABORATIVE AUTOETHNOGRAPHY**. Walnut Creek: California, 2013.

FORNAZARI, Silvia Aparecida; FERREIRA, Renatha El Rafihi. Religiosidade/espiritualidade em pacientes oncológicos: qualidade de vida e saúde. **Psicologia:** teoria e pesquisa, v. 26, p. 265-272, 2010.

FRANKL, Viktor E. **A presença ignorada de Deus**. São Leopoldo: Sinodal, 2016.

FRANKL, Viktor E. **O homem em busca de um sentido**. São Paulo: Leya, 2012.

GIOVANETTI, J. P. Psicologia existencial e espiritualidade. *In:* AMATUZZI, M. M. (org.). **Psicologia e espiritualidade**. São Paulo: Editora Paulus, 2005. cap. 7, p. 129-45.

GOMES, Nilvete Soares; FARINA, Marianne; FORNO, Cristiano Dal. Espiritualidade, religiosidade e religião: reflexão de conceitos em artigos psicológicos. **Revista de Psicologia da IMED**, v. 6, n. 2, p. 107-112, 2014.

HARISSON, Victoria. Internal Realism, Religious Pluralism and Ontology. **Philosophia**, v. 36, n. 1, p. 1-17, 2007.

HICK, John. **The new frontier of religion and science religious experience:** Neuroscience and the Transcendent. New Yourk: Palgrave Macmillan, 2006.

INTER-RELIGIOSO.**Dicionário Priberam da Língua Portuguesa**. 2008-2021. Disponível em: https://dicionario.priberam.org/inter-religioso. Acesso em: 7 ago.2022.

IENNE, A.; FERNANDES, R. A. Q.; PUGGINA, A. C. A espiritualidade de enfermeiros assistenciais interfere no registro do diagnóstico sofrimento espiritual? **Escola Anna Nery,** Rio de Janeiro, v. 22, n. 1. 2018. Disponível em: https://www.scielo.br/pdf/ean/v22n1/pt_1414-8145-ean-2177-9465-EAN-2017-0082.pdf. Acesso em: 6 abr. 2021.

OLIVEIRA, Márcia Regina de; JUNGES, José Roque. Saúde mental e espiritualidade/religiosidade: a visão de psicólogos. **Estudos de Psicologia,** Natal, v. 17, p. 469-476, 2012.

SANCHIS, P. Cultura brasileira e religião... passado e atualidade... **CADERNOS CERU,** v. 19, n. 2, 2008. Disponível em: https://www.revistas.usp.br/ceru/article/download/11858/13635/14741. Acesso em: 6 abr. 2021.

SIMÃO, Manoel José Pereira. Psicologia transpessoal e a espiritualidade. **O mundo da Saúde**, v. 34, n. 4, p. 508-519, 2010.

SPICA, Marciano A. Pluralidade e diálogo inter-religioso: possibilidades e limites das atuais abordagens pluralistas. **Revista Trans/Form/Ação**, Marília, v. 41, n. 4, p. 135-154, out./dez., 2018. Disponível em: https://www.scielo.br/j/trans/a/dR4gtxmZ68dM9SVSDccd4jv/?lang=pt. Acesso em: 7 ago. 2022.

SOUZA, Cinthia Barreto Santos *et al.* Rotas metodológicas de um barco à deriva. *In:* RABINOVICH, E.P.; BASTOS, A.C. DE S.; SILVA, M.A.V. da; LEAL, T.C.M. (org.). **Autoetnografia colaborativa e investigação autobiográfica**: a casa, os silêncios e os pertencimentos familiares. Curitiba: Juruá, 2016. p. 25-35.

THIENGO, P. C. S. *et al.* Espiritualidade e religiosidade no cuidado em saúde: revisão integrativa. **Cogitare Enfermagem,** v. 24. 2019. Disponível em: https://revistas.ufpr.br/cogitare/article/view/58692. Acesso em: 6 abr. 2021.

TORRALBA, Roselló Francesc. **Inteligência espiritual**. Tradução de João Batista Kreuch. Petrópolis: Vozes, 2012.

ZOHAR, Danah; MARSHALL, Ian. **QS:** inteligência espiritual. São Paulo: Editora Best Seller, 2017.

A TRANSMISSÃO DA FÉ: SOBRE SER INICIADA PARA A CRENÇA AO DIVINO

Cinthia Barreto Santos Souza
Sumaia Midlej Pimentel Sá
Eliana Sales Brito
Aline Mota de Almeida

> *Sou um homem de fé. Me acho incompleto e por isso preciso do mistério. Pra mim a razão é acessório. Preciso acreditar que estou nas mãos de Deus.*
> *Eu acho que a religião completa a gente, é o meu sexto sentido. Nossa fé é o sexto sentido.*
> *(Manoel de Barros)*

A nossa história não tem início no nascimento. Mesmo antes, já ocupamos um espaço dentro de um núcleo familiar que nos entrega, mais do que um nome e sobrenome, um patrimônio genético, sociocultural, valores, um pertencimento com expectativas de ser agente de sua continuidade. Essa herança familiar se apresenta como um pano de fundo, a partir do qual iremos construir a nossa identidade, demarcar espaços e ampliar limites, nos diferenciar e escrever a nossa história, que será transmitida e reescrita nas gerações subsequentes.

Cerveny (2011, p. 16) comenta que "as famílias colocam à disposição dos seus descendentes modelos interacionais que usaram e esses descendentes escolhem aqueles que vão repetir ou não". Sendo assim, o indivíduo, ao reconhecer o recebimento da herança e, com liberdade, "aceitar ser o elo da corrente intergeracional que é reconstruída através de nossos significados, de geração em geração" (CEVERNY, 2011, p. 17), molda o modo de ser e estar no mundo, os valores relacionais e significantes que os movem e transmite-os às futuras gerações. Para a autora a grande questão a que devemos responder é "Qual o valor desse processo intergeracional que nos vinculam ao passado remoto de nossas origens, e o que podemos aprender do mesmo para entender o presente e olhar o futuro?" (CEVERNY, 2012, p. 38).

Sob a perspectiva da intergeracionalidade, os textos que discorrem sobre a religiosidade analisados foram organizados a partir de categorias produzidas mediante narrativas autobiográficas. A abordagem autobiográfica foi empregada uma vez que os dados foram intencionalmente obtidos a partir de narrativas autobiográficas objetivando acessar as experiências de transmissão de crenças no contexto intergeracional e familiar. Ratificam Bossle e Molina Neto (2009, p. 133), "a autoetnografia surge como um tipo de etnografia centrada nas vivências do próprio sujeito em seu contexto social".

Para testemunhar as memórias aferidas e arranjadas, os tópicos a seguir apontam para os achados cuidadosamente selecionados para ilustrar a análise dos dados autobiográficos. Seguem tópicos, discussões e dados.

A INFLUÊNCIA INTERGERACIONAL NA CONSTITUIÇÃO DA SUBJETIVIDADE

A subjetividade humana é constitutiva e está em desenvolvimento contínuo. É um processo complexo e de alcance tênue. Não é possível manejar dados com exatidão, tampouco compreendê-los em definitivo. Aproximar-se do mais íntimo lugar de elaboração de fenômenos da mente humana é um trabalho que envolve funções mentais: percepções, pensamentos, sentimentos e memória.

A transmissão da fé como elemento constitutivo da subjetividade entre gerações nos remete ao gesto original do aprendizado para a fé. Afinal, disse Barros (MARTINS; TRIMARCO; DIEGUES, 2008, p. 17): "Eu não caminho para o fim, eu caminho para as origens". O fim não o conhecemos, está posto. Nesse escrito, a origem pode ser lida como ato de transmissão, um deixado de fé, crença, mistério quando o ensinamento e a aprendizagem acontecem diante do altar, no culto, com mãos estendidas para o alto ou juntas como num enlace. Encontro com o Divino, o Altíssimo, o Todo Poderoso.

Sobre a transmissão intergeracional, experiência de culto e fé a partir da primeira infância, a narrativa a seguir evidencia a edificação de uma firme base espiritual com a qual as pessoas, quando adultas, reconectam-se e ressignificam suas próprias experiências de construção identitária e de pertencimento a partir da iniciação em uma religião adotada e vivenciada pela família de origem da pessoa, na infância. Como diz Barros (MARTINS; TRIMARCO; DIEGUES, 2008, p. 31): "O conhecimento vem da infância".

> *Seguindo a tradição familiar, fui introduzida ainda criança na religiosidade, pois desde as primeiras lembrança da minha infância, me vejo participando da igreja Presbiteriana. Nesse contexto, cresci e me tornei quem sou. A minha família intergeracional, para além da religiosidade, alicerçou minha espiritualidade e hoje posso afirmar que tento não me desviar dos ensinamentos recebidos na infância.* (Aline).
>
> *Sempre senti que Ele conduzia a minha vida. Apontava caminhos. Abria portas. Me preparava para o próximo movimento a seguir. Não me sentia merecedora, mas sabia que estava sustentada por orações. Avós que oram pelos netos; mães que oram pelos filhos; tias que oram por sobrinhos. Sustentada pela força poderosa do feminino que ora e confia em Deus e que vem desde Elvira.* (Eliana).
>
> *Aprendi menina que podia conversar com meus antepassados. Era necessário apenas silenciar e me conectar.* (Fernanda Priscila).

Os dados das narrativas destacam a prática da iniciação religiosa firmada pelo ritual de participação frequente da pessoa, nas atividades religiosas. A influência da família na vivência da religiosidade dá lastro às escolhas futuras de uma prática religiosa continuada, igual ou semelhante.

> *Na trilha percorrida até aqui para viver a minha religiosidade e espiritualidade percebo o quanto recebi da família que me ajudou a tecer e tornou mais suave o caminho que dificilmente teria percorrido sozinha para alicerçar as minhas crenças. [...] Vejo também que na trajetória amadureci e me fortaleci para, a partir de um determinado momento, exercer a autonomia e o livre arbítrio para ressignificar práticas e símbolos apreendidos, em um processo no qual as crenças vividas em família longe de aprisionar, libertam[...] sem depreciar as crenças que deram estrutura as minhas vivências religiosas na infância, reconheço a importância de cada uma delas para o caminho que escolhi trilhar e os símbolos que escolhi acreditar, ao me conectar com o que considero sagrado [...] Nesta trajetória percebo que os valores da bíblia e da igreja católica outrora aprendidos são, para mim, autorreferenciais não dogmáticos, abertos a outras expressões religiosas, que apontam, longe de qualquer inquietação, a materialidade do sagrado não em lideranças ou objetos, mas em cada pessoa humana* (Diana).
>
> *Certamente foi essa vivência, sobretudo através da família de origem materna, que abriu portas para pensar, sentir e acreditar em uma dimensão espiritual para além da dimensão material da vida (para além das condições concretas de existência)* (Maura).

A sequência acrescida de novos dados, além de fortalecer o comportamento de transmissão da fé e os impactos do ato para a tessitura da subjetividade, aponta para a possibilidade de transcendência e ascendência de outras dimensões da religiosidade. A iniciação da fé e as crenças familiares influenciaram a construção de uma subjetividade definida com mística humanista e transcendental.

> *Meu tio Júlio – que me criou e me influenciou demais nesta questão religiosa [...] Meu tio Júlio era muito inteligente e culto. [...] Esta resposta o define como um agnóstico, palavra que também me define, mas diferentemente dele, sou uma espécie de mística humanista [...] eis porque não sou religiosa e me diferencio de Simmel: não preciso me projetar no Outro, minha projeção é num enorme coletivo que, ele sim, transcende no tempo. Não preciso de Unidade, aceito e vivo a multiplicidade.* (Elaine).

Nos dois últimos trechos, a religiosidade destaca-se ainda como uma força que responde às questões existenciais e promove apoio e conforto existencial. A transcendência de um tempo eterno emerge na coletividade, um lugar de todos diferentes e ao mesmo tempo humanamente irmãos.

> *Episódios que aconteceram na vida deles e na minha como mãe, me colocaram frente à necessidade de me ligar ao Ser Superior, ao primeiro e principal cuidador, ao Amor Maior. Aflorou minha religiosidade, foi um* **re-ligare**, *que me ligou novamente e mais fortemente a Deus* (Sumaia).

A narrativa acima remete à epígrafe, especialmente ao clamor do poeta: "preciso estar nas mãos de Deus" (MARTINS; TRIMARCO; DIEGUES, 2008, p. 44). É possível que esse seja o alarido da gente humana diante dos reveses da vida. Afinal, as vozes dirigidas ao Criador são, tantas vezes, pedidos de socorro, espera do mistério, a busca pelo alívio da dor da gente feita de carne e ossos. Da mãe feita de filhos para cuidar.

A EXPERIÊNCIA DA RELIGIÃO COMO TRANSMISSÃO INTERGERACIONAL

A religiosidade, as crenças e símbolos religiosos evidenciam modos de os indivíduos interagirem com o mundo e relacionarem-se com o sagrado ou o transcendente. A prática religiosa mostra-se como um elemento de integração intergeracional mediante a partilha da comunhão e reforços de laços afetivos e de pertencimento. Lisboa, Féres-Carneiro e Jablonski (2007) entendem que legados, rituais e tradições são transmitidos intergeracionalmente, permitindo, assim, a continuidade da família enquanto identidade grupal, como também na construção da subjetividade de seus membros.

A expressão da religiosidade e aproximação com o sagrado se faz presente como uma herança transmitida dos antepassados de quatro a cinco gerações, não meramente como um rito religioso, mas na formação de uma consciência de fé e um aprendizado sobre o valor da vida. Sobre a afirmação, podemos ler:

> *Minha família desde meus avós pratica o catolicismo. Eu e meus irmãos fomos embalados pela fé cristã. Um contato que se iniciou, para mim, antes mesmo que nascesse. [...] Meu pai era um excelente contador de histórias e sempre gostou de nos mostrar que fé caminha com a vida e que o poder de Deus se manifesta no cotidiano em nossas necessidades.* (Joana).
>
> *Quanto à irmã do meio, era acostumada ao ritmo diário de orações na casa das tias e bisavó: terços coletivos depois do jantar, missa na Igreja da Imaculada Conceição, novenas de natal, visitas aos enfermos, abrigo de idosos, famílias carentes e outras atividades da igreja das quais as tias participavam rotineiramente e a menina acompanhava enquanto aprendia sobre Deus e Seu exemplo de misericórdia.* (Cinthia).

As narrativas últimas juntam a fé, crenças e religiosidade e valores cristãos entendidos no contexto da vida fraterna, solidária e coletiva. Ainda, os relatos assinalam que a aproximação com o Sagrado nem sempre vem da família nuclear, muitas vezes a experiência é proporcionada pela família extensa, ou até mesmo por sua rede social e comunitária. Lemos:

> *De consistente, ficou a crença e orientação da avó, bisavó e tias, entes da família extensa materna.* (Cinthia).
>
> *Os meus laços com a religião, tecidos na família que me gestou, foram reforçados pela comunidade onde nasci e vivi, até o início da minha vida adulta.* (Diana).
>
> *A religião na minha vida tem uma ligação muito forte com o adolescer no interior, suas vivências e, principalmente, a convivência. [...] Não sei ao certo como se deu a minha aproximação com Deus, quando vi, já estava com os colegas da escola participando de um grupo de jovens da Igreja, o grupo chamava-se APAV (Adolescentes Procuram Amor e Verdade)* (Sumaia).
>
> *Em minha adolescência, mergulhei totalmente na religião católica, por meio de grupo de jovens e da aproximação com os padres da época* (Rita).
>
> *O Encontro de Jovens com Cristo, no Colégio Cristus, no Ceará, foi a experiência mais intensa de fé e aproximação com Deus que experimentei aos 11 anos de idade.* (Cinthia).

Algumas experiências religiosas incluíram a participação no grupo de jovens da igreja. Tais atividades, além da dimensão religiosa, constituem-se espaços de sociabilidade que promovem a integração social, fortalecem vínculos e dão sentido de pertencimento e identidade, sendo uma forma de atrair os jovens para a igreja (SCARPIM, 2017).

Finalmente, nota-se que também há uma tendência em repetir nos filhos a vivência com a família de origem e, assim, perpetuar esse legado, o que denominamos de transmissão intergeracional:

> Mãe sempre levava os filhos menores, normalmente aos domingos. Também eu fazia o mesmo com meu primeiro filho. (Wanderlene).

A ruptura com a religião vigente para abraçar outra fé, que se perpetuou para as futuras gerações, foi relatada por uma componente do grupo. Sua trisavó, Elvira, matriarca, é uma mulher de referência, forte e convicta na fé, que marca a história da família com sua luta de serviço a Deus por meio da evangelização. Seu legado pavimenta o caminho de ministério abraçado pelos seus descendentes, pioneiros e dedicados ao serviço missionário em diversas regiões do Brasil, como Brasília, Amazonas, Acre e também na África.

> Descendentes de Elvira, a partir da geração de netos, receberam o chamado para o ministério (Eliana).

Em um outro relato, nota-se que o fato de ter nascido em uma família em que coexistiam duas religiões e a aderência a uma delas acaba por distanciá-la das práticas da outra.

> Nasci no berço de uma das religiões de matriz afrodescendente – o candomblé. [...] Essa herança religiosa veio do lado paterno. [...] já no início da adolescência, comecei a frequentar junto com minha mãe uma igreja neopentecostal, [...] A partir daí, todos os vestígios de comunhão com a religiosidade do candomblé ficaram esquecidos, seja nas diversas festas de caruru de sete meninos realizadas por Dona Naná, minha avó, ou por outras vizinhas que também pertenciam a essa religião. [...] já casada, na década de 1990 que passei a frequentar a Igreja Internacional da Graça de Deus, muito conhecida atualmente. Junto à minha mãe e alguns irmãos e irmãs. [...] (Wanderlene).

Ritos religiosos e comemorativos são importantes para a preservação e memória do legado e transmissão para as gerações mais novas (ALVARENGA; SILVA, 2021). Souza e Moreira (2013) comentam sobre a Memória Religiosa, que se reafirma por meio de manifestações simbólicas e de mitos.

O candomblé é uma religião de matriz africana, que tem um rico universo cultural, como, por exemplo, a cozinha do santo, tradição que sustenta as memórias do grupo e é por ele vivenciada coletivamente no seu processo de autoafirmação.

A partir do relato, importa destacar que lacunas se instalaram diante da negação à prática religiosa de origem. Entretanto, é possível que elas sejam preenchidas na idade adulta. Isso em razão da busca incessante às origens em que o ensinamento e a prática da fé foram iniciadas:

> Foi-me negado o direito de saber a que nação do candomblé pertenciam os meus ancestrais, por exemplo, pois os negros escravizados vieram de locais diferentes, mas conviviam nas mesmas senzalas, consequentemente, aqui entre nós, se instalaram mistura de cultos para a sobrevivência. [...] Era uma fase de encantamento e interrogações que, somente agora, adulta, possuo algumas respostas, não todas, pois os meus ancestrais foram duramente violentados em sua fé/religião. (Rita).

A narrativa supra ilumina a relevante discussão sobre privilégios e permissão/proibição a crenças, religiões e expressões da religiosidade. Prováveis marcas de não transmissão negada, preterida ou ocultada. Dado que se mostra na contramão da defesa da intergeracionalidade.

HERANÇA DOS RITOS E ALTARES

As casas são guardiãs de memórias de ritos religiosos e locais sagrados na forma de altares, onde, no silêncio, as preces eram alçadas ao divino.

> O quarto de meus pais foi durante muitos anos o lugar do refúgio em momentos de aflição. Lá estava a bíblia aberta, a vela, os santos e santas. Até hoje em nossa família acender vela significa atitude de fé e confiança. [...] Da casa de meus pais trouxe comigo a experiência do altar no quarto. E por isso em minhas andanças pela vida sempre procurei cultivar em meu quarto um espaço para altar. Olhar para o altar me faz lembrar o tempo que preciso para me conectar comigo mesma, com outros e com o Divino. Hoje, em minha casa, compartilhando a vida com o companheiro e meus filhos, mantemos em nosso quarto um pequeno altar com a vela (que quase sempre também está acesa), bíblia aberta, um jarro de flores, Nossa Senhora Aparecida, Madre Antônia, Padre Serra e Padre Cícero. (Fernanda Priscila).

> *Hoje sou guardiã deste oratório, exposto em minha casa na cidade onde nasci. [...] Olhando agora para a casa onde resido, vejo a força dessas vivências de criança em símbolos que estão presentes na relação que escolhi ter com o divino: minha casa também tem um altar, despido de adornos luxuosos e imagens.* (Diana).
>
> *Bem no quarto dedicado ao oratório, eu e voinha nos ajoelhávamos em frente àqueles montes de imagens: Santo Antônio, Jesus Crucificado, Santana Mestra, Nossa senhora, São Jorge Menino Jesus, diversos anjos e outras imagens.* (Péricles).

A transmissão da posse de um altar foi o fenômeno que desenhou o estudo registrado nesta obra. Tudo começa quando fotos de altares são acessadas em meio eletrônico e a beleza das imagens clama por uma narrativa. Funções mentais particulares são estimuladas, histórias contadas e o acontecimento faz-se estudo. Oratórios, imagens, crenças, objetos, natureza e fé são evocados para organizar o entendimento sobre religião, religiosidades. Nesse instante, o ambiente natural se revela como atmosfera propícia para oração e conexão com o Criador:

> *Lembro-me de uma árvore, especificamente uma jaqueira, bem frondosa, folhas verdes, muitos frutos... Onde encontrava uma brisa suave, um silêncio intenso e uma solidão bem acompanhada que, após momentos de oração me sentia repleta de forças para permanecer na caminhada. Meu altar de adoração, de prostração e de bênçãos diante do meu Deus.* (Aline).

Eis o mistério da fé, já que a razão pode ser acessório e a existência precisa acreditar que vive nas mãos de Deus. Não há escapatória. Melhor acreditar? Há quem profira ser agnóstico, mas haveria alguém que diz não ter sido ensinada a reza em frente ao altar? A oração do Pai Nosso, o canto da Ave Maria, a benção antes de dormir, nem que seja em sinal de saudação?

Lugares, símbolos e habituais reverências, adorações, rezas e ritos trouxeram à memória as pessoas responsáveis pela transmissão da fé. Destaca-se então as avós em momentos de oração. Elas permeiam os relatos, representando o quanto, mesmo inconscientemente, deixaram o legado para os netos:

> *[...] via o olhar de "vó" Joaninha, nas muitas ocasiões que desfrutei do aconchego do seu quarto, se voltar para o oratório apenas em orações rápidas, no início da manhã e no adiantado da noite, quando ela se recolhia para dormir* (Diana).

O ato de vó Joaninha consagra-se como forte apelo às imagens. No imaginário infantil, a religiosidade concreta manifesta pela materialidade dos santos, a adoração a eles, a devoção, os cuidados, os ritos, a fé.

> *As imagens dos Santos da casa de meus avós ficavam na sala de entrada, acima de um baú de madeira, onde armazenavam grãos (feijão, arroz, fava) provenientes da agricultura familiar. Na sala de refeições ficava uma folhinha do Sagrado Coração de Jesus, preciosidade adquirida ou recebida de presente... Trazia a cada dia uma mensagem/reflexão, o Santo do Dia, breves informações acerca de algum tema, adivinhação, charada, entre outras curiosidades (Angélica).*

As imagens sagradas que apontam para entes familiares queridos eternizam existências, remetem a histórias de fé e devoção aos santos católicos, que são fontes de invocação, deslumbramento e transmissão de religiosidade.

> *O santuário principal fica no quarto do casal e reúne muita história. Lá estão São José, que pertenceu a minha avó paterna, Amanda, carinhosamente tratada por Yayá; Nossa Senhora da Conceição, que foi da tia paterna Edla...Cada peça do santuário representa um histórico, um momento importante a relembrar, um acréscimo à experiência de fé e de religiosidade (Ogvalda).*
>
> *Quando estou diante destes altares, me engravido de criatividade, em larga medida, fico encantada. (Rita).*
>
> *O nicho de minha bisavó sempre foi um sonho de consumo. Desejei tê-lo comigo. Não saberia dizer que ficou com ele. Mas sempre verbalizei sobre esse querer. Meu marido mandou fazer um para mim. Foi um dia feliz. Senti como se aquele fosse o santuário de minha vó Vetúria. Nele guardo as imagens, o óleo ungido, a água benta, os pedidos, a flor para a mãe de Jesus, o terço. Diante dele, sinto a força da fé de Vetúria. (Cinthia).*

Sobre santuários, altares, nichos e imagens, a materialização de uma herança deixada como ensinamento, elementos pinçados no espaço da profunda subjetividade humana. Um espaço particular e tão coletivo pela cultura da fé que irmana, transmite, ensina e aprende por gerações seguidas. Um movimento de descendência e ascendência, pois permite ressignificar por meio da completa memória infantil. Afinal, o que há de se fazer sobre o mistério de todas as coisas e de seu Criador?

Temos o imperativo do amparo, clamamos pela fé para completar o que nos falta? Estamos todos nas mãos de Deus? Criador e criaturas, eis que não estamos sós, estamos nós, no mundo feito em sete dias e ainda temos um sexto sentido?

REFERÊNCIAS

ALVARENGA, Rúbia Mara Ferreira de; SILVA, Ângela Maria Caulyt Santos da. A preservação da cultura quilombola intra e intergeracional. **Perspectiva em diálogo**: Revista de Educação e Sociedade. Naviraí, v. 8, n. 17, p. 131-154, maio/ago. 2021.

BOSSLE, Fabiano; MOLINA NETO, Vicente. No olho do furacão: uma autoetnografia em uma escola da rede municipal de ensino de Porto Alegre. **Rev. Bras. Cienc. Esporte**, Campinas, v. 31, n. 1, p. 131-146, 2009.

CERVENY, Ceneide Maria de Oliveira. **A família como modelo**: desconstruindo a patologia. 2. ed. revista e ampliada.São Paulo: Editora Livro Pleno. 2011. 165p.

CERVENY, Ceneide Maria de Oliveira. Família e Intergeracionalidade. *In:* CERVENY, Ceneide Maria de Oliveira. **Família e...** Intergeracionalidade, equilíbrio econômico, intervenções psicossociais, o tempo, filhos cangurus, luto, cultura, terapia familiar, desenvolvimento humano e social, afetividade, negociação. São Paulo: Casa do Psicólogo 2012. p. 13-43.

LISBOA, Aline Vilhena; FÉRES-CARNEIRO, Terezinha; JABLONSKI, Bernardo. Transmissão intergeracional da cultura: um estudo sobre uma família mineira. **Psicologia em Estudo**, v. 12, n. 1,2007. p. 51-59. Disponível em: https://doi.org/10.1590/S1413-73722007000100007. Acesso em: 13 out. 2022.

MARTINS, Bosco; TRIMARCO, Cláudia; DIEGUES, Douglas. Manoel de Barros: Três momentos com um gênio. Entrevista. **Revista Caros Amigos**, ed. 117, 2008. Disponível em: http://bosco.blog.br/manoel-de-barros. Acesso em: 16 out. 2022.

SCARPIM, Fábio Augusto. **O mais belo florão da Igreja**: família e práticas de religiosidade em um grupo de imigrantes italianos (Campo Largo – Paraná, 1937 – 1965). 2017. 342 f. Tese (Doutorado em História) – Setor de Ciências Humanas da Universidade Federal do Paraná, Curitiba, 2017.

SOUZA, Luciano Lima; MOREIRA, Marcello. No limiar do Século XXI, segredos bem guardados: memória e tradição na cozinha de santo. *In:* X Colóquio do Museu Pedagógico. 2013. **Anais [...]**Vitória da Conquista: UESB, 2013. Disponível em: http://anais.uesb.br/index.php/cmp/article/viewFile/3087/2791. Acesso em: 14 out. 2022.

CONSIDERAÇÕES FINAIS

Carla Verônica A. Almeida
Diana Léia Alencar da Silva
Elaine Pedreira Rabinovich

No olhar aberto que eu ponho nas coisas do alto
Há todo um amor à divindade.
No coração aberto que eu tenho para as coisas do alto
Há todo um amor ao mundo.
No espírito que eu tenho embebido das coisas do alto
Há toda uma compreensão.
(Vinicius de Morais, Místico, 1988)

Os versos do poeta nos convidam à reflexão sobre o movimento contemplativo do homem para o universo, por meio do olhar, do *coração aberto e do espírito encharcado para as coisas do alto*. É esse um movimento que reclama atribuições de amor à divindade, ao mundo e à própria humanidade, nos percursos que trilhamos para alcançar ou ampliar a compreensão do vivido, frente à dualidade de situações e experiências do nosso percurso existencial. É nesse contexto de certezas e incertezas, imersa ou emersa na vida cotidiana, que estão mergulhadas por vezes, cada subjetividade, como foi possível verificar nas pesquisas apresentadas neste livro.

Em meio às experiências de vida relacional, geralmente diante dos desafios e conflitos inerentes à existência, o ser humano procura conhecer a si mesmo e o mundo que o envolve na busca de respostas para os seus anseios mais profundos. Tal busca ocorre, quase sempre, em "um contexto de excesso ontológico, pelo qual se eleva além do mundo e da história indo além do ser–no–mundo e buscando o fundamento último para o eu" (PANNENBERG, 2011, p. 127). É esse um exercício de transcendência que nos leva muitas vezes para além do mundo material e de nós mesmos, ao encontro da ideia de uma força superior do Universo, que quando convocada aflora e provoca sentimentos múltiplos, intrínsecos à estrutura da subjetividade humana. Nesse sentido, esses sentimentos estão quase sempre relacionados a uma dimensão religiosa e espiritual.

Na busca de compreender os sentidos e os significados de situações vivenciadas em suas histórias de vida, o Grupo de Pesquisa Família, (Auto) Biografia e Poética – FABEP – fez mais uma imersão, singrando por mares que se descortinaram para o estudo sobre religião e religiosidade. Mais uma vez as pesquisas foram possibilitadas pelo exercício autobiográfico e autoetnográfico no qual as pesquisadoras e os pesquisadores lançaram o olhar e a escuta para o "Eu" e para o(s) "outro(s)". No movimento as lembranças afloraram e provocaram sentimentos múltiplos, assim como silêncios, ditos e subentendidos, intrínsecos à estrutura subjetiva, cujas narrativas desvelaram sobremaneira as dimensões religiosa e espiritual.

Religião e Religiosidade, embora apresentem conceitos distintos, não estão desconectadas. Ambas são experiências que se complementam e que nos remetem à relação com o transcendente, a formas de conexão com o Sagrado, com peculiaridades únicas no percurso de cada pessoa. Nesse contexto a espiritualidade também emergiu no estudo, não necessariamente ligada a uma prática religiosa, mas como uma jornada individual e dinâmica em uma "[...] contínua revelação do nosso eu mais profundo que nos provoca, nos desafia e nos convida a não desfalecer ao longo da busca que fazemos de nós próprios" (CHAMPAGNAT, 2007, p. 42).Tal jornada se revelou por meio dos sentidos e significados atribuídos por alguns (umas) tripulantes da embarcação ao descreverem a ligação não tangível com um Ser ou força superior.

Apreendemos por meio das narrativas compartilhadas durante a pesquisa que a conexão com as energias e o poder transcendente pode atenuar, assim como dirimir, nossas dores e sofrimentos, ao tempo em que promove aprendizagens frente às experiências de vida, tanto positivas como negativas. Mais ainda: essa conexão pode também possibilitar a quem vivencia essa conexão um sentimento de bem-estar. Dessa forma "o vínculo com o transcendente é essencial para aprofundar o homem com o sagrado, considerado elemento fundamental para se tentar compreender o fenômeno religioso e suas diversas formas de manifestação" (ELIADE, 2008, p. 67). Ao nos conectarmos com o transcendente, ultrapassamos os limites do mundo material e somos projetadas(os) para uma dimensão ontológica, espiritual, do sagrado. Nessa dimensão podemos encontrar respostas para as questões mais profundas, que se relacionam aos nossos anseios, desejos e medos, além de explicações para a vida que vão além da realidade material em que vivemos. É dessa forma que compreendermos muitas vezes os sentidos da nossa existência.

A relação com a dimensão transcendental, vivenciada desde a infância, possibilitou às(os) tripulantes atribuírem sentidos e significados por meio de simbologias, devoções e crenças que os(as) aproximaram dos rituais herdados ou não da família. O sagrado e os rituais se mesclam e se manifestam de diferentes formas, arraigados por vivências experimentadas dentro e fora do contexto familiar. Nesse caminho os achados da pesquisa, evidenciados pela memória, desvelaram lugares, símbolos, reverências, cultos, adorações, rezas e ritos e descortinaram a fé como expressão maior e mais significativa que a busca na religião e/ou na religiosidade. Não ficou ausente também a comunicação sobrenatural com o sagrado, seja individual ou coletivamente. Nesse sentido a adesão à crença e aos valores religiosos materializaram a "Fé no Sobrenatural" emergindo um sentimento de proteção mediado por símbolos e rituais, por meio de conexões que promovem o autoconhecimento e o amadurecimento pessoal.

Destarte, ao navegarem nas reminiscências dos seus percursos de vida, nós, as(os) participantes deste estudo, fomos desafiadas(os) a desbravar mares. Nas evidências desveladas por meio das narrativas compartilhadas, diferentes heranças e práticas singulares emergiram. Nessa partilha, nossos afastamentos e aproximações com a religião e/ou religiosidade revelaram e por vezes denunciaram silenciamentos, negações e julgamentos preconceituosos. Não foi esta, assim, uma navegação fácil: fomos afetados e, certamente, afetamos ao (des)velar e trazer à tona imagens e sensações de um tempo vivido que se presentifica de forma reveladora em conexões com o que "está ou não está presente", mas que se faz sentir.

É certo que, na simbiose com o nosso objeto de pesquisa, avançamos para ampliar o olhar não somente para a potencialidade e as possibilidades do percurso que cada um de nós, autoetnógrafos(as) e ao mesmo tempo autoetnografados(as), escolheu trilhar em direção ao sentido ontológico que atribuímos ao nosso próprio ser e, por consequência, às nossas futuras pesquisas. Não é assim a nossa interioridade na vida? A navegação do FABEP, portanto, prosseguirá em direção a novos rumos descortinados também pela pesquisa aqui apresentada.

REFERÊNCIAS

CHAMPAGNAT, Marcelino. **Água da rocha, Espiritualidade Marista**. Roma: Instituto dos Irmãos Maristas Casa Generalícia, 2007.

ELIADE, Mircea. **O sagrado e o profano**: a essência das religiões. São Paulo: Martins Fontes, 2008.

MORAES, Vinícius de. **Poesia completa e prosa**. Rio de Janeiro: Nova Aguilar, 1988.

PANNENBERG, Wolfhart. **Anthropologie in theologischer Perspektive**. Vandenhoeck: Ruprecht, 2011.

SOBRE OS AUTORES

ALINE MOTA DE ALMEIDA
Enfermeira. Mestre em Enfermagem pela Universidade Federal da Bahia (UFBA). Doutora em Família na Sociedade Contemporânea pela Universidade Católica do Salvador (Ucsal). Professora da Universidade Estadual de Feira de Santana (Uefs). Pesquisadora do Núcleo de Estudos e Pesquisas sobre o Cuidar/Cuidado (Nupec/Uefs) e do Grupo de Pesquisa–Família, (Auto) Biografia e Poética (FABEP/Ucsal).
E-mail: alinedamota@uefs.br
Orcid.0000-0002-3880-6881

ANA CECÍLIA DE SOUSA BASTOS
Psicóloga. Doutora em Psicologia pela Universidade de Brasília (UnB). Professora aposentada da Universidade Federal da Bahia (UFBA). Colabora com o Programa de Pós-Graduação em Família na Sociedade Contemporânea, Ucsal(no qual foi docente na última década). Suas pesquisas se concentram na construção cultural da parentalidade e no cotidiano de famílias vulnerabilizadas, tendo publicado artigos e organizado coletâneas nessas temáticas.
E-mail: anaceciliabastos@gmail.com
Orcid: 0001-6537-9347

CARLA VERÔNICA ALBUQUERQUE ALMEIDA
Doutora em Educação pela Universidade do Estado da Bahia (Uneb). Mestra em Família na Sociedade Contemporânea (Ucsal). Especialista em Metodologia do Ensino Superior. Professora da Universidade da Integração Internacional da Lusofonia Afro- Brasileira (Unilab). Membro do Grupo de Pesquisa Família, (Auto)Biografia e Poética (FABEP/Ucsal), do Grupo de Estudos e Pesquisas em Psicanálise e Representação Social (Geppe-RS-Uneb) e do Grupo de Pesquisa em Educação Afrocentrada (GRUPEAFRO - Unilab).
E-mail: cva0507@gmail.com
Orcid: 0000-0003-2330-1538

CINTHIA BARRETO SANTOS SOUZA

Doutora e mestra em Família na Sociedade Contemporânea (Ucsal).Graduada em Letras e Psicologia. Membro do Grupo de Pesquisa Família (Auto) Biografia e Poética (FABEP/Ucsal). Membro da Academia de Letras e Artes Mater Salvatoris (Alams) e da Sociedade Brasileira de Cientistas Católicos (SBCC). Professora do Unifacemp.

E-mail: cinthia.familia@yahoo.com.br

Orcid: 0000-0001-7497-7525

CLEIDIANA RAMOS

Jornalista, doutora e mestre em estudos étnicos e africanos pela Faculdade de Filosofia e Ciências Humanas da UFBA.

E-mail: cleidiana@uol.com.br

Orcid: 0000-0002-1897-9662

DIANA LÉIA ALENCAR DA SILVA

Doutoranda em Família na Sociedade Contemporânea (Ucsal). Mestra em Desenvolvimento Humano e Responsabilidade Social (FVC). Especialista em Educação de Jovens e Adultos (Uneb) e em Educação Especial. Graduada em Pedagogia (Uneb) e em Letras. Coordenadora na Rede Municipal de Salvador e Docente no CUDPII. Membro do Grupo de Pesquisa Família, (Auto)Biografia e Poética (FABEP/Ucsal).

E-mail: dileialencar@hot.com

Orcid: 0000-0002-2054-5847

ELAINE PEDREIRA RABINOVICH

Psicóloga pela Universidade de São Paulo, com especialização em Psicoterapia Infantil e Adolescente. Mestra, doutora e pós-doutora pela USP. Membro do Centro de Estudos do Crescimento e Desenvolvimento Humano (CDH-USP), editando a sua revista. Membro fundador do Laboratório de Psicologia Socioambiental e Intervenção (Lapsi- USP), iniciando a área de Psicologia Ambiental no Ipusp. Professora do Programa de Pós-Graduação em Família na Sociedade Contemporânea da Universidade Católica do Salvador. Nessa instituição, iniciou o grupo de estudos Família, (Auto) Biografia e Poética e, posteriormente, o grupo de pesquisa Ser-no-Tempo. Professora convidada para atuar na Ecole des Hautes Etudes em Paris na área de História da Saúde pelo Prof. Dr. Jean-Pierre Goubert.

E-mail: elainepedreira@gmail.com

Orcid: 0000-0002-3048-6609

ELIANA SALES BRITO

Fisioterapeuta. Doutora e mestra em Família na Sociedade Contemporânea (Ucsal/BA). É colíder do Grupo de Pesquisa Família, Inclusão e Desenvolvimento Humano (Ucsal); líder da Linha de Pesquisa Envelhecimento, Contextos Familiares e Sociais; membro do Grupo de Pesquisa Família, (Auto)Biografia e Poética (FABEP/Ucsal), com publicação na qualidade de autora e coautora de livros e capítulos de livros. Docente da Universidade Católica do Salvador.

E-mail: eliana.brito@ucsal.br

Orcid: 000-0003-3738-0150

ELMAR SILVA DE ABREU

Professor de Física do ensino médio na rede pública estadual de ensino, mestre, doutor e pós-doutor em Família na Sociedade Contemporânea pela Universidade Católica do Salvador (Ucsal).

E-mail: elmarfisica@gmail.com

Orcid: 0000-0001-5950-6004

FERNANDA PRISCILA ALVES DA SILVA

Psicóloga e pedagoga. Professora adjunta do Instituto de Ciências Sociais, Educação e Zootecnia (Icsez) da Universidade Federal do Amazonas (Ufam). Doutora e mestra em Educação e Contemporaneidade pelo Programa de Pós-Graduação em Contemporaneidade (Uneb). Membro e pesquisadora do Grupo de Pesquisa Educação, Desigualdades e Diversidades – Programa de Pós-Graduação em Educação e Contemporaneidade (Uneb). Membro e pesquisadora do Grupo de Estudos Família, (Auto)Biografia e Poética (FABEP/Ucsal).

E-mail: feracatejo2@gmail.com

Orcid: 0000-0003-3795-3916

GIANCARLO PETRINI

Giancarlo Petrini nasceu na cidade de Fermo, Itália, é professor no Programa de Pós-Graduação em Família na Sociedade Contemporânea da Universidade Católica do Salvador, desde a sua criação. É doutor e mestre em Ciências Sociais pela PUC de São Paulo. Graduou-se em Teologia na

Faculdade Nossa Senhora da Assunção de São Paulo e em Ciências Políticas na Universitá degli Studi di Perugia. Foi bispo de Camaçari (BA), publicou artigos, livros e capítulos de livros a respeito da família e dos desafios que enfrenta na sociedade contemporânea.

E-mail: jcpetrini@terra.com.br

Orcid: 0000-0002-8650-2516

JOANA D'ARC SILVA SANTOS

Doutora e mestra em Família na Sociedade Contemporânea pela Universidade Católica do Salvador. Mestra em Educação pela Fundação Ibero-Americana. Psicopedagoga Clínico-Institucional pelas Faculdades Integradas Simonsen, RJ. Graduada em Letras Português e Inglês pela Fundação Universitária de São João Del Rei, MG. Vice-gestora escolar (SEC-Bahia).

E-mail: joanasil2306@gmail.com

Orcid:0000-0002-1026-3125

LORENA MARCIA NASCIMENTO CARDOSO

Psicóloga clínica. Psicomotricista. Especialista em Terapia Comportamental e Cognitiva e em Docência do Ensino Superior. Doutora e mestre em Família na Sociedade Contemporânea pela Universidade Católica do Salvador. Membro do grupo de pesquisa Família, (auto)biografia e poética (Ucsal). Pesquisadora. Professora. Escritora.

E-mail: psi.lorena@yahoo.com.br

Orcid: 0000-0003-2556-3144

MARIA ANGÉLICA VITORIANO DA SILVA

Pedagoga. Psicóloga. Doutora e mestra em Família na Sociedade Contemporânea (Ucsal). Terapeuta de família e casais. Analista bioenergética. Membro do Grupo de Pesquisa Família, (Auto)Biografia e Poética (FABEP/Ucsal).

E-mail: marvitoriano@gmail.com

Orcid: 0000-0001-5974-3384

MARIZA CARLA MONTEIRO SOUZA

Mestre em Família na Sociedade Contemporânea na Universidade Católica do Salvador. Participante do Grupo de Pesquisa Família, (Auto)Biografia e Poética (FABEP). Experiência na gestão de pessoas, coordenação de Departamento de Recrutamento e Seleção e Departamento Pessoal, administração de benefícios, atua com desenvolvimento humano, seleção de docentes e do corpo técnico administrativo, ministra e organiza capacitações e desenvolvimento de competências e comportamental, programa de retenção de talentos, Jovem Aprendiz e de Pessoas com Deficiência.

E-mail: marizacarla@gmail.com

Orcid: 0009-0007-9407-3073

MARLON MARCOS VIEIRA PASSOS

Licenciado em História (Ucsal); bacharel em Comunicação–Jornalismo (UFBA); mestre em Estudos Étnicos e Africanos (Ceao – UFBA); doutor em Antropologia (UFBA); bacharel em Antropologia (UFBA–em conclusão). É professor da Unilab. Estuda as religiões afro-brasileirase afro-indígenas; literatura e música popular como construções identitárias; relações étnico-raciais e educação; antropologia e educação; pesquisas etnográficas em comunidades tradicionais; filosofia da ancestralidade e educação no Brasil e na África.

E-mail: marlonmarcos@unilab.edu.br

Orcid:0000-0001-8417323X

MAURA ESPINHEIRA AVENA

Doutora e mestra em Família na Sociedade Contemporânea (Ucsal). Especialista em Psicologia Social – Escola Baiana de Medicina e Saúde Pública (Cieg). Professora do Curso de Serviço Social da Universidade Católica do Salvador (Ucsal).

E-mail: maura.avana@pro.ucsal.br

Orcid: 0000-0003-4312-5041

MIGUEL MAHFOUD

Doutor em Psicologia Social pela Universidade de São Paulo, com pós-doutoradona Pontifícia Universidade Lateranense (Roma, Itália). Professor associado efetivono Departamento de Psicologia da Faculdade de Filosofia e Ciências Humanas da Universidade Federal de Minas Gerais (UFMG) de 1996 a 2016, onde permanece como membro do Laboratório de Análise de Processos em Subjetividade (LapsUFMG). É editor sênior da revista *Memorandum: memória e história em Psicologia* e membro do Comitê Editorial da Coleção "Obras de Edith Stein" da Editora Paulus.

E-mail: mmahfoud@yahoo.com

OGVALDA DEVAY DE SOUSA TORRES

Licenciada em Música (Instituto de Música da Bahia). Médica (UFBA), Residência em Clínica Médica (Hupes/UFBA). Doutora em Família na Sociedade Contemporânea (Ucsal). Mestra em Saúde Comunitária (UFBA). Especialista em Metodologia e Didática do Ensino Superior (Ucsal). Membro do Grupo de Pesquisa Família, (Auto)Biografia e Poética (FABEP/Ucsal). Membro da Academia de Letras e Artes Mater Salvatoris (Alams).

E-mail: ogvalda@gmail.com

Orcid: 0000-0003-4881-8461

PERICLÉS PALMEIRA

Administrador de empresa; terapeuta transpessoal; diretor de marketing da ABT; cineasta diretor e produtor de documentários, audiovisual filmes e publicidade. Membro do Grupo de Pesquisa FABEP/Ucsal.

E-mail: periclespalmeira.bf@gmail.com

Orcid: 0009-0006-9066-4485

RITA DA CRUZ AMORIM

Enfermeira. Doutora em Família na Sociedade Contemporânea (Ucsal). Professora do curso de Enfermagem da Universidade Estadual de Feira de Santana (Uefs). Pesquisadora do Núcleo de Estudos e Pesquisas sobre o Cuidar/Cuidado (Nupec) e do Grupo de Pesquisa Família, Auto(Biografia) e Poética (FABEP).

E-mail: ritacamor@gmail.com

Orcid: 0000-0001-8782-2151

SELMA REIS MAGALHÃES

Doutora e Mestra em Família na Sociedade Contemporânea pela Universidade Católica do Salvador (Ucsal). Especialista em História Social e Educação (Ucsal); especialista em Metodologia do Ensino Superior pela Faculdade Visconde de Cairu; licenciada em História (Ucsal). Membro do Grupo de Pesquisa Família, (Auto)Biografia e Poética (FABEP/Ucsal/CNPq). Pesquisadora do Núcleo de Estudos sobre Direitos Humanos (NEDH/Ucsal/CNPq). Exerceu docência no curso de História da Faculdade de Tecnologias e Ciências Ensino a Distância (FTC.EAD). Docente do curso de Pedagogia e História do Centro Universitário Dom Pedro II (Grupo

Unidom); docente da rede pública, concursada da Secretaria de Educação do Estado da Bahia (SEC/BA).

E-mail: reisselma74@gmail.com

Orcid: 0000-0001-6727-6886

SINARA DANTAS NEVES

Psicoterapeuta de Família, Casais e Indivíduos (Artef-206/BA). Pós-doutoranda em Família na Sociedade Contemporânea (Ucsal— bolsista Capes). Doutora em Família na Sociedade Contemporânea (Ucsal— bolsista Fapesb), tendo cursado estágio doutoral sanduíche no Instituto de Ciências Sociais (ICS) da Universidade de Lisboa (bolsista Capes). Mestra em Ciências/Psicologia (FFCLRP/USP-SP).

E-mail: sinarasinara@hotmail.com

Orcid:0000-0003-3513-9638

SUMAIA MIDLEJ PIMENTEL SÁ

Fisioterapeuta. Doutora e mestra em Família na Sociedade Contemporânea (Ucsal). Coordenadora do Programa de Pós-Graduação em Família na Sociedade Contemporânea (PPGFSC/Ucsal). Professora do PPGFSC/Ucsale professora adjunta da Universidade do Estado da Bahia (Uneb). Líder do Grupo de Pesquisa Família, Inclusão e Desenvolvimento Humano (FIDH/Ucsal). Membro do Grupo de Pesquisa Família, (Auto)Biografia e Poética (FABEP/Ucsal). Membro da Academia de Letras e Artes Mater Salvatoris (Alams). Membro do Comitê Científico da Sociedade Brasileira de Cientistas Católicos (SBCC). Editora da revista *Pesquisas em Humanismo Solidário* (PHS).

E-mail: sumaia.midlej@gmail.com

Orcid: 000-0002-6013-8592

TEREZA CRISTINA MERHY LEAL

Pedagoga. Doutora e Mestra em Família na Sociedade Contemporânea (Ucsal). Especialista em Metodologia da Educação Superior com ênfase em Novas Tecnologias. Membro do Grupo de Pesquisa Família, (Auto)Biografia e Poética (FABEP/Ucsal). Coordenadora dos cursos de licenciatura do Centro Universitário Dom Pedro II; professora da mesma instituição. Atua na docência de graduação e pós-graduação. Atuou na educação básica por 18 anos. Tem experiência na área de educação superior, com ênfase na Formação de Professores, Gestão e Coordenação Pedagógica; Didática; Teorias do Ensino e Aprendizagem; Psicologia da Educação; Psicologia, Desenvolvimento e Aprendizagem; Família e Escola; Bases Sócio-Filosóficas da Educação; Relações Interpessoais; Prática de Ensino e Estágio Supervisionado.

E-mail: teresa.lel@gmail.com

Orcid: 0000-0002-7295-7173

WANDERLENE CARDOSO FERREIRA REIS

Pedagoga (UFBA/1997). Psicóloga (UFBA/2012). Especialista em Psicopedagogia Escolar e Institucional e em Metodologia do Ensino de Filosofia e Sociologia pela Faculdade de Tecnologia e Ciências (FTC). Doutora e Mestra em Família na Sociedade Contemporânea (Ucsal). Professora da Secretaria de Educação do Estado da Bahia. Psicóloga clínica.

E-mail: jnd1232@hotmail.com

Orcid: 0000-0002-7348-8989